W0223849

La Bella Otero

Carmen Posadas

La Bella Otero

CÍRCULO de LECTORES

Para mi padre y mi marido,
que vieron el comienzo de esta obra

Cuanto de los hombres se dice, verdadero o falso, ocupa tanto lugar en su destino, y sobre todo en una vida, como lo que hacen.

VICTOR HUGO,
Los miserables

Otero

A veces, en primavera, cuando la luz de la tarde entra por las rendijas de la persiana y se quiebra en ángulo contra el suelo, me parece ver sobre la pared la sombra de la que fui. Son las rayas horizontales las que hacen el milagro, las que hacen trampas hasta convertir la silueta de una vieja que pronto cumplirá noventa y siete años en la de la más hermosa de las mujeres de su época. Pero es cierto. Cuando esto ocurre, aún puedo verla, soy yo; es ella, la Bella Otero.

Mil veces he pensado estas ocho líneas iniciales y otras tantas las he reescrito. Aún no sé lo que quiero. Ignoro si lo que voy a escribir acabará siendo una biografía convencional o una novelada, porque conozco bien los peligros de ambas. Sé que esta última corre el riesgo de convertirse en una novela sentimental y la primera en una autopsia pero aun así, debo seguir adelante y descubrirlo a medida que vaya dándole forma. De momento, lo único que puedo decir es que si comencé a interesarme por la vida de Carolina Otero (que nació en Pontevedra en 1868 y murió en Niza en 1965) fue porque leí en alguna parte que ella, una de las mujeres más deseadas de la *Belle Époque,* desapareció, para que nadie la viera envejecer, al cumplir cuarenta y seis años, los mismos que tengo yo al escribir estas líneas. Según la crónica, hacia 1914, Carolina Otero Iglesias, conocida como la Bella Otero, decidió ocultarse; abandonó París y todo lo que había sido su mundo: los seis reyes que la cortejaron durante años, los vividores, los aristócratas millonarios, los patanes adinerados, los poetas e ilusos que formaron la corte de sus amantes. Y también abandonó a su público. Y a sus enemigos todo lo dejó para mantener intacta su leyenda. A partir de ese día, y en sitios cada vez más humildes e incluso miserables, vivió hasta cerca de los noventa y siete años prisionera de su propio mito.

Su decisión me atrajo, en parte porque estoy en esa edad en la que una empieza a ver su imagen declinar en el espejo, pero también porque me parecen hermosos y a la vez patéticos los gestos inútiles: la inmolación de alguien capaz de enterrarse en vida para que su leyenda no muera nunca.

No obstante este dato, el de que Carolina —o Agustina, como realmente se llamaba— desapareciera a los cuarenta y seis años para que nadie viera su decadencia, resultó ser una más de las muchas mentiras que ella tejió alrededor de su persona. Siempre fue muy mentirosa mi protagonista, al igual que lo han sido la mayoría de los mitos, quizá porque, como ella dijo en alguna ocasión: «No hay sueño que resista la descarnada luz del sol o el frío estilete de la Realidad». Sea por ésta o por cualquier otra razón que me gustaría descubrir a medida que avanzo, prácticamente todo lo que contó Carolina Otero sobre sí misma fue mentira. No nació donde dijo haber nacido; se inventó su infancia, se inventó a sus padres y coloreó su pasado falseando todo lo relativo a los primeros años de su vida, patraña tras patraña. Aun así, yo pienso transcribir aquí sus más grandes embustes y todas sus martingalas, porque creo que las mentiras que la gente cuenta son muy reveladoras de una personalidad y acaban por describirla más certeramente que la verdad. Las mentiras hablan de anhelos, de carencias y, sobre todo, de «plegarias no atendidas» tan elocuentemente que me parece imposible prescindir de ellas sin desposeer al personaje de gran parte de su esencia. Al mismo tiempo, como resultaría muy largo y confuso enumerar tantas falsedades y contraponerlas a la verdad, creo que la mejor manera de contar esta historia será alternarnos la Bella y yo en la narración. A partir de ahora, Carolina pondrá las afirmaciones y yo las dudas; ella las sombras y yo las luces. Lo que aquí se relate será «su» verdad, pero con el contrapunto de los datos verídicos que he logrado reunir, algunos incluso muy curiosos. Espero que así, al claroscuro que forman la verdad con la mentira, podamos reconstruir entre las dos una imagen acertada y precisa de cómo fue su vida, del mismo modo en que un rayo de sol, al colarse por las persianas algunas tardes de primavera de su larga vejez en Niza, lograba el milagro de dibujar sobre la pared de su cuarto de pensión no el perfil de una vieja de casi cien años que estaba a punto de morir sino la sombra perfectamente bella de la que fuera, y ya será para siempre, el testimonio de una época.

Garibaldi

Niza, 8 de abril de 1965, 6 de la tarde.

Hoy ha sucedido otra vez y me he apresurado a hacer callar a Garibaldi. Le he tapado la jaula con su paño oscuro para que deje de cantar, pues los trinos de un viejo desplumado como él no armonizan con los espejismos. Luego me he sentado al borde de la cama con cuidado para que no se escape el hechizo... y sí, aún está ahí la silueta sobre la pared. Es cierto que el encantamiento dura sólo unos minutos, media hora a lo sumo, pero con eso me conformo. Durante ese tiempo todo vuelve a ser como antes: la línea de mis pómulos perfectos... el perfil de la nariz... la lánguida longitud del cuello... Es una suerte que los huesos no sean tan traidores como la carne porque, así, con la doble ayuda de las rayas de la persiana y la de mis ojos medio ciegos, logro reconstruir la sombra de la que fui. Hace ya tiempo que no sueño, sólo me divierto inventando imposibles. Espera un momento, Garibaldi, no cantes, déjame jugar un rato más con las sombras, recibo tan pocas visitas últimamente...

Un amigo que se las daba de poeta, cuando los dos éramos muy jóvenes, me advirtió que la lucidez o, mejor dicho, la cordura, es el peor castigo que puede sufrir un viejo: «Lo ideal es llegar a la vejez loco de remate», me dijo. «¿De qué sirve ver las cosas tal como son cuando ni siquiera cabe la quimera de poder cambiarlas?» Sin embargo, yo ahora sé que existe otro castigo más cruel aún: el insomnio. En mi caso, noventa y seis años y medio de cordura no serían nada si a ellos no se unieran innumerables vigilias, desde hace cincuenta y un años, los mismos que llevo fuera del paraíso. Una a una he velado sus horas de manera que me habría dado tiempo más que suficiente para recomponer cada instante de mi vida con la precisión de un orfebre. Podría haberlo hecho, pero no lo hice. En seguida me di cuenta de que era demasiado doloroso. En realidad, sólo los necios, los tontos nostálgicos y todos nosotros al comienzo de la vejez disfrutamos rememorando lo que hemos sido y ya no somos. Pero, a medida que pasan los años, veinte, treinta, cuarenta... tantos años de olvido, una descubre que, poco a poco, empieza a perderle el respeto a los fantasmas y que incluso llegan a ser buena compañía. Al fin y al cabo, son lo único que nos queda vivo.

En lo que a mí se refiere, debo decir que he alimentado dos tipos de fantasmas durante estos últimos años, al entrar en eso que los franceses tan bellamente llaman Le grand âge. Primero están aquellos espectros falsos que tuve que crear en mi más lejana juventud para configurar la leyenda de la Bella Otero, y luego los fantasmas de mi verdadero yo, los de Agustina Otero Iglesias, una mendiga de un pueblo cercano a Pontevedra. Los fantasmas de la Bella murieron en seguida. A pesar de lo que pudieron creer mis amigos y mis enemigos, jamás he sido la clase de persona que acaba creyéndose sus propias fantasías; por eso mis espectros han sido menos devastadores que los que persiguen a otros. En realidad eran tan amables, tan... ¿frívolos?, que un día, y sin que los llegara a echar de menos, se esfumaron. ¿Cuándo sucedió? Poco a poco, como suelen ocurrir estas cosas; aunque si tuviera que fijar una fecha para su definitiva desaparición, creo que puedo darla sin equivocarme. Sí, estoy muy segura: terminé de matarlos exactamente el día en que leí mi necrológica en L'Espoir de Nice, hace de esto unos quince años:

«Ayer tarde, en nuestra ciudad, murió la bailarina y cantante Carolina Otero. La Bella Otero fue famosa en todo el mundo por tener como amantes a personalidades del relieve del príncipe de Gales, Leopoldo de Bélgica, el zar Nicolás II, el káiser Guillermo, Alberto de Mónaco o Alfonso XIII de España. Se sabe que a principios de siglo la Otero llegó a ser una de las mujeres más ricas de su tiempo y que su colección de joyas mereció el título de legendaria, al incluir piezas tan extraordinarias como un collar que perteneció a María Antonieta y otro a la emperatriz Eugenia, así como un bolero de diamantes, de unos 500 millones de francos actuales [...] con el que Cartier luego le confeccionó un collar y un pectoral a juego. Renoir, Sem y Caran d'Ache pintaron su retrato; Proust la utilizó como uno de sus modelos literarios, el magnate americano William K. Vanderbilt le regaló un yate, mientras que un príncipe ruso que solía suplicarle "arruíname pero no me dejes", le entregó una auténtica fortuna. La Bella Otero también llegó a ser conocida como "La sirena de los suicidios", por el notable número de hombres que eligieron morir al no lograr sus amores. Últimamente, perdida toda su fortuna en los tapetes de juego (dicen que llegaba a dilapidar 700.000 francos en una noche) [...] y desvanecida su belleza por los estragos del tiempo, vivía miserablemente en nuestra ciudad, etcétera...»[1].

1. Las cifras que menciono en el libro están calculadas según los índices de precios del Instituto Nacional de Estadística y de acuerdo con los tipos de cambio internacionales evaluados por Pedro Martínez Méndez. Agradezco especialmente al profesor Gabriel Tortella su paciencia en ayudarme a descifrar las cantidades.

Aviso al lector de que van a parecerle muy altas y lo eran, aunque están exageradas por las fluctuaciones de la moneda antes y después de las dos guerras mundiales. Aunque parezcan inverosímiles, he aquí el valor actual de algunas de las cifras que se barajan en este libro:

Más adelante, me enteré de que ésta no era la primera vez que se publicaba mi obituario en la prensa. Notas similares habían aparecido en otros periódicos de Francia y del extranjero a lo largo de los años; pero cuando una se hace muy vieja sólo le afecta el minúsculo mundo que la rodea. Por eso, después de leer la noticia de mi muerte en L'Espoir, allá por 1948, decidí que bien podía dejar morir de una vez por todas a los fantasmas de atrezzo, o mejor dicho, a las mentiras que tuve que construir en mis años de gloria para placer de otros. Con esto me refiero a las leyendas sobre mis orígenes y mis primeros pasos en el gran mundo. Ya nunca he vuelto a pensar en aquellos fantasmas y no fue difícil prescindir de su compañía: Carolina Otero no ha tenido necesidad de apoyarse en falsedades para sentirse fuerte. En realidad, si inventé tantas fantasías sobre mi infancia, fue sólo para satisfacer al público, lo juro. Les conté lo que ellos querían oír, nada más. Porque existen dos tipos de mentiras: las que se elaboran en beneficio propio y las que se inventan para complacer a los demás. Y ambas (como decía ese amigo poeta que he mencionado antes y al que tanto le gustaba hacer frases) son gestos de pura generosidad. No hay por qué extrañarse de que así sea, al fin y al cabo, la Verdad, con mayúsculas, no suele interesarle a nadie.

Ésa fue la única razón por la que, durante más años de los que habría deseado, tuve que mantener vivas tantas y tantas mentiras.

---

a) El famoso bolero de la Bella Otero que estuvo expuesto un mes en los escaparates de París costaba al precio de hoy mil millones de pesetas.

b) Las pérdidas de juego que se le calculan a Carolina Otero entre 1900 y 1914 son de 68.000 millones de pesetas, a un ritmo de 4.600 millones por año.

c) Las pérdidas de una noche ascendían a 300 millones de pesetas de hoy.

d) La cifra que dice Carolina haber ganado al salir veintitrés veces seguidas el color rojo asciende a... 63 millones de pesetas. Como faltaba tanto a la verdad, el hecho de que el rojo saliera veintitrés veces seguidas es ya de por sí muy inverosímil.

Sin embargo ahora ya está, se acabó: desde aquel día de primavera me sentí libre para prescindir de todos los adornos biográficos indispensables en su momento. Murió ese día, por ejemplo, la Nina Otero de infancia romántica que retraté en mis memorias, dictadas en el año 1926 a madame Claude Valmont, redactora de la publicación Comoedia. Una biografía pésima, por cierto, no sólo por sus falsedades sino, sobre todo, por sus omisiones. Omisiones lógicas, si bien se piensa, pues ¿qué otra cosa podía hacer sino callar? En el 26 vivían aún muchas personas a las que perjudicarían gravemente ciertas revelaciones. Incluida yo misma, muerta desde el 48 por deseo de L'Espoir de Nice.

De ahí que ahora, una vez desaparecidos los fantasmas frívolos que adornaron a la Bella, puedo afirmar con alivio que es completamente falso todo lo que conté sobre mis orígenes. No soy andaluza, ni mucho menos hija de una gitana trasunta de la cigarrera de Mérimée llamada (cómo no) Carmencita, y de un oficial griego de apellido Carasson al que conoció en Sevilla.

Cómo me he reído durante mis años de gloria de todas estas imposturas que la gente estaba dispuesta a creer sin reservas y que sonaban «tan verdad».

«Tú, lector», escribió Joaquín Belda, otro de mis biógrafos y traductores más rendidos, «por poco experto que seas en el trato con mujeres célebres, estarás habituado a oírlas afirmar con la mayor desenvoltura que "se han criado en muy buenos pañales". En la mayor parte de los casos ello no es más que una dulce fantasía: si se trata de horizontales españolas, a la mayor altura que llega su árbol genealógico es a la de digno miembro de la Guardia Civil, cuerpo que tiene todas mis simpatías, pero que no figura en el Gotha europeo. La Otero en cambio no incurre en esa vanidad; hija de sus obras no tiene por qué renegar de su nacimiento».

Renegar no, pero sí tuve que «adornarlo» un poco para hacerlo más verosímil. Ser hija de una gitana andaluza y de un oficial con un nombre tan poco griego como Carasson es mucho más creíble que la verdad que contaré más adelante. Como, por lo visto, también suena muy real la patraña de que mi «padre», al que yo adoraba, después de conocer a Carmencita, y arrancarla de una troupe de gitanos de Sevilla, se la llevó a vivir a Valga, un pueblecito de Pontevedra, con la intención de alejarla de tantas tentaciones. Una vez en Galicia, por culpa de los extravagantes caprichos de mi madre, que seguía siendo «una fierecilla sin domar», papá se convirtió en esclavo del juego (maldición de la que, como todo el mundo sabe, también yo he sido víctima, y que le da a la anécdota paterna un timbre añadido de realismo, pero no interrumpamos por eso la historia). A continuación, me inventé que papá Carasson se arruinó mientras que Carmencita, incorregible, acababa buscando consuelo en brazos de un amante rico, quien, por una terrible pirueta del destino, dos años más tarde, daría muerte a mi padre, que lo había retado a duelo al descubrir aquellos amores.

«[...] Después de la desgracia, pasaron días de desolado luto con la monotonía de la desesperación», le dicté en 1926 a mi biógrafa, la enérgica pero también romántica madame Valmont. «A mí, ese período de la vida —proseguí con mi más perfecto aire de nostalgia ensayado en tantas ocasiones con periodistas y también con amantes— me hace el efecto de un abismo profundo y oscuro en cuyo fondo yacen recuerdos de miseria y derrota. En la casa de mi familia todo se lo llevaba la trampa, y los acreedores de papá vendieron las pocas cosas de valor que nos quedaban, muebles, objetos de arte, vajilla, plata...»

Una historia perfectamente concebible en aquellos tiempos, tanto, como que era verdadera. Lo que quiero decir es que, para confeccionarla, me tomé la molestia de utilizar casos reales: todo lo que he relatado más arriba lo elaboré con retazos de distintas y terribles crónicas de sucesos, género periodístico que ya hacía furor a principios de siglo y que mitificó a asesinos como Landrú o al célebre Jack el Destripador. Eran otros tiempos.

Hasta aquí todo muy bien pero a continuación decidí añadirle a mi historia una nota aún más dramática. Recuerdo la expresión de madame Valmont al contarle esta parte que voy a relatar. Mi biógrafa tenía la manía de descolocarse el sombrero con una mano atolondrada cada vez que oía algo extraordinario, un vicio muy poco favorecedor, dicho sea de paso. Quizá alguien como yo, tan experimentada en las lides de agradar, debería haberle advertido de lo ridículo que queda juguetear con las plumas o el velo de un sombrero. Sí, creo que lo mínimo que podía haber hecho para agradecer su credulidad habría sido decirle que, aun en los casos más desesperados, una dama jamás se toquetea el sombrero. «No haga eso, querida, c'est très vulgaire, es muy vulgar», debería haberle aconsejado, pero nunca lo hice: ahora me doy cuenta de que su manía me incitaba a dramatizar. Como, por ejemplo, cuando cargué deliberadamente las tintas al confesar:

«Después de la muerte de papá y entregada a ella misma, mi madre volvió a ser poco a poco la gitana de antes. Agriado su carácter por la pena y la miseria, no se ocupaba de sus hijos más que para obsequiarnos, al menor pretexto, con un golpe o un insulto. Ligera y débil, mi madre dejaba que las cosas fueran de mal en peor y nosotros, sus hijos, vivimos sin freno alguno de autoridad ni de disciplina, más despojados de toda ternura y de buenos consejos que los chicos desheredados del arroyo. Ya fuese porque el amante de mi madre siguiera enamorado de ella o porque se dejase ganar por la piedad, lo cierto fue que, un buen día, nos enteramos de que mi madre se iba a casar... ¡con el asesino de papá! Éramos todavía muy jóvenes: mi hermana gemela» (sí, sí, también me inventé una gemela, porque me parecía que sonaba interesante. Lástima que luego no continuara con la patraña, podía haberle sacado mucho partido a esta idea de tener una doble en alguna parte del mundo) «... mi hermana gemela y yo —continué, para placer de madame Valmont— no habíamos cumplido aún los diez años, pero recuerdo muy bien la rebeldía e indignación que nos invadió cuando supimos que el asesino de papá iba a instalarse en el propio hogar que él había destruido. El odio de todos los hijos del muerto se hizo patente contra mi madre y su nuevo marido; y, en aquella casa que el nuevo amo intentaba reorganizar, empezó a respirarse una atmósfera de drama. El orgullo español no es una frase vacía y mis hermanos sabían ya que la palabra cobarde es un insulto que ningún español puede tolerar. La misma noche que mi madre anunció la llegada de su segundo esposo, nos dimos cuenta de que mis hermanos habían desaparecido. Recogidos por un amigo de papá, que se compadeció de ellos, marcharon al poco tiempo a América y consiguieron crearse una buena situación allá. En la maldita casa del nuevo amo no quedamos más que una hermanita menor y yo, pues mi hermana gemela se había ido a casa de un pariente de papá que se encargó de su educación mientras que a mi hermano menor lo internaron en un colegio».

A partir de ahí fue fácil dictarle a mi amable biógrafa el resto de la fábula puesto que ya la había ido «confesando» aquí y allá con mínimas variantes en revistas mundanas y también a admiradores comprensivos (nótese que es fundamental para un mentiroso el tener una excelente memoria, de la que yo me precio, y contar siempre la misma historia. Aun así, no traicionarse en alguna ocasión resulta imposible. A mí me ha ocurrido más de una vez, ya se darán cuenta cuando llegue el momento).

«Comenzó entonces mi verdadero calvario», le expliqué a madame Valmont al comprobar, por el pingar de su sombrero, que la historia tenía toda la carga de verosimilitud y dramatismo que de ella se esperaba. «Ocurrió una cosa extraña», continué, «mi madre, que hubiera debido querer aún más a los dos hijos que habíamos quedado a su lado, se dedicó por el contrario a aborrecerme, achacándome la culpa de todas sus desgracias, convirtiéndose así en la madrastra de su propia hija. Yo había querido siempre a mi madre, puede que ahora la quisiera más que nunca porque me hacía recordar con más frecuencia a papá, pero sus cóleras injustificadas, sus continuos reproches, la exasperación que mostraba contra mí, y que era casi enfermiza, me hacían horriblemente desgraciada aunque callaba y sufría en silencio. Sin embargo, llegó un día en que mi carácter independiente y orgulloso se sobrepuso y me sublevé…

»Acostumbrada a mi obediencia, mi madre se quedó atónita ante una rebeldía que no podía tolerar. Unos días después resolvió deshacerse de mí y me dijo que me iba a marchar de casa y entrar en un internado cerca de Valga. La noticia me dejó indiferente, pues pensaba que era imposible que yo fuese más desgraciada en otra parte de lo que lo había sido hasta ahora. Me engañaba. Poco después pude ver que el desgraciado, como el necio, encuentra siempre otro más desgraciado que él.»

Le conté entonces a madame Valmont cómo, en aquel colegio de señoritas al que me mandaron, había sido víctima de todo tipo de vejaciones por parte de las dueñas, unas tales Pepita y Juanita, que me utilizaban como criada. Al hablar, yo movía las manos de un modo que los franceses consideran muy andaluz para darle a la historia todo su dramatismo, y pude ver cómo los adornos del sombrero de madame asentían comprensivos. Tampoco resultaba difícil creer que yo había estado interna en un colegio de niñas de clase media en el que me convertiría en víctima de múltiples humillaciones: las palizas eran algo habitual en las escuelas en el siglo diecinueve y también en el veinte, tengo entendido, aunque yo nunca tuve hijos.

Llegó entonces el momento estelar de mis mentiras, el momento en el que debía explicar cómo comenzó mi carrera artística. Fiel a mi creencia de que los embustes deben de tener siempre un punto de drama y otro idéntico de romanticismo, en mis memorias puede leerse esto:

«Era tan desgraciada, que más de una vez pensé en la muerte. Durante mucho tiempo cavilé sobre el medio que emplearía para suicidarme. De pronto se me ocurrió una idea: había oído decir que las cerillas eran veneno; reuní todas las que pude, las disolví en un vaso de agua y me bebí el líquido, pero sin duda la dosis era insuficiente. Todo se redujo a una indigestión y mi tentativa de suicidio pasó desapercibida».

Creo que a madame Valmont también le pareció romántica y

dramática la forma que inventé a continuación, para contar cómo entró el amor en mi vida, un gran amor que iba a conducirme al éxito profesional.

Para empezar le dije que pocos meses más tarde, y al verme tan desgraciada, una de mis compañeras de internado se apiadó de mí. Se llamaba Paquita (nótese como todos los nombres que elegí para los personajes de mis memorias suenan très espagnol y son, a la vez, de fácil pronunciación para una persona de habla francesa: mis protagonistas se llamaban siempre Paquitá, Pepitá, Juanitá, y cosas así). En fin, según le conté a madame Valmont, con Paquitá «apareció un rayo de sol en las tinieblas de mi vida». Ella gozaba de las simpatías de Pepita y Juanita y por las noches era la encargada de cerrar la puerta de la calle. «Temo que enfermes aquí todo el día trabajando sin poder ver la luz del sol más que una vez por semana para ir a misa», me dijo un día mi buena amiga. «Te dejaré salir, para que puedas pasear durante una hora, y cuando vuelvas yo te estaré esperando». Al principio me dio miedo su ofrecimiento, pero unas semanas más tarde, Paquita me entregó con aire misterioso un papel. Era mi primera carta de amor y el corazón me latía al leerla.

En mis escasas salidas, yo era espiada por un joven de nombre Paco Coll que resultó ser muy guapo. Después de muchas dudas y temores, decidí aceptar el ofrecimiento de Paquita y esa noche salí en busca de mi enamorado.

A madame Valmont le encantó el resto de la historia y el modo en que todas las noches me reunía con Paco, quien, al otro lado de la reja me decía: «Qué guapa eres, Nina, baila un poco para mí.» Valmont sonrió y yo añadí: «El baile era mi gran pasión, una verdadera manía. Ya desde pequeña bailaba acompañándome con las castañuelas; nunca aprendí a bailar, he bailado siempre por el mismo impulso natural que un pájaro canta. Por eso le pedí a Paco que me llevara, alguna de aquellas noches de escapada, a una sala de baile de la que había oído hablar y que era mi obsesión. El dueño del local, en realidad una tabernucha, me contrató como artista por dos pesetas. Era todo un éxito pues mis compañeras ganaban una. Yo era feliz hasta que me descubrieron».

Sería muy tedioso seguir oyendo todas las mentiras que la Bella Otero relató a madame Valmont para dar una explicación romántica de los años que van desde esta temprana actuación en una taberna de Galicia hasta su modesto primer éxito profesional en Francia. Al leer las memorias que le dictó a Claude Valmont, así como otras biografías que aceptan como ciertos los hechos que en ellas contó, sorprende comprobar cómo la Otero maneja los embustes para que tengan muchos visos de realidad. Ningún trazo de sus memorias resulta demasiado fantasioso, pero tampoco carecen de dramatismo. Sin duda debe de ser cierto que se valía de anécdotas tomadas de las páginas de sucesos que luego mezcló con algunos detalles destinados a inspirar pena y con otros cuya misión era, simplemente, poner de manifiesto su temperamento español. Esto último fue siempre una preocupación de la Otero, para quien la «furia española» era un adorno tan fundamental para su personalidad que, incluso en las postrimerías de su vida (y habiendo olvidado casi por completo el castellano), hablaba francés con un terrible acento español. Tanto es así que este tipismo, en las memorias dictadas a Claude Valmont, se traduce en frecuentes frases como: «Mi sangre gitana se encrespaba en las venas» o en alusiones al «indomable carácter de mi tierra andaluza»; detalles, en resumen, imprescindibles para construirse una interesante personalidad *très andalouse* acorde con la moda de su juventud.

Hay que tener presente además, para comprender el fenómeno, que desde mediados del siglo XIX, gracias a los escritores románticos que viajan por la península Ibérica y aún con más fuerza a partir de 1875, en que se estrena la ópera *Carmen,* los franceses tenían de España una imagen racial de guitarra y pandereta, de toreros, de gitanas, de sangre. La figura de la cigarrera de Bizet, que desprecia amantes y muere por sus pasiones, se veía en aquel París finisecular que apostaba por la modernidad como el último reducto de lo romántico y bellamente folclórico a la vez que trágico. Simbolizaba la llamada de lo atávico frente a un mundo que se abría vertiginosamente al siglo XX y también al «progreso», palabra mágica que se utilizaba entonces en toda ocasión y que, junto a las ganas de divertirse propias de aquellos tiempos, forman el talante básico de la Belle Époque.

Es muy comprensible, por tanto, que la Otero, para satisfacer los gustos de su época, decidiera ocultar sus orígenes gallegos (de poco le servían para triunfar los tristes aires de las muñeiras) y se inventara una biografía acorde con el tipo de personalidad que se esperaba de una española. En cuanto a la razón de cambiarse su verdadero nombre, Agustina, por el de Carolina, ya hablaremos más adelante; de momento, y para continuar con algunas reflexiones sobre el tono y el lado psicológico de sus mentiras, me gustaría llamar su atención sobre otro punto.

Al leer sus memorias, se nota que la Otero mentía, más que por razones románticas o vanidosas, por razones prácticas. Para ella lo importante era fabricarse un personaje lo más fascinante posible y si la construcción del mito requería amor y lágrimas, los tendría. Si necesitaba el toque Bizet, también lo tendría. En ningún momento trataba de ennoblecer su pasado, pues al contrario de otras «horizontales» como tan gráficamente llamaba entonces la sociedad a las cortesanas, y, tal como señala Joaquín Belda en el pasaje que he transcrito, la Otero no se inventa un pasado de buena cuna ni un árbol genealógico con un conde o duque en sus ramas. Pero tampoco cae en otro tópico de la época: despertar piedad ni presentar la imagen de una jovencita incauta engañada por el mundo y sus demonios. Al contrario. Consciente de que su vida pública distaba mucho de ser ejemplar, no intentó edulcorar su infancia sino que prefirió urdir unos comienzos aventureros y bastante amorales acordes con su carácter. Así, al leer sus memorias (y sabiéndolas falsas) el lector tiene la sensación de que están dictadas por una cabeza muy lúcida que tiene buen cuidado de que su personaje actúe exactamente tal como lo habría hecho de ser cierto aquello que cuenta, es decir, con sangre fría y llevando a cabo ciertas acciones poco dignas de una «señorita». He aquí, por ejemplo, una de las pequeñas infamias que inventa Carolina Otero para ilustrar el comienzo de su vida aventurera.

Al relatar el período que va desde la salida del pueblo camino del internado hasta el comienzo de su éxito artístico, la Bella fabrica (la información está tomada una vez más de las memorias dictadas a madame Valmont) la siguiente y poco edificante historia. Empieza contando cómo al descubrirse sus escapadas del colegio llovieron los castigos y que Juanita y Pepita le prohibieron salir de la cocina. Entonces ella, como venganza, planeó castigar a las dos solteronas metiendo en el puchero una enorme rata viva a cocer. Una vez hecho esto, Carolina se arrepiente e intenta sacar la rata del cocido, pero «aquello no era más que un amasijo de piltrafas, de pelos, dientes y todo tipo de porquerías». Entonces —muy en la estética del siglo romántico por excelencia— Carolina dice haber sufrido un ataque de histeria: se vuelve como loca, grita, llora hasta caer enferma, en tal grado que el médico del lugar, al ver su aversión al colegio y a aquellas señoritas, se ofrece a llevarla a su casa para que se recupere. Ella está muy agradecida a su salvador, pero después de unos días idílicos con él y su familia empieza a echar de menos a su Paco, «mi primer y más grande amor», según sus palabras. Pocos días más tarde se fuga con el muchacho sin despedirse siquiera de su benefactor y, de ahí, la joven pareja (ella tiene escasamente doce años) huye a Portugal.

Una vez en Lisboa, Carolina cuenta a madame Valmont cómo descubre que está embarazada, pero resuelve no decírselo a Paco por el momento. La pareja es feliz hasta que la policía los encuentra y devuelve a Carolina a su madre por ser menor de edad mientras que Paco Coll huye a Barcelona. El regreso de Nina, como la llamaban sus parientes, a Valga es otro episodio triste. Carmencita, su madre, sigue tan cruel como siempre. Nina, en una discusión, le confiesa su embarazo. La madre la abofetea e insulta de tal modo que, al día siguiente, sin un céntimo en el bolsillo, huye no a Barcelona —que sería lo lógico para reunirse con su novio— sino que regresa a Lisboa, al mismo hotel en donde viviera su historia de amor con el muchacho, argumentando lo siguiente: «Pensé que podría refugiarme en el hotel en el que había vivido antes con Paco porque el director era un hombre amable. Allí me conocían y seguramente me recibirían bien con la excusa de que muy pronto mi amado vendría a buscarme. Mientras tanto yo confiaba en mi destino».

Incluso en estas memorias mentirosas, el destino de la Bella se comporta siempre de una forma muy... oteriana, podríamos decir. Carolina le contó a su biógrafa cómo tuvo la fortuna de coincidir en el hotel con un empresario de teatro que, al ver su belleza y talento, le ofrece, desinteresadamente, debutar como solista (¡!) e intercalar para ella un número especial de canto y baile en la zarzuela *La Gran*

Vía, muy de moda entonces, que iba a estrenarse en breve en el teatro Avenida, de Lisboa. La función resulta un gran éxito y, poco más tarde, la muchacha da otro paso de fortuna que tiene la misma impronta oteriana. Según sus memorias, esa niña de once o doce años, la misma que pasado el tiempo llegaría a poseer una de las colecciones de joyas más espectaculares del mundo, se encontraba una mañana paseando ociosamente por las calles de Lisboa cuando...

«De pronto me vi mirando el escaparate de un joyero y una hermosa *rivière* de diamantes», relata, y —después de transcribir un diálogo muy cortés con un «hombre de unos cuarenta años de rostro simpático que llevaba gafas de oro y me miraba con aire benévolo»— dos líneas más abajo encontramos a la niña propietaria no sólo de un collar, sino también de una diadema, una sortija, pulsera y pendientes, todo de diamantes. A continuación, valiéndose de deliciosos eufemismos, la Bella explica cómo el caballero de las gafas de oro resultó ser el señor Porazzo, el banquero más rico de Lisboa, quien la instaló en una pensión («¡Qué bonita niña!», dice que exclamó la gorda y también benévola dueña del establecimiento al ver a Carolina. «Descuide, señor, estará muy bien y no carecerá de nada.»). Y en efecto, al poco tiempo Nina tenía todo lo que podía desear. «Yo me dejaba querer y experimentaba hacia mi protector el mismo afecto que puede sentirse por un padrino que colma a su ahijada de regalos. No podía corresponder a su amor intenso pero sentía por él un cariño filial», cuenta. «Tenía además un perro grande y vistoso llamado Black, pero echaba de menos el teatro y, sobre todo a mi amor, Paco Coll.»

Es la falta de Paco Coll la que, según explica Carolina, la empuja a abandonar a su benefactor y tomar un tren a Barcelona llevando consigo, eso sí, todos los regalos y mucho dinero del señor Porazzo. Unos días más tarde, ya instalada en la ciudad (con doce años, doce) contrata a una doncella de nombre Rosalía, una mujer «muy altiva y digna con su cofia rizada». Acto seguido, Carolina, Rosalía y su cofia rizada, hicieron aparición en un palco del Palacio de Cristal de Barcelona que frecuentaba Paco. Según cuenta en sus memorias, «al ver el público a una mujer tan bella, se armó un revuelo y miles de cestas de flores fueron enviadas a mi palco por admirativos caballeros». «¿Quién causa tanto alboroto?», dice la Bella que comentó Paco. La sorpresa fue mayúscula al descubrir que se trataba de «su Nina». A partir de ahí, Paco y ella volvieron a vivir juntos pero al poco tiempo «una preocupación comenzó a obsesionarme», escribe madame Valmont al dictado de la Otero. «No le había dicho a Paco que estaba embarazada y me pareció el momento de decírselo pues ya estaba casi de *cuatro* (la cursiva es mía) meses».

Se desconoce si, al oír tan romántico reencuentro, madame Valmont se llevó la mano al sombrero, como cada vez que su biografiada le relataba un episodio especialmente dulce. Pero lo que sí parece seguro es que no le sorprendió excesivamente el que tantos acontecimientos: vivir con Paco Coll en Lisboa, ser devuelta al hogar por la policía, que su madre la echara de casa, regresar a Portugal sin un céntimo, debutar en el teatro, convivir con un banquero que la llenara de joyas y le permitiera reunir una considerable cantidad de dinero, abandonar al banquero para ir en busca de su enamorado, etcétera, etcétera, sucedieran en escasamente cuatro meses. Un relato así debería haber resultado inverosímil incluso para la empática madame Valmont, pero quizá la dama estaba demasiado impresionada por la próxima «confesión» que iba a hacerle la Bella como para reparar en minucias cronológicas.

«Me parecía —contó Carolina a su biógrafa—, que había llegado el momento de decirle a Paco cuál era mi estado y así lo hice. Al mismo tiempo, me contrataron para actuar en el Palacio de Cristal y tuve mi primer éxito. Yo hubiera estado feliz de no ser porque el dinero que ganaba, Paco se lo jugaba todo al monte. Además ya no era cariñoso conmigo y no se ocultaba de mí para cortejar a otras mujeres. Su actitud me causaba mucha pena, pero por mi manera de ser no echaba de menos la vida apacible que llevaba en Lisboa porque a la indiferencia sentimental he preferido siempre la vida apasionada, aun con todos los dolores que lleva consigo. Pensaba muchas veces en la criatura que iba a nacer y creía que mi amante se consideraría igualmente feliz, quería creerlo, pero no era así. Bromeando me hizo algunas alusiones que yo fingí no entender. Entonces él se calló pero adoptó una resolución de la cual se guardó de prevenirme. Mi hombre aprovechó un día en que yo estaba un poco enferma para llevarme a casa de una comadrona cuya misión consistía más que en ayudar a traer hijos al mundo en enviar angelitos al cielo. Sin advertírmelo, me dieron cloroformo; cuando me desperté sufría atrozmente y tuve que guardar cama durante días. Nunca le he perdonado a Paco que hiciera aquello a traición, pero puedo asegurar que fue sólo el comienzo de otras traiciones...»

Los fantasmas de la niña Agustina Otero

Niza, 8 de abril de 1965, 7 de la tarde.

Es cierto. Todas estas mentiras románticas sobre mi adolescencia y el modo en que llegué a los escenarios se las conté a la señora Valmont en 1926. Una historia demasiado trágica, pensarán algunos y en efecto lo es, pero no tanto como la verdadera. Afortunadamente para mí, desde muy pronto supe intuir cuál es el tipo de tragedia que conmueve al público y a actuar en consecuencia. A la gente le gusta oír pequeñas desdichas románticas, dramas que tengan algo de agridulce y redentor que les permita fantasear pensando que si ellos hubieran estado en ese trance se habrían comportado más o menos igual que la protagonista. Las personas se estremecen con los amores desgraciados que incluyen injusticias, celos y venganzas, amores contrariados, penurias, desdichas, contratiempos, en fin, sufrimientos todos ellos tan comunes.

En cambio, los auténticos dramas, aquellos en los que se llega a arañar la verdadera miseria humana y que muestran a su protagonista rozándose con la más abyecta inmundicia, es posible que al principio arranquen un hálito de horror a quien los escucha. Pero muy pronto la intensidad de su horror se convierte en repugnancia y luego en rechazo hacia quien los ha sufrido. Lo tengo más que comprobado. Existe en el ser humano un mecanismo que le hace huir de la Atrocidad, así, con mayúsculas, como si en ella hubiera algo de castigo divino. Como si pensara que quien la ha padecido es responsable de su suerte y deudor de sus desdichas. Por eso, jamás conté la verdad sobre mis orígenes. Se ha llegado a saber a través de testimonios indiscretos, pero yo no dije a nadie que, en realidad, la Bella Otero, o mejor dicho Agustina Otero Iglesias, era la hija natural de un remendón de paraguas vecino del pueblo pontevedrés de Cordeira y de una mendiga de Valga, madre también de otros cinco hijos tan bastardos y desdichados como yo. Mucho menos aún se me ocurrió confesar que vivíamos entre basuras, que dormíamos con los animales y que, siendo muy niña, ocurrió un suceso que iba a marcar mi vida entera.

Como ya se ha visto, le conté a madame Valmont que había quedado embarazada y que me obligaron a abortar. Una hermosa mentira que nunca pudo ser cierta, pues he aquí la verdadera suerte de la Bella Otero. Éstos que voy a remover ahora son los fantasmas que más me visitan últimamente, los espectros de la niña Agustina Otero. Ven, Garibaldi, te quitaré el trapo negro de tu jaula. Tú ya has visto a estos espectros en otras ocasiones, vamos, vela conmigo, acércate, así tendré compañía mientras ellos hablan.

Cuando les doy rienda suelta, los fantasmas de la niña Agustina hablan de una noche de verano en Valga, allá por el año 1879, y de cómo, cuando volvía a mi casa con un cargamento de piñas para vender y también con algunos mendrugos que me daban las vecinas, mi mala suerte se cruzó con la de Venancio Romero, conocido en nuestras parroquias como el Conainas, un zapatero de veinticinco años, vecino de un pueblo próximo.

Cuentan las comadres que él me había visto bailar muchas veces con mis amigas en las calles y por eso me acechaba en un pinar solitario que hay al lado derecho de la cuesta de Terroeira por el camino que lleva hasta Requeixo. Era cerca de medianoche, brillaba la luna y yo tenía diez años.

La verdadera infancia de la Bella Otero

Así como no hay dato fidedigno alguno que confirme la estancia de la Bella ni en un colegio de señoritas, ni en Lisboa o en Barcelona, existe un documento oficial que confirma que la niña Agustina Otero Iglesias fue violada de forma brutal un 6 de julio de 1879 a las afueras de su pueblo. Este documento estuvo perdido durante mucho tiempo hasta que, en los años cuarenta, cayó en manos del poeta Celso Emilio Ferreiro. Cuenta Ferreiro —quien llegaría a ser más adelante uno de los poetas más respetados de su generación— que, «por verdadera casualidad y antes de que el trapero lo mandase a las fábricas de papel», tuvo oportunidad de leer y luego hacer obsequio a don Prudencio Landín, criminalista y periodista de *El Faro de Vigo,* del parte oficial de la agresión sufrida por la ya para entonces mítica estrella de París. Landín, a su vez, consciente de la rareza del documento, publicó el siguiente resumen en el que se habían censurado, según él «por prudencia», las partes mas duras:

«Era el año 1879. Al juzgado de Caldas de Reyes acudió una madre desolada diciendo que en la noche del 6 de julio había sido bárbaramente ultrajada su hija en un camino solitario. Se instruyó el correspondiente sumario. Era juez de aquel partido don Juan Puig Vilamora. La autoridad fue a la pobre casa donde habitaba la víctima. Los médicos don José Benito Vázquez y José Francisco Vázquez la examinaron y emitieron su informe. Según éste, el ultraje había sido consumado en términos tan brutales que "por decencia no pueden escribirse" y se calificaba de grave el estado de la chiquilla. Habíase producido una fuerte reacción que la hacía delirar y que trastornaba su cerebro.»

A renglón seguido el periodista se hace eco, también, de la declaración de la propia víctima en estos términos:

«Tenía la niña diez años. Hemos leído su declaración. Hace un relato minucioso de los hechos. En la diligencia judicial manifiesta que su única profesión es la de pordiosera. Llevaba esa noche, colgado del brazo, el cestito limosnero donde recogía los mendrugos de pan con que la obsequiaba la caridad. Entre las diez y las once de la noche cometióse el crimen. Gritó una o dos veces diciendo "¡Auxilio, mi madriña!". Este doloroso llamamiento llegó hasta dos mujeres que caminaban en las cercanías y una de ellas, según declaración que prestaron ambas, contestó: "¡Allá vamos!"

»En efecto, acudieron y pudieron darse cuenta de la huida del criminal a quien conocieron perfectamente. Levantaron a la desventurada niña y la condujeron a su casa con el temor de que muriera en el camino pues su estado era terrible. La justicia buscó tenazmente al culpable pero no logró encontrarlo porque, apenas se había percatado de que había sido descubierto por las dos mujeres, desapareció del país, posiblemente camino de América.»

La descripción que se daba de Venancio Romero en el parte de la policía era ésta: «Pelo castaño, barba poblada y roja, nariz aguileña, ojos castaños, cara redonda, color pálido, estatura regular, vestía pantalón de cuadros negros, chaqueta y chaleco de paño mezclilla, camisola de color, sombrero hongo y calzaba botinas.»

Hasta aquí la transcripción de los papeles oficiales. Pero ¿qué ocurrió después?, ¿qué fue de la niña tras la violación y dónde la curaron? Al no haber querido ella hablar jamás de este episodio, los datos biográficos se confunden en distintas versiones. Entre todas las que yo he podido oír durante mi búsqueda, me parece interesante la que recoge Borobó, pseudónimo de Raimundo García Domínguez, escritor y biógrafo, autor de un pequeño libro llamado *La tremenda infancia de la Bella Otero*. Teniendo en cuenta que Borobó tiene ahora ochenta y cinco años y que su investigación se realizó hace más de sesenta, cuando aún vivían muchas personas que conocieron a la Bella, sus hallazgos y pesquisas tienen el valor de estar basados en testimonios de primera mano.

«Tras el terrible percance», cuenta Borobó, «la rapaza fue llevada a la Casa de la Gina, popular taberna que todavía existe en Valga. Permaneció ahí dos días y como la hemorragia continuaba, pues los médicos no consiguieron cortarla, decidieron trasladar a la estuprada niña al Real Hospital de Santiago. Las tres leguas que separan Valga de Compostela fueron recorridas a lomos de una caballería por Agustina Otero, siendo inconcebible cómo pudo sobrevivir, dado su gravísimo estado, a aquel espantoso viaje».

Se cree que allí, en el Real Hospital, se repuso la futura Bella Otero de las lesiones que le había ocasionado su violador, entre otras, rotura de pelvis y desgarros tales que quedó estéril. Borobó explica cómo, intentando comprobar la veracidad de los datos recogidos a través de testimonios, examinó todos los libros de registro del Real Hospital de Santiago correspondientes al año 1879, y también los de los años cercanos, sin encontrar nota alguna de un ingreso con el nombre de la niña. Aun así, asegura haber conocido a un anciano en Valga, Juan Soneira, que todavía recordaba haber visto «cierta lejanísima tarde, regresar sola a la infeliz muchacha al pueblo sosteniendo en una de sus manos el mísero hatillo de una enferma recién dada de alta».

Al igual que Borobó, yo también he fracasado en mi empeño por esclarecer dónde exactamente internaron a Agustina. Borobó, con el que he entablado una relación muy cordial, me sugirió investigar en un convento de oblatas que hay en Santiago, muy cerca del Real Hospital, por si fuera allí donde Agustina se recuperó de sus heridas antes de volver a Valga con «el mísero hatillo de una enferma recién dada de alta». La posibilidad era interesante. Estas religiosas se ocupan de velar por las mujeres de «mala vida», las prostitutas y las madres solteras. Cabía pues la posibilidad de que hubieran recibido a una niña indigente víctima de una violación para cuidarla durante los largos meses que duraría su convalecencia. Me pareció además que, como en toda mentira hay siempre un fondo remoto de verdad, era probable que algunos de los episodios que la Bella cuenta en sus memorias —como el hecho de que en el «internado de señoritas» en el que estuvo varios meses las dueñas la trataran como a una criada, o, especialmente, el desagradable relato de la rata en el puchero— hubieran ocurrido en otro escenario similar pero mucho más humilde como es un convento para mujeres descarriadas.

Sin embargo, Agustina no pudo haber estado interna con las oblatas, pues ese convento no abrió sus puertas hasta 1882. Tampoco hay rastro de la convaleciente en los archivos de otras instituciones benéficas. No figura en la

Casa de Beneficencia de Santiago, tampoco en el Hospicio Altas y Bajas o en las Hermanitas de los Pobres... y así, hasta doce instituciones en las que se ha buscado su ingreso. Quizá, simplemente, la niña fuera de una constitución tan fuerte que se recuperara en su casa de heridas tan brutales, lo que concuerda con su legendaria buena salud a prueba de trasnochadas épicas, alcohol y probablemente alguna droga de moda en el París galante. Cabe también la posibilidad de que el documento de su ingreso en alguna institución haya sido robado. Son muchos, por no decir casi todos, los documentos que la conciernen que han desaparecido: cartas, certificados, papeles...

Lo relativo a la Bella ha producido siempre un interés morboso por parte de biógrafos o simples fetichistas y hace unos años era tan fácil sustraer documentos con total impunidad, que todo son sombras en torno a los primeros años de su vida. Lo único que he logrado averiguar a través de su sobrina nieta, doña Elena Otero, que aún vivía cuando visité Valga (víctima ella también de alguna sustracción por parte de un biógrafo demasiado entusiasta) es que, tras la violación, Agustina tuvo que soportar las habladurías que acompañaban por aquel entonces a la pérdida de la virginidad. Una niña guapa y pobre como ella, inmediatamente pasó a ser blanco del desprecio de todos los vecinos. De los ricos, que la miraban con desdén, y de los pobres que, en su ignorancia, dieron en concluir que la culpa de la violación la había tenido ella. Para los hombres los bailes lascivos de Agustina se parecían más a los de una mujer que a los de una criatura de diez años y eso habría enloquecido a Venancio Romero. Por su parte, algunas mujeres juraban saber que, desde mucho antes de aquella noche de mal recuerdo, la niña ya no era virgen.

La sombra hace demasiadas preguntas

Niza, 8 de abril de 1965, 7.30 de la tarde.

¿Ves, Garibaldi? Tampoco se me puede culpar tanto por haber olvidado a mi gente y fingir una infancia andaluza muy distinta de la verdadera. Me imagino la cara que hubiese puesto madame Valmont de saber que una de las cortesanas más famosas de su tiempo, una de las más convencidas daifas de amor, y una hembra que siempre juró que Eros gobernaba su vida, no era, en realidad, más que una niña herida que buscaba ajustar una vieja cuenta... Mira allí, Garibaldi. ¿Puedes ver al fantasma de ese cuerpo minúsculo aguantando el dolor de las heridas y el peso de la mentira? Claro que lo ves, y duele, ¿verdad? A mí también. Incluso ahora, cuando ya casi estoy muerta y todo importa poco, me asustan los recuerdos de Nina Otero. Pero aun así voy a continuar evocándolos esta noche. No por ti, Garibaldi, pajarito tonto y desplumado —las confidencias más terribles no necesitan de testigos que nos ofrezcan su inútil compasión—, lo haré por esa sombra en la pared que además de hermosa es muda y ciega. Quiero que ella recuerde cuál ha sido el verdadero móvil de su —de mi— vida por si alguna vez, en el torbellino de la gloria, llegó a engañarse como hacen tantas personas. Quiero que sepa —o, más bien—, que recuerde, cuál fue la fuerza que movió tan bella estatua.

«La venganza, querida mía» le digo mirándola muy fijo, «ahí tienes una fuerza mucho más grande que el amor y tan abrasadora como la pasión.» (La sombra se inquieta, yo diría que le tiembla un poco el mentón; por un momento éste se alarga hasta parecerse al de una vieja con sus carnes flojas... vamos, vuelve otra vez, espejismo; no voy a contarte nada que tú no sepas, la tranquilizo. Y continúo.)

Nunca le conté a nadie lo que ahora voy narrar, pero no porque temiera remover más fantasmas, sino porque desconfiaba de que alguien llegase a entenderlo. A comprender, por ejemplo, que, una vez recuperada de mis heridas, y vista la reacción de las gentes de Valga, el único placer de aquella niña Agustina fue continuar bailando para excitar a los hombres. «Esa rapaciña desfachatada está buscando que otro hombre la desgracie», decían las viejas, pero ¿cómo podrían entender ellas, comadres enlutadas de vida estrecha, que cuando no se tiene nada que perder es cuando más posibilidades hay de ganar? ¿Detestar yo a los hombres? Ni siquiera cuando me miraban con ojos hambrientos, ni siquiera cuando en las noches húmedas mis huesos infantiles acusaban la reverberación de heridas tan recientes, pensé en ocultarme de ellos. Al contrario, hasta el mismo día en que abandoné Valga, seguí bailando por los pinares y las calles con la cadencia de la mujer en la que me convirtieron antes de tiempo. Y a la vez, cada revuelo de mi falda harapienta juraba que si los hombres me habían despojado de todo aquello que se valora en una mujer, incluida la posibilidad de ser madre, yo les robaría a ellos sus atributos más preciados. «Miradme, deseadme, a cambio de mi honra me llevaré vuestra dignidad. En pago a mi miedo me haré dueña de vuestro orgullo, de vuestra voluntad, incluso.» El vaivén de mi falda de niña harapienta nunca lo dijo con estas palabras, es cierto, pero lo insinuaba con cada requiebro, igual que lo proclamarían años más tarde otras faldas o enaguas más hermosas y caras: «Venez, venez, monsieur le Comte, et vous aussi, Altesse, el amor es un juego: faites vos jeux... les jeux sont faits. Vengan, arriesguen, apuesten, sientan el placer de poseer a la más bella. ¿Creen poder ganar el lance? Se engañan. El amor se parece demasiado al bacarrá y en él siempre gana quien mantiene la cabeza fría. Pero... se lo ruego, ¡no deje de intentarlo, amigo mío, los juegos son así! Arriésguese, quién sabe, a la Suerte le encanta ser tentada... aunque... si quiere que le sea completamente franca, me apuesto todo lo que tengo a que la niña Agustina se apoderará de su corazón, señor, y del dinero de usted y de todas sus joyas, incluida su hombría, monsieur; Je prendrai aussi vos larmes, cher Prince, pues todo es poco a cambio de este vientre que habéis dejado estéril».

Realmente me sorprende que nadie supiera leer un mensaje tan claro en el revuelo de faldas cada vez más audaces a medida que comprobaban lo fácil que resultaba ganar. El amor y el azar, ¿qué es más fuerte?, ¿el pálpito del sexo o el crepitar inimitable de una bolita de marfil sobre una ruleta?; ambos son un juego, el mismo juego dicen, y mi suerte en uno y otro ha sido desigual. Hace tiempo hubo una persona, sólo una y por fortuna creo recordar que se trataba de alguien muy insignificante, que insinuó que yo sustituía un placer con otro. «La Bella siente en las mesas de juego lo que finge admirablemente en la cama», escribió uno de aquellos plumíferos que tanto abundaban a principios de siglo. ¿Pero quién fue? Ahora no consigo recordarlo... No creo que se tratara del gran Gabriele d'Annunzio, que me adoraba, ni del tímido Proust, que se fijó en mí para modelar a su personaje de Odette, ni siquiera ese joven poeta patriótico, José Martí, que se enamoró al verme bailar en New York y decidió incluirme en su poema más célebre[1]. Tampoco creo que fuera Colette, ni Valle-Inclán —que tan bien me ha retratado en sus libros—: «La-Bella-siente-en-las-mesas-de-juego-lo-que-finge-en-la-cama...» No, no

1. En el muy conocido poema de José Martí, que comienza: «Yo soy un hombre sincero de donde crece la palma», la décima estrofa se refiere a la Bella Otero. El poema figura en la página siguiente.

digas nada, Sombra, olvidémoslo, no quiero que tu hermoso cuello tiemble al recordar esa pasión que sí logró abrasarte: le rouge, le noir, le rouge... Puedo ver tu silueta sobre la pared. Cómo tiritas de deseo, Sombra, pair, impair, manque... pero basta: no pien-

---

VERSOS SENCILLOS

I

Yo soy un hombre sincero
De donde crece la palma,
Y antes de morirme quiero
Echar mis versos del alma.
[...]

X

El alma trémula y sola
Padece al anochecer:
Hay baile; vamos a ver
La bailarina española.

Han hecho bien en quitar
El banderón de la acera;
Porque si está la bandera,
No sé, yo no puedo entrar.

Ya llega la bailarina:
Soberbia y pálida llega:
¿Cómo dicen que es gallega?
Pues dicen mal: es divina.

Lleva un sombrero torero
Y una capa carmesí:
¡Lo mismo que un alelí
Que se pusiese un sombrero!
[...]

ses más en ello, todo eso acabó. Nunca más arderán tus pupilas con el deseo de dominar el azar. Ese fantasma también ha muerto. Hablemos sólo de Amor. En ese arte sí fuiste maestra.

Pero la Sombra insiste, deja caer su hermosa cabeza sobre el pecho como si dijera: «Tenía razón ese escritorzucho quienquiera que fuese: ¿Cómo hicimos para ganar en la cama y perder en todos los tapetes de juego?»

A esto no pienso contestarle. Lo mejor será bajar la persiana para que no nos moleste más, ¿verdad, Garibaldi? No me explico cómo dura tanto el espejismo, en general se trata de una visión rápida y fugaz, como un espectro. Hoy en cambio... Vete ya, Sombra, incluso a Garibaldi la respuesta a tu pregunta le resulta obvia: en el amor como en el juego, sólo ganan los que no se dejan abrasar por la pasión. Por eso, quien entrega su cuerpo pero no llega a comprometer jamás su alma conoce la incomparable borrachera de poder que produce dominar a otro ser humano, una embriaguez que suple con creces la necesidad de amar. En el juego en cambio... le digo y luego añado:

Me estás impacientando, Sombra, los espejismos son gratos siempre que sean breves y hoy tardas mucho en desvanecerte. ¿Qué hacemos aquí tú y yo hablando de cosas que las dos sabemos de sobra? El poder... el amor... el juego... Son tres patas de un mismo banco, como decía nuestra amiga Colette. ¿Pero cuál es más fuerte? Sin duda no la segunda, Sombra; la niña Agustina no amaba, jamás amó a nadie. Le bastaba con recordar el dolor de su carne desmembrada o con mirarse en el ejemplo de su madre que a los veinticuatro años ya había recibido del cielo el castigo de seis hijos bastardos de distintos padres. Y ahora quiero que te vayas. Voy a bajar la persiana antes de que el sol decline y alargue tu sombra hasta que ya no sea la de la más bella de las mujeres, sino la de una vieja a la que le gusta demasiado hablar sola. Vamos, vete. Además, ya casi es hora de cenar, veamos qué triste sopa de ajo o qué seca carne recalentada conforman hoy el banquete de la Bella Otero.

El amor de una jugadora

Niza, 8 de abril de 1965, 8 de la tarde.

La sombra sonríe, como si no quisiera dar crédito a lo que acabo de decirle. Como si de tanto fingir hubiera llegado a tomar por ciertos todos los amoríos que escenificó —escenificamos— para placer de otros. Como si, tonta de ella, le resultara inaudito pensar que tan gran cortesana nunca hubiera sentido amor ¿O tal vez sí lo sentí y soy yo la que no lo recuerda?

Vamos, vieja —parece decirme—, no hace falta que le mientas incluso a tu propia sombra, confiesa que has amado, al menos una vez. Eres una consumada embustera, pero todos tus actos te delatan. Las crónicas de la época se hacen lenguas de tu carácter apasionado: hay relatos terribles que tienen como protagonista a tus celos enfermizos, y no me refiero a las historias edulcoradas que contaste a madame Valmont, sino a otras muchas que reflejan los periódicos de la época: «La Bella vive un amor turbulento que ha estado a punto de costarle la vida», «la Bella intenta suicidarse con láudano...». Y luego están los testimonios de los hombres que te amaron. Son ellos los que hicieron tu fama, los que decían que lo mejor de la Otero eran sus arrebatos de cólera mezclados con ese talento diabólico para lograr que a su lado un hombre llegara a sentirse el único ser de la creación. Sí que has amado, incluso más que otras personas. Fascinar a tantos no se logra fingiendo, Carolina, ¿o debería llamarte Agustina? Ah, creo que ahora empiezo a comprender el enigma: quizá no seáis la misma persona sino dos distintas. La niña Agustina, que seduce por venganza, y la mujer Carolina, que ama con pasión.

Verdaderamente se trata de una sombra muy estúpida. Voy a ponerme a pelar unas patatas o a encender el infiernillo de gas para calentar la sopa. No hay nada como la cotidianeidad para matar los espejismos de los tiempos de gloria. Si me levanto de aquí ya no la veré, la haré desaparecer pero... ¿Y si decide desvanecerse para siempre?, ¿y si no quiere volver a visitarme?, ¿con quién hablaré entonces?, ¿contigo, Garibaldi? No, paxariño, hemos compartido demasiadas soledades tú y yo. Prefiero no moverme, no sea que se marche. Permaneceré aquí quieta, sentada en la cama, tal como he estado todo este largo rato. ¿A qué negarlo?, me gusta verla, me gusta verme tal como fui, aunque haga preguntas estúpidas.

Escucha, Sombra, le digo mirándola otra vez de frente y haciendo gala de una paciencia de la que carezco. Nunca he estado loca y tampoco voy a enloquecer ahora simplemente porque un espejismo sobre la pared me haga hablar más de lo conveniente de algo que ocurrió hace cerca de cien años. Ya te lo he dicho al principio: es falso que seamos dos, Agustina por un lado y Carolina por otro; yo nunca he creído en semejantes paparruchas psicológicas, como creo que llaman ahora a esa ciencia que tanto se empeña en dividir al ser humano en dos o en tres personalidades distintas. Lo único que sucede es que, a estas alturas, sólo perviven los fantasmas de la niña Agustina. Maté a los otros, ya te lo he dicho, y espero que no seas tú la que venga a resucitarlos. ¿De qué sirve recordar lo que una ha sido y ya no es? ¿A qué viene ahora invocar a la gloria? Vivo bien con los fantasmas de mi infancia, entonan mejor con mi presente que los otros. Una vida miserable se parece mucho a otra vida igualmente miserable. Por eso veo lógico que hayan tomado por asalto esta triste habitación de un hotel meublé en la Rue d'Angleterre, ¿qué más visitas puede esperar una vieja como yo sino la de los pájaros que a veces llegan hasta el balcón, las sombras de la pared, o sus propios fantasmas? Y al final serán ellos, unos y otros, quienes me acompañarán hasta el día en que muera. Aunque a veces... cada vez con más frecuencia, sospecho que la Muerte se ha olvidado de mí. ¿Por qué no viene? ¿A qué espera? Tal vez su deseo sea que la Bella Otero continúe aquí en esta habitación del hotel Novelty —qué nombre tan pretencioso para un cuarto de pensión—, sin más admiradores de carne y hueso que las palomas a las que alimento desde mi ventana y que vienen atraídas, no por mí, me temo, sino por el canto de Garibaldi, un canario tan apolillado como yo.

O tal vez se trate de algo aún peor. Es posible que el problema estribe en que ya estoy muerta y esto sea el infierno. Claro, debe de ser así. Porque, ¿qué mejor castigo podría haber que estar condenada a malvivir en una ciudad que un día se rindió ante mí, saber que están muertos todos cuantos me amaron y tener que contentarme con ver, sólo de vez en cuando, la sombra de la que fui al tiempo que me asaltan viejísimos recuerdos? Espectros. Es mejor llamarlos así. Resulta más distinguido aunque se trate, como en este caso, de los recuerdos menos gloriosos de todos los que tengo, los de Agustina Otero, una niñita de Valga que un día sedujo con indecencia a su destino.

«Seducir con indecencia a su destino...», «enloquecer a los hombres...». Aún sonrío cuando recuerdo aquellas palabras que habrían de alejarme definitivamente del pueblo de mi infancia. «Miradla», decía la buena gente de Valga al verme bailar por los pinares, «a rapaciña ten una fermusura diabólica que atrae asta a Santa Compaña, y ella lo sabe...». Cuánta habladuría inútil. En aquel entonces yo era como tú, Garibaldi, poco más que un animalito salvaje. ¿Cómo iba a comprender en qué consistía el don de la belleza? ¿Acaso me había visto alguna vez? ¿Acaso conocía el color de mis ojos o el brillo de mi pelo? La niña que fui, al igual que cualquier otra persona de mi origen, desconocía su aspecto físico. Lo más cercano a un espejo en lo que me había mirado eran las aguas del río, incierto azogue, como bien sabe cualquiera que se haya asomado, y ahora me viene a la memoria la leyenda de Narciso. Ese médico austríaco, que tan en boga estuvo tras la publicación de su libro, lo confundió todo. Hizo creer al mundo que alguien puede enamorarse de su propio reflejo en un río. Yo les aseguro que es imposible ver en esas aguas más que una temblorosa silueta. Por eso los pobres de mi generación lo ignorábamos todo, hasta los rasgos de nuestra cara.

Si detengo un instante el relato de la Bella es para comentar algo que me ha llamado la atención al seguir sus huellas. Cuando se estudia la vida de un personaje de otro tiempo, se descubren circunstancias de las que no se es consciente y que nos cambian la visión de dicha persona y de su forma de comportarse en la vida. Por ejemplo, todo el mundo sabe que para realizar una biografía es fundamental tener en cuenta el contexto histórico; pero yo he aprendido que resulta aún más necesario conocer un sinfín de pequeños datos cotidianos que rara vez se recogen en los libros de Historia. Por eso, con respecto del total desconocimiento del propio cuerpo que arguye Agustina para explicar su inocencia, me gustaría citar aquí un dato interesante que recoge *La historia de la vida privada,* de Ariès y Duby. En su tomo dedicado a las postrimerías del siglo XIX puede leerse:

«Hay que deplorar la falta de un amplio estudio sobre la difusión y modos de uso del espejo en la Europa de entonces [...] En las aldeas, sólo el barbero posee un verdadero espejo, reservado al uso masculino, pero en el campo los desconocen por completo. Entre la gente campesina, la identidad corporal continúa leyéndose en los ojos del otro, revelándose a través de la percepción ajena.» «¿Cómo vivir dentro del recinto de un cuerpo que no se ha visto nunca?», se pregunta la doctora Verónica Nahoum en el libro. «Para nosotros tal situación es completamente inverosímil. En un mundo visual como el que ahora vivimos, apenas se concibe que, hasta hace cien años, el 99 por ciento de los seres humanos desconocían su aspecto físico con todas las consecuencias que ello implica en la forma de ser de las personas y en la configuración de su personalidad.»

Visto el dato, no es descabellado pensar que esta ignorancia y la sensación de que se la culpaba de algo que una niña de diez años escasamente podía comprender hayan influido en la formación del carácter indomable de Carolina y también en su decisión de abandonar Valga.

De Valga a Marsella

Voy a tener que continuar yo con el relato durante un tiempo más porque, desde el momento en que Agustina abandona Valga y hasta llegar a principios de los años ochenta en que se tienen noticias de sus primeros triunfos en el sur de Francia, no existen datos fiables sobre la vida de la futura Bella Otero. En las memorias dictadas a madame Valmont, Carolina rellena estos años hablando de un novio llamado Paco Coll, de una huida a Portugal, de un debut en Lisboa, otro en Barcelona y de un «embarazo», pero nada de esto es contrastable; menos aún el embarazo, imposible, según los informes médicos que se conocen. ¿Cómo logró en tan pocos años dejar atrás la miseria y convertirse en una de las más prometedoras estrellas de su tiempo? ¿A qué métodos o engaños, a qué amantes recurrió para que se le abrieran las primeras puertas? ¿Cómo o con quién se escapó de Valga antes de cumplir los doce años? Lo que viene a continuación es la búsqueda de Carolina Otero a través de testimonios más o menos directos recogidos en el único lugar en donde aún puede encontrarse alguna pista: su pueblo natal en la provincia de Pontevedra.

He aquí el fruto de unos días lluviosos en Valga.

Valga es una pequeña población que consta de cinco parroquias: Campaña, Cordeiro, Setecoros, Valga y Xanza. Las fotos de apenas unas décadas atrás lo mostraban como un triste villorrio de casas de piedra, pero ha cambiado mucho desde entonces. Quien viaje hasta ahí intentando buscar las huellas de Carolina Otero se encontrará con edificaciones de ladrillo de buena planta, gentes alegres y abiertas a las que (a diferencia de sus padres, que se sentían avergonzados) les enorgullece hablar de su vecina más famosa. En el Ayuntamiento, los responsables de Cultura, Mon y Mari Carmen, están intentado acabar de una vez por todas con los tabúes que oscurecieron durante años la figura de la Otero. Hace poco, y por iniciativa suya, se ha puesto en marcha una colaboración con el Ayuntamiento de Niza para recabar datos y objetos con el fin de construir un pequeño museo. Desgraciadamente no es mucho el material que se ha podido reunir. No hay documentos, ni cartas, tampoco objetos, y los testimonios de la gente sobre lo que sucedió una vez que Agustina se fugó de Valga, divergen o son demasiado fantasiosos. Hay quien opina que la Bella se fue a servir a Pontevedra a casa de un médico (¿es coincidencia que en las memorias que le dictara a madame Valmont contase que, una vez que dejó el colegio en el que supuestamente tanto la vejaron esas crueles maestras que ella llama Juanitá y Pepitá, estuvo viviendo en casa de un médico al que posteriormente abandonó para fugarse con su novio Paco?). Otros, en cambio, creen que la Otero se prostituyó inmediatamente yendo a parar a alguna casa de mala nota en Pontevedra donde alternaba con los clientes a la vez que bailaba por un mísero sueldo. Por su parte, los más cercanos parientes de la Bella que aún vivían cuando yo visité el pueblo, Juan Manuel y Elena Otero (dos sobrinos nietos de avanzada edad), están muy seguros de que la verdad es otra. Según ellos, su tía abuela se fugó hacia 1880 con un grupo de cómicos ambulantes de los muchos que por aquel entonces frecuentaban la zona. Doña Elena Otero cuenta cómo la madre de la Bella (que sí se llamaba Carmen aunque no era gitana ni andaluza) se quejaba de que su hija se hubiera marchado sin despedirse siquiera de ella o de sus hermanos. Un buen día no se supo más de Agustina, aunque muchos coinciden en que, más o menos dos años después de desaparecer de Valga, un grupo de mujeres del pueblo volvieron a verla brevemente.

Según esta historia, Agustina, que para entonces ya se hacía llamar Carolina (había tomado el nombre de una hermana mayor muerta antes de ser bautizada, quizá con la innecesaria intención de que su madre no rastreara su paradero por ser menor de edad), aprovechó que la caravana de artistas y saltimbanquis con los que ahora vivía iba a pasar cerca para acercarse a su pueblo. Así, mientras la caravana atravesaba el puente, ella se asomó al pretil y desde arriba llamó la atención de las mujeres que estaban lavando ropa en el río. Primero les pidió que no contaran a nadie que la habían visto hasta que hubiera desaparecido, y a continuación les tiró unas hermosas prendas bordadas (dos camisas de dormir, según otros), con el ruego de que se las hicieran llegar a su hermana menor como regalo. Hecho esto, y sin dedicar ni un recuerdo a su madre, desapareció como si temiera que algo o alguien la obligara a regresar.

El segundo contacto que reconoce la familia con la Bella no tendría lugar hasta cerca de ochenta años más tarde. En 1959, doña Elena Otero dirigió a su tía ya anciana y arruinada una nota en la que le pedía que volviera al pueblo para vivir con ellos sus últimos años. Seis meses más tarde y escrita de mano de un supuesto secretario, la sobrina recibió una de las tres únicas cartas manuscritas[1] que se

1. Las otras cartas están escritas en los años cincuenta. Una está dirigida al alcalde de Valga para anunciarle su intención de dejar su fortuna (ya inexistente) a los pobres de su pueblo y la segunda a su abogado, pidiéndole consejo legal. (Todas se reproducen en el Anexo.)

conservan de Carolina Otero. El original, guardado por doña Elena durante años, se lo tomó prestado un biógrafo más... entusiasta de lo normal, don José Piñeiro Ares, y nunca se lo ha restituido a su dueña, asegurando que «se lo habían robado». No obstante, como está reproducido en su libro, he aquí el texto:

Niza, 21 de junio, 1959

Sra. Doña Elena Otero
Puentecesures

Señora, le contesto a la carta del 14 de enero de 1959, que es la única que ha recibido la señora Otero. No le contestó porque ha estado muy enferma en una clínica, y todo este atraso es debido a que no estábamos autorizados por el médico a darle las cartas. Este testamento en efecto era la verdad, pero ella va a reflexionar, quizás, que aunque nunca se han acordado de ella, sin embargo es posible que ella haga algo por la familia Otero. La escribo lo que me dicta la Sra. Otero que me manda en su nombre para ustedes sus cordiales saludos.

El secretario
E. Martínez

Como puede verse, mentirosa como siempre, Carolina se disculpa a través de un secretario (¿?) y muestra cierta altanería y rencor hacia su familia. Debo decir que cuando una se convierte en un «autor en busca de un personaje» se le desarrollan altas dotes de perro perdiguero tras todo tipo de rastros útiles. De este modo, al leer la nota enviada a su sobrina me llamó la atención que la palabra «Otero», manuscrita por un secretario, se pareciera tanto a la firma de la Bella que aparece en infinidad de postales antiguas. Al principio pensé que podría haberla escrito ella misma, inventándose un ayudante para darse más importancia en sus años de total ruina, pero después de haber consultado a una grafóloga[2] deseché la idea. Es cierto que la letra se parece a la de la Bella Otero en sus dedicatorias, especialmente la «O» mayúscula, pero personas que la visitaron en su retiro de Niza, como Alberto Oliveras, por ejemplo —que incluso grabó una entrevista con ella a finales de los años cincuenta—, aseguran que apenas hablaba castellano. Dominaba el francés con un fuerte y artificioso acento español, chapurreaba el inglés e incluso el alemán, pues tenía una admirable facilidad para los idiomas, excepto para el de su patria, al que sólo recurría para añadir un toque exótico a su forma de hablar trufándolo de algún «¡Caramba!» de vez en cuando, o un «Dios mío», amén de los indispensables «¡Olés!».

Además, es muy posible que la Bella aprendiera a escribir en Francia y no en España, porque de niña, aunque estuvo apuntada al colegio del pueblo en el que Josefa Cousiño, su madrina de bautismos, era profesora, se sabe que le gustaba más bailar que asistir a clase. Esta carta, en cambio, está correctamente escrita en español, por lo que es muy posible que actuara como «secretario» algún vecino de la Rue d'Angleterre, quizá emigrante, que conociera en sus últimos años en Niza.

Pero volviendo al contenido de la misiva, me gustaría hacer notar que su tono despectivo o rencoroso hacia sus parientes parece corroborar otras cosas que cuenta su sobrina. Doña Elena Otero aseguró haber oído a la madre de la Bella decir que su hija jamás se ocupó de ella, ni siquiera en sus épocas de mayor esplendor y tal queja debe de ser cierta porque hasta su muerte, en 1903, dicha señora vivió en la misma choza en la que naciera la Bella: una mi-

2. Para consultar el análisis grafológico de Carolina Otero realizado por Concepción Escudero, véase el Anexo.

sérrima construcción de treinta y seis metros cuadrados. Como era habitual entonces, los miembros de la familia, en este caso la madre y sus seis hijos (dos niñas y cuatro varones), se hacinaban en la parte de arriba de la vivienda, mientras que cerdos, ovejas o quizá alguna vaca ocupaban el espacio inferior para calentar con su presencia el piso de arriba. La casa natal de la Bella Otero ya no existe, pero aún puede verse alguna construcción similar en la misma calle que, por cierto, lleva desde hace unos meses el nombre de su más ilustre vecina.

Tal vez pueda deberse a alguna vieja cuita desconocida esta falta de interés por su familia, y en especial por su madre, muy acentuada si a ello se suma la forma en que la retrata en sus memorias. En ellas la acusa de adulterio, maldad, celos y ligereza, hasta el punto de que en la única ocasión en la que confesó haber sido víctima de violación, llegó a afirmar que su madre ni siquiera la visitó en el hospital durante sus meses de convalecencia. Pero también responde, con toda seguridad, al afán por olvidar su infancia y a la necesidad de mantener la leyenda de que era andaluza e hija de gitana, hechos ambos que adornarían su trayectoria artística. No hay constancia de que Agustina haya regresado a Valga después de haberse marchado a los doce años. En una entrevista concedida al *Diario Ilustrado*, de Madrid, ya en plena gloria, dice que piensa ir «para supervisar las obras de la gran mansión que está levantando para su madre», pero no hay noticias fidedignas de que en efecto llegara a Galicia; y la mansión, desde luego, no existió nunca. Por otro lado, algunos vecinos del pueblo dicen haber oído comentar que, en una ocasión, Carmen Otero viajó a París para encontrarse con su célebre hija. Incluso en la sección «De Viaje» de *El Faro de Vigo* del 19 de junio de 1895, junto a noticias de llegadas y partidas de otras personalidades, y bajo el título «La madre de la bailarina Otero», aparece la siguiente noticia:

«Anteayer ha pasado por la estación de Redondela, con dirección a Madrid y a París, la madre de la célebre Carolina Otero, que estos días ha dado tanto que hablar. La madre, en su viaje, va vestida a la usanza de este país.»

Pero es dudoso que tal visita tuviera lugar. Resulta inverosímil que Carolina invitara a su madre a París y luego, siendo una de las mujeres más ricas de su tiempo, la devolviera a esa vida paupérrima y a una casa compartida con cerdos y ovejas. Los sobrinos de la Bella, además, niegan todo contacto entre madre e hija, incluido el supuesto envío, a principios del siglo XX, de unas medias de seda que, según un biógrafo, todavía andan por ahí como testimonio de que al menos en una ocasión Carolina hizo un regalo a su progenitora. Existen fotos de las medias y si no las reproduzco aquí es porque más que francesas parecen de lagarterana. A pesar de ello, el biógrafo antes mencionado insiste en que la madre de la Otero se las regaló a un médico por no tener otra cosa con que pagarle la factura de la consulta.

Otra prueba de ese desapego hacia su familia se encuentra en sus memorias y tiene como protagonista a su hermano Adolfo, que supuestamente la visitó en París. En ellas se deja entrever que Carolina se deshizo de la tal vez incómoda presencia de su hermano de un modo muy romántico. Tras una pelea con uno de sus más fogosos amantes, el príncipe ruso Pirievski, como prueba de amor le conminó a que acompañara a su hermano Adolfo, de carácter aventurero y apasionado, a la guerra de los bóers.

Un año más tarde, *La verdad*, de Cesures, el 29 de julio de 1900, publicó en la sección «De Viaje» la noticia del regreso del «héroe»:

«[...] Adolfo Otero trae una herida de bala en una pierna, habiéndosele concedido dos meses de licencia para reponerse de las fatigas sufridas. Cesures lo saluda.»

Posiblemente la fantasía haya sido un rasgo muy acentuado en la familia Otero, porque, según cuenta Carolina en sus memorias, el príncipe Pirievski y su hermano jamás llegaron al Transvaal. «Loca de inquietud acabé por saber —dice— que Pirievski estaba muy tranquilo y al abrigo de todo peligro corriendo juergas con mi hermano por todos los sitios de perdición de Lorenzo Márquez.»

Sé muy bien que estos datos únicamente son pequeñas anécdotas curiosas sin más trascendencia, pero pienso que sirven para conocer a un personaje y también para darse cuenta de otro hecho curioso. Es muy extraño comprobar cómo la vida de una persona, desaparecida apenas en el año 1965, puede ser objeto de tantas leyendas y fantasías. Al visitar Valga, uno se encuentra no sólo versiones contradictorias, sino decenas de datos e historias apócrifas. Es posible que tanta fantasía se deba a la circunstancia antes señalada de que, hasta la presente generación, los valgueses se sentían avergonzados de la mala vida de su paisana y se negaban a hablar de ella. Así, al calor del silencio deben de haberse tejido en muy pocos años historias como la de las medias (con reliquia falsa incluida) o este suceso que una de las vecinas se acercó a contarme con gran elocuencia. Según me explicó, una tía suya, más o menos hacia el año 1891, y siendo ya muy famosa la Bella Otero, vio aparecer cerca del pueblo un carruaje cerrado con cortinas verdes en el que viajaban Carolina y un príncipe ruso. El vehículo no llegó a entrar en Valga pero «se detuvo ante mi tía que era costurera y le pidió que le hiciera un gran favor», relató aquella señora. «Agustina deseaba que, con una capa roja de terciopelo que llevaba sobre los hombros, se le confeccionara un manto al San Roque que se venera en la iglesia de San Salvador de la parroquia de Setecoros.» Así lo hizo la tía de mi informante, adaptando como pudo una capa parisina a las necesidades de una imagen santa, pero el cura de Setecoros se negó en redondo a adornar con ella al San Roque que, dicho sea de paso y según he podido comprobar por mí misma, es una humilde figura de escayola tocada de manto rojo también de escayola, por lo que quedaría redundante, por no decir ridículo, envuelta en paño fino.

Quienquiera que visite Valga será obsequiado con decenas de historias de este tipo, todas supuestamente de primera mano. Abundan los testimonios, y el que más o el que menos, atesora alguna pequeña anécdota personal y única. Hay quien asegura que su abuela se dedicaba a pedir limosna con la Bella, otro jura que su bisabuelo fue el primer y único amor de Nina, mientras que un tercero habla de un tío carnal que la vio robar unas enaguas a una vecina *porque era moi descarada.* Sin embargo, la única leyenda cuya veracidad he podido comprobar en Valga, es una digna de la imaginación de García Márquez. Hela aquí, y si hubiera que ponerle un título yo la llamaría «Las lentejuelas del cura Carrandán».

Las lentejuelas del cura Carrandán

Esta anécdota que, por cierto, desdice la falta de generosidad que le atribuyen a la Bella sus descendientes, está recogida en *La tremenda infancia de la Bella Otero,* de Borobó, una de las personas que más sabe sobre Carolina (o, al menos, el más honesto intelectualmente entre los que saben). Dicho autor dedicó muchos años de su vida a coleccionar datos sobre la Otero y así, a través de diversos testimonios, tuvo noticias de que, en sus tiempos de gloria, la Bella se carteaba con un cura del pueblo, hermano de su madrina de bautismo. Aquí habría que hacer un pequeño inciso para aclarar que, tal como puede verse en la fe de bautismo (véase en el Anexo), Carolina Otero, además de no tener padre conocido, tampoco tuvo padrino, por lo que actuó como única madrina Josefa Cousiño, una señorita de familia acomodada para la que trabajó la madre de la Bella en calidad de empleada doméstica. Josefa siempre estuvo muy unida a Nina. Prueba de ello puede ser el hecho de que, en el parte policial de la violación transcrito unas páginas atrás, se recoge la voz de la niña pidiendo auxilio no a su madre sino a su «madriña». Fue también Josefa la que eligió el nombre de la recién nacida. La llamó Agustina en recuerdo de la matriarca de la familia Cousiño.

Esta mujer, además de ser una persona caritativa que regentaba la escuela en la que la Bella aprendió muy someramente a leer y escribir, era hermana de Manuel Vicente Cousiño, sacerdote, al que todos conocían por el apodo de Carrandán y que había vuelto a Valga después de un pasado político comprometido con la causa carlista. Hay que decir que Carrandán, a pesar de sus ideas tradicionalistas, debía de ser hombre de talante abierto, porque de lo contrario nunca habría podido ocurrir lo que describe Borobó en su libro y cuya veracidad yo he tenido la suerte de comprobar.

Dice así Borobó utilizando como fuentes, por un lado, *Bilis,* un libro de Luis Bonafoux, vitriólico cronista de la época que conoció bien a la Bella, y por otro un artículo del periodista Joaquín Pesqueira, aparecido en un periódico local allá por 1943.

«Aquel párroco —ya difunto— era el señor Carrandán, carlista exacerbado [...]. Este sacerdote, efectivamente, recibía de la Otero con frecuencia cartas en francés [...] y repartía entre su familia y los pobres del pueblo el dinero que solía enviarle la artista junto con sus trajes viejos [...]. Carrandán admiraba y apreciaba a la Otero por sus caridades con afecto verdaderamente sincero. "*É moito millor* —nos manifestó en gallego—, que algunas mujeres ricas que pasan por virtuosas." El señor Carrandán alaba siempre la virtud caritativa de la Otero: lo demás, sacerdote de manga ancha, muy humano y muy gallego, no le importaba.»

Y puntualiza a continuación Borobó: «Carrandán no era párroco de Valga ya que, por ser maestro nacional, existía incompatibilidad. Era, en cambio, capellán de su propia capilla inmediata a su casa en Valga. [...]. Según testimonio de un sobrino-nieto de Carrandán, su tío, sin saber qué hacer con aquellos trajes lujosos que la Bella le enviaba, solía entregárselos al cura de Setecoros, otra parroquia del Ayuntamiento de Valga, por lo que algunas imágenes de esta iglesia [...] fueron vestidas con las sedosas ropas de la Bella

Otero. Al espíritu cristiano de Carrandán, con una fe primitiva y sin remilgos, le complacía, sin duda, ser el camarero de tan encantador y singular encargo. Y como sus relaciones con el cura de Valga de entonces no eran muy católicas, prefería transmitir las vestiduras de la Otero al cura de Setecoros, feligresía cuyos párrocos siempre solieron caracterizarse por su ancha humanidad y bonhomía.»

Hasta aquí el curioso testimonio recogido por Borobó en su libro.

A mí, aquello de que las vírgenes de un pueblo de Galicia estuvieran ataviadas con la ropa de una cortesana de lujo me pareció un dato magnífico digno por sí solo de una novela, pero tenía que comprobar si la historia era cierta. Con este fin visité la iglesia de Setecoros, donde, para mi desilusión, no encontré nada interesante. Permanecía aún en su sitio el San Roque que me había mencionado una de las vecinas, tocado sólo con su manto rojo... de escayola. Y a la izquierda del altar mayor podía verse una Dolorosa ataviada, ésta sí, con bastante lujo. Según doña Elena Otero, el hábito de la Dolorosa se había confeccionado con la ropa de su tía abuela. Al principio, alegría: allí estaba, en efecto, el manto de terciopelo negro bordado en oro, también un pañuelito de encaje de París y un rosario enhebrado con cuentas de azabache que quizá, otrora, resplandecieron en los escenarios del Folies Bergère o del Cirque d'Été. Sin embargo, el cura del lugar rápidamente me aclaró que el traje no era el original sino una copia del anterior ya que, cinco años atrás, lo habían tenido que sustituir por estar el viejo muy deteriorado a causa de la humedad. No había pues en la iglesia imagen alguna que llevara la ropa de la Bella Otero.

Con la sensación de que nos encontrábamos ante una nueva leyenda, salimos muy desilusionados de la iglesia los cuatro buscadores de reliquias que nos habíamos embarcado en aquella aventura. Éramos Carmen y Mon, del Ayuntamiento de Valga; Alicia Caicoya, mi amiga e inapreciable buscadora de pistas difíciles en tierras gallegas, y yo. Otro fracaso, pensamos, no había trajes de diosas paganas adornando las estatuas sacras, una pista más que no conducía a ninguna parte; pero lo que no sabíamos era que el primero de dos felices hallazgos nos esperaba no en Setecoros —como decía la leyenda— sino en Valga y en casa, precisamente, del cura Carrandán.

Esta casona, una de las más grandes del pueblo, existe aún y en ella viven los descendientes de doña Josefa Cousiño, madrina de la Otero. Tal como había ocurrido en casi todas nuestras pesquisas anteriores, hablar con los descendientes no sirvió más que para confirmar datos que ya sabíamos. En este caso, que la madre de la Bella recibía limosna de la familia para la que trabajaba ocasionalmente como criada y que por ser indigente y madre soltera, Carmen Otero no había encontrado más que a la buena Josefa que quisiera actuar como madrina en el bautizo de la niña. Nadie sabía nada de las cartas escritas en francés que Carolina enviaba al cura y la única persona que podría conocer algún dato era una sobrina de Carrandán, tan anciana que había perdido la memoria hacía años.

Ya nos marchábamos cuando vimos, junto a la casa, la capilla en la que el cura Carrandán solía dar misa, y más por rutina que por curiosidad pedimos visitar su interior. Se trataba —se trata— de una capillita familiar con media docena de bancos, un altar con una imagen central y un retrato a cada lado: a la izquierda el del Sagrado Corazón y a la derecha el de la Virgen María. Ambos son cuadros a modo de iconos y adornados con telas pegadas, telas que —aun a simple vista y desde el lugar donde nos encontrábamos, con muy poca luz y a dos metros por debajo de las imágenes—

parecían recamadas en lentejuelas. Como no soy persona decidida y tenía la sensación de haber molestado en exceso a la familia con tanta pregunta infructuosa, sentí vergüenza de pedirles que me dejaran ver más de cerca aquellos retratos tan *kitsch*. A punto estuve de irme sin más. Pero ahí fue cuando Alicia Caicoya, que es la verdadera detective de esta búsqueda, salvó la situación. Alicia va siempre armada de una cámara fotográfica, por lo que pueda surgir, y no pensaba perder la oportunidad de retratar algo que, quién sabe, podía ser importante. Como es mucho más simpática que yo, en seguida consiguió que los ya un poco hastiados parientes del cura Carrandán bajaran los cuadros e incluso que nos los sujetaran para poderlos fotografiar.

Y allí estaban, no cabía duda. Ahí habían ido a parar algunas de las sedas y lentejuelas que enviaba Carolina Otero desde París. *Paillettes* pecaminosas y abalorios de piedras parisinas que en este momento sirven para recubrir la corona del Sagrado Corazón que se venera en esa pequeña capilla. Quien quiera verlos descubrirá que todo menos la cara y las manos de los retratos (éstos son pintados) está recubierto de telas bordadas y abalorios. Como creo que las imágenes son mucho más elocuentes que su descripción, el lector podrá apreciarlas en las ilustraciones. Sin embargo, me gustaría llamar su atención hacia algunos detalles cromáticos que no se aprecian bien en la foto. Nótese, por ejemplo, que el Sagrado Corazón lleva una túnica de lamé dorado sobre la que luce un manto de seda rosa tachonado de lentejuelas turquesa. De las mismas telas, pero recamadas en otro color, son el manto y la túnica de la Virgen, pero ella lleva una corona adornada con una pequeña joya, quizá un topacio, cosido sobre una tira confeccionada en *paillettes* muy a la moda parisina de entonces.

Con ser sorprendente y curioso este descubrimiento, aún nos esperaba otro mejor. O más bien le esperaba a Alicia que, no contenta con nuestra Virgen y nuestro Sagrado Corazón vestidos de *music hall*, siguió buscando más trajes de la Bella por las iglesias de los alrededores hasta encontrar un vestido completo.

Días después de mi partida, arrumbado bajo la mesa de la sacristía de una pequeña capilla situada en Requián, un hermoso paraje de la montaña de Valga, Alicia fue a dar con otro traje pecaminoso. Durante años, esta túnica vistió a la virgen de los Milagros. La hechura es simple, casi un sayo, pero la tonalidad, la textura así como lo inusual de los bordados con flores *art déco* entrelazadas con las guirnaldas muy al estilo fin de siglo, son completamente ajenas a las que pueden verse sobre una imagen santa en cualquier lugar de España.

Así, con el descubrimiento de un vestido parisino en sitio tan insólito y con la presencia de dos cuadros *kitsch «avant la lettre»*, como diría nuestra Bella, se corrobora otra leyenda muy extendida en la zona y la veracidad de cierto comentario despectivo de Carolina recogido en *Bilis*, de Luis Bonafoux. Según este libro, en una fiesta que la bailarina dio en Jueves Santo en su casa de París, alguien le dijo:

«—Yo la suponía a usted católica a machamartillo. ¡Como envía usted tantos trajes a la Virgen de su pueblo en Andalucía!

»Y la Otero riendo:

»—Hombre, tiene la mar de gracia. ¿Qué quiere usted que les haga yo a aquellos brutos entre los cuales, al fin y al cabo, he de vivir? Después de todo, me da mucha lástima cuando pienso que me llenan de bendiciones porque les mando los trapos de desechos de mis juergas para vestir a la Virgen.»

«La Otero», concluye Bonafoux con admiración, «es todo un carácter».

Salir de estas cuatro paredes

Niza, 9 de abril de 1965, 9.30 de la mañana.

Después de al menos una semana sin salir de casa, hoy he decidido bajar a hacer unas compras. Cuando me invade la vena solitaria paso incluso meses sin moverme de mi habitación. En esos casos recurro a George Ivaldi, un joven que vive también en el edificio, o a Assunta, mi vecina, para que me suban el periódico y algo de comida en una vieja cesta atada a una cuerda. «Como Rapunzel en su torre, ma Belle», diría mi buen amigo Cocteau, de no estar muerto, tan muerto como todos los otros. «Sólo que en vez de ser prisionera de una bruja tú lo eres de tus bellas (y ya muy viejas) piernas», habría añadido, pues siempre le gustó meterle a una el dedo en la más dolorosa llaga. No obstante, se habría equivocado. Las piernas de la Bella aún pueden con los dos tramos de escalera que me separan de la calle, ante el asombro de mis vecinos, y a mí me encanta asombrarlos. «Miren, es madame Otero que ha decidido volver al mundo de los vivos», cuchichean cuando me ven pasar camino de la plaza con la bolsa de la compra en una mano y el bastón en la otra. Y se fijan en mí con toda la admiración de la que son capaces las buenas gentes al ver a una anciana de noventa y seis años perfectamente maquillada y recta como una bailarina. Yo a veces incluso les sonrío; cada edad tiene su minúscula coquetería.

El recorrido es breve. Se acabaron los largos paseos por la Promenade des Anglais como hasta hace unos años, cuando aún algunos turistas se paraban a fotografiarme sin saber bien quién era, una vieja artista de cine mudo, una princesa arruinada; alguien, sin duda, pero ¿quién? Ahora, en cambio, me conformo con caminar unos cientos de metros, los que me separan del Tout Est Là, una higiénica tienda de comidas preparadas que pertenece a monsieur Marcel Entressangle. Cuando estoy de humor me gusta el paseo, y el recorrido suele hacérseme tan largo y variado como cuando paseaba junto al mar. Pasito a paso, pasito a paso, el mundo es tan grande o pequeño como uno quiera inventárselo. Hoy creo que compraré dos huevos para la cena y algo de pan, nada más. Mañana sábado, en cambio, me he propuesto bajar por un plato que adoro: el civet de conejo que prepara el père Marcel para le weekend. Antes detestaba el conejo, pero he llegado a mejorar bastante el guiso que compro en el Tout Est Là, añadiéndole al caldo una pizca de cilantro; se lo recomiendo con entusiasmo, les aseguro que de este modo recuerda mucho a cierto plato de liebre que preparaba el chef del káiser Guillermo: conejo á la mode de Willy chéri, podríamos llamarlo, no está mal la idea.

Willy chéri... hace años que no ocupa lugar en mis pensamientos. Ni siquiera prestaba mucha atención a su recuerdo en las tontas épocas en que me dedicaba a repasar una y otra vez mis años de gloria como quien se sienta ante una vista en el cinematógrafo. En cambio, sí he pensado a menudo en su primo, el zar Nicolás. Lástima de muchacho, un pésimo amante, me temo, pero no se merecía tanta mala suerte, tanta sangre.

—Bonjour, monsieur Entressangle. Deme por favor dos huevos morenos y una baguette mediana.

—Buenos días, mademoiselle, en seguida la atiendo.

Olvido por un momento que estoy en la tienda del père Marcel porque allí, apoyado junto a la puerta, hay un hombre de unos veintitantos años que me mira. Qué extraño, es demasiado joven para conocer siquiera mi leyenda, ¿pero esos ojos? No, no. Es imposible que se trate de un admirador, querida Lina[1], no te hagas ilusiones. Debe de ser de un reporter. Uno de estos insistentes, obcecados, tercos periodistas de quién sabe qué oscura publicación.

—¿Señorita?

Yo lo ignoro. Me concentro en los gruesos dedos del père Marcel que sopesan los huevos mientras le entrego unos pocos francos contados. Luego salgo de la tienda como si no hubiera reparado en el tipo.

—Señorita, mademoiselle Otero...

Es una prerrogativa de los viejos hacernos los sordos, muy útil además, pues, en general, lo somos. Pero el muy desvergonzado intenta tomar mi brazo para ayudarme a bajar un escalón que conozco de memoria y le atajo con alguna grosería de las mías. Ahora que lo veo mejor, por la proximidad casi impúdica, pienso que guarda cierto parecido con este muchacho moderno que sale tanto en el Paris-Match como yo en mis tiempos. ¿Cuál es su nombre? Oh sí, Johnny Holyday o Hallyday, o algo así. ¡Caramba! A pesar de que leo el periódico, estos personajes me parecen todos iguales. Mi perseguidor lleva el pelo tan absurdamente largo como ese artista y tiene el mismo aire con sus anchos blusones y grandes patillas. Continúo caminando como si no existiera. Otro privilegio de la vejez es poder fingir una digna demencia senil. Ya se cansará el reporter, he desalentado a unos cuantos con este sistema. Mi idea es volver a casa atravesando la placita que está frente a la basilique de Notre-Dame cuando ¡Zut!, qué cosas, allí, en la calle de la derecha veo a otro tipo igualito a Johnny Hallyday descargando un camión y más allá a un tercero (moreno esta vez) que se dispone a montarse en una gran motocicleta. Espero que tanta proliferación de Johnny Hallydays sea una moda y no una

1. Apreciará el lector que el diminutivo que he utilizado hasta ahora era Nina (Agustina), vinculado a su infancia en Galicia. A partir de ahora verán que aparece como Lina, de Carolina, que es como la conocían sus amigos y amantes de la edad adulta.

conjura. «Debe de tratarse de un nuevo estilo de apache[2], Lina, querida», me digo y luego: «Plus ça change plus c'est la même chose», añado, como tantas otras veces al observar las particularidades de estos tiempos que no me pertenecen. Si no me dolieran tanto las piernas debería aventurarme más lejos, por otras calles, para comprobar cómo se transforma el mundo; siempre he sido curiosa. Miro hacia atrás. ¿Y el reporter? Ya no me sigue, mejor así. Se rinden fácilmente los periodistas de ahora mientras que antes eran capaces de seguirme hasta el infierno. Pero yo sé bien a qué se debe. No, no es sólo que los años propicien el olvido, existe otra razón: la legendaria fama de huraña que me he ido fabricando desde que vivo en este barrio. «¿La Bella Otero?», le dirán la panadera o el dueño del restaurante de la esquina o cualquiera de mis insignificantes vecinos a quien pregunte por mí. «Se la ve muy poco, tiene el carácter agriado por la pobreza.»

Y otros vecinos, con frecuencia las mujeres, suelen añadir limpiándose, como Pilatos, las manos en su delantal: «¡Oh!, ya no hay gente que se interese por ella, monsieur, tantos aires de grandeza... tanta pamplina... imagínese, pretende hacernos creer que aún es importante, pero lo cierto es que hace años que no recibe una sola visita. Vive allí, en una humilde habitación del número 26 de la Rue d'Angleterre, junto con los restos de su naufragio. Intente subir, si quiere, pero le apuesto diez francos a que le dirá que no puede recibirle porque tiene una cita con un admirador, un duque, un conde, algún aristócrata, pobre vieja chiflada. Tantos delirios de grandeza resultarían insufribles si no fueran patéticos. ¿Sabe una cosa? Hasta hace unos años, todas las noches se hacía llevar, por un local de aquí cerca, un servicio de comidas para dos personas, para hacernos creer que esperaba una visita ga-

2. Llamaban «apaches», a principios del siglo XX, a ciertos individuos desocupados o incluso delincuentes que merodeaban por las ciudades. Véanse los comentarios que se recogen en el capítulo titulado «París según Pío Baroja».

lante. Ahora, en cambio, se conforma con llevar a casa media botella de champagne de vez en cuando. ¿Triste, verdad?» Y la mujer vuelve a limpiarse las manos enrojecidas en el delantal, con la esperanza de que el periodista, para no volver de vacío, le tome una foto bajo la que se informe: «Una vecina nos relata el triste fin de una de las mujeres más ricas del mundo a la que el juego ha llevado a la miseria.»

Pero hace años que no ocurre nada de esto. Ya nadie se interesa en molestar a los vecinos para que les cuenten chismes sobre mí. Ha pasado demasiado tiempo, y ni siquiera llama la atención el gesto de una antigua multimillonaria que malgasta de vez en cuando sus últimos francos en media botellita de champagne Montebello. Mejor así. No necesito reporters que expliquen en qué condiciones vivo. ¿Cuándo recibí al último? Recuerdo a uno del Paris-Match, en el 54, hace más de diez años. Lo dejé fotografiarme frente al Negresco, pues aún conservaba entonces un pequeño cuello de astracán bastante digno y un hermoso sombrero de fieltro. ¿A quién más he visto? Oh sí, a un tal Antonio Olano u Olanó, que se presentó como periodista y paisano (¿no sabría aquel hombre que lo último que recibiría yo de buen grado es a un reporter gallego?) y más tarde, quizá fuera en el 59, recuerdo a otro. Tenía una hermosa voz, hablamos en francés pero era español, ojos verdes, muy expresivos, Oliveras se llamaba. Me gustó departir con él. Incluso lo invité a subir a casa en un impulso estúpido del que ahora me arrepiento. Yo me senté en la cama que suelo adornar con algunos bonitos almohadones para que durante el día cumpla la misión de sofá, y él prefirió hacerlo en una sillita demasiado pequeña para sus largas piernas. En esa posición me recordaba a un galgo, un galgo muy atento, y en postura tan incómoda escuchó todas mis mentiras con suma amabilidad. «Perdóneme», le dije, cuando ya le había enseñado mi álbum de recortes. (Mi pequeña habitación estaba bastante polvorienta ese día y no deseaba darle tiempo a que se fijara en detalles.) «Perdóneme, debo irme, un admirador me espera en el casino. Aunque no lo parezca, poseo una gran fortuna, un día se sabrá; cuando muera la Bella Otero, todo se sabrá.»

Très charmant, Oliveras. Hizo como si se creyera mis fábulas, un hombre de mundo, qué duda cabe. Debe de saber que los viejos mentimos no precisamente para engañar a los demás, sino para engañarnos a nosotros mismos. Es lógico, ¿no? ¿Qué otra cosa nos queda sino las mentiras y los fantasmas?

Camino un poco más hacia la placita. Muchas veces me he sentado en uno de sus bancos a alimentar a las palomas y las conozco a todas por sus nombres. Recuerdo una vez que un guardia intentó impedírmelo. «Pero vamos, monsieur le gendarme, no sea usted tan estricto. Antes me dedicaba a seducir hombres y ahora sólo puedo seducirlas a ellas», le dije con cierto aire de antigua beldad patética que suele funcionar en casos como éste. Y funcionó, Jean-Pierre y yo nos hemos hecho amigos desde entonces y cuando me ve me ayuda a llevar mi escuálida bolsa de la compra hasta el segundo piso en el que vivo. Sin embargo, Jean-Pierre no está hoy, tampoco las palomas. Las calles de Niza aparecen llenas de turistas en estas fechas y eso no me gusta. La gente mira a los lugareños como si fuéramos hermosas reliquias. ¿Y dónde se habrá quedado el reporter con el aspecto Hallyday? Tampoco lo veo. Tant pis, quizá se tratara de otro espejismo. No tiene demasiada importancia. Estoy llegando al centro de la plaza y ¡quia!, mi banco está libre, es casi un milagro con tanta gente, pero, siendo así, no tendré más remedio que aprovechar la ocasión y detenerme para una tonta cábala que no tiene nada que ver con las palomas ni con los gendarmes.

Me siento, dejo en una esquinita lejos del sol y de las moscas mi bolsa de malla con la compra del día, también el bastón, y luego me dedico a buscar una baldosa desigual que pisé un día por puro azar. Por aquí, a la izquierda tiene que estar, se trata de una losa mal cementada que sobresale entre sus vecinas, là, voilà, la piso levemente y luego repito en voz alta una frase que aprendí hace años. Los viejos y los locos farfullamos tanto que nadie se vuelve al oírme invocar: «... en el momento en que, rehaciéndose, puso el pie en una losa un poco menos alta que la anterior, todo su desaliento se esfumó y de pronto desapareció toda barrera.» «Qué interesante, madame», comentaría un reporter (no un Johnny Hallyday de ahora, sino alguien de mi tiempo, conocedor de las frases literarias que se hacen famosas); «cita usted con mucha precisión ese célebre pasaje de Le temps retrouvé, cuando Proust entra por fin en el patio de los duques de Guermantes, ¿me equivoco? Sí, sí, el momento en que, gracias al contacto de su pie con una losa desigual, el narrador descubre que ya es capaz de escribir todos los recuerdos que despertaron gracias a su pequeña y archifamosa magdalena; excelente memoria, madame».

Y yo le aclararía inmediatamente las cosas:

«Dice usted bien, amigo mío, en efecto, se trata de un fragmento del último volumen de À la recherche... pero conste que, personalmente, nunca me interesó ese pisaverdes de Marcel al que conocí bien. Tampoco he leído su obra. Sin embargo, basta con estar en la buena sociedad para enterarse de frases célebres o renombrados pasajes literarios. De este modo se llega a adquirir una vasta cultura de guardarropía que resulta muy decorativa. ¿Comprende usted? Incluso reconfortante y evocadora, como en esta ocasión. Muy útil, ¿no le parece? Si hago memoria creo recordar que fue D'Annunzio quien llamó mi atención sobre este párrafo de la entonces reciente obra de Marcel Proust; no era santo de mi devoción, ya digo, pero opino que lo que escribe resulta muy cierto desde el punto de vista humano. ¿Nunca le ha ocurrido algo parecido, muchacho?, le pregunto al invisible reporter; ¿de veras que no? Me refiero al placer de encontrar en algún lugar y al cabo de muchos años una llave hacia tiempos pretéritos, una especie de ¡ábrete, sésamo! como puede ser, en esta plaza, el tacto de una baldosa desigual que franquea milagrosamente el paso —no a los recuerdos— sino a un túnel que conduce al pasado.»

El invisible reporter se encoge de hombros pero yo le aseguro que existen dichos túneles. Hace apenas un mes que descubrí este del que hablo ahora. Pisé aquí, justo aquí, por puro azar, y funciona. No es más que un trozo de adoquín, ni siquiera sé si se parece a aquel del patio de los Guermantes al que se refería le petit Marcel, pero de lo que no hay duda es de que posee la misma virtud. Basta elevar la mirada para que la visión de un automóvil, una farola o cualquier otro artefacto moderno estropee el efecto, y luego sólo hay que adelantar un pie hasta el punto mágico. Entonces, el contacto desigual me devuelve a un lejano día de mis primeros años en Francia. Espero fervientemente que los responsables del adoquinado, tan poco diligentes por lo general, no reparen en este desperfecto mínimo y se les ocurra arreglar el desnivel, para que mi pasadizo continúe siempre aquí. Allá voy. He aquí otra de mis pequeñas diversiones: acerco a la losa la punta del pie, hocus pocus no falla, porque Dieu merci he aquí un hermoso recuerdo redivivo.

Ya. Ya sé que he afirmado anteriormente que me disgusta recordar mis años de gloria, pero miento mucho. Además, esto no es estrictamente un recuerdo sino una vivencia. Es tan idéntica la sensación de mi viejo pie, ahora deformado por los años y los juanetes, a la que, casi ochenta años atrás, sintió otro —tenue como un suspiro— al pisar una losa de cierta ciudad no tan lejana a Niza, tan idéntica...

Era el año 1887 y aquel pie bailaba descalzo por las calles de Marsella.

El primer golpe de suerte

Niza, 9 de abril, 10 de la mañana.

Creo que ha llegado el momento de precisar que, pese a lo que le conté a mi amiga y biógrafa madame Valmont sobre el comienzo de mis éxitos y pese también a tantas cosas que se han escrito sobre mí, no fue París la primera gran ciudad que conquisté. Es cierto que estuve allí hacia 1889, y que actué en una cena privada en el Gran Vefour, pero ahí comenzó y terminó «mi éxito». Voy a omitir por tanto toda una sarta de mentiras que relaté en mis memorias por el puro placer de ver tiritar de gusto las plumas del sombrero de aquella crédula dama. Pero haré una excepción. Mencionaré, aunque sólo sea de pasada, a un marido cantante de ópera que inventé para que acompañase mis avatares desde los catorce a los dieciocho años. Un marido italiano y aristócrata al que bauticé con el nombre de barón Guilermo. No hace falta explicar la razón de esta fábula. Toda mujer de mi generación debía de haber tenido, a lo largo de su vida, al menos un marido. Yo nunca me casé, de modo que el inexistente barón sirvió para rellenar en mi leyenda este indispensable requisito. Y ya que estaba en la creación de su personaje, aproveché para adornarlo de algunas virtudes útiles para mi posterior conducta en los años de gloria. Inventé, por ejemplo, que mi marido era un barítono proveniente de una gran y arruinada familia italiana, un hombre guapo y temperamental que me hacía sufrir horriblemente (es muy útil tener un pasado de amores desdichados, sirve para justificar tantas cosas...).

Describí a Guilermo como un rufián al que conocí en un supuesto segundo viaje a Portugal y al que, perdidamente enamorada, seguí a la Costa Azul hasta que, dos años más tarde y harta de sus maldades, abandoné antes de llegar a París y «triunfar» en el Gran Vefour. El barón me sirvió también para algo aún más importante: justificar mi adicción al juego. Ya anteriormente había confesado en mis memorias que tanto mi falso padre como mi novio Paco Coll eran jugadores, porque hay mucha gente que piensa que el vicio del juego tiene que ver con las relaciones que se establecen con los hombres, en especial con un padre o con un amante. Yo sé, desgraciadamente, que las malas pasiones no obedecen a causas tan simples, pero me pareció oportuno apoyar esta tonta tesis que sabía iba a ser bien recibida por madame Valmont. Por eso le conté una pequeña anécdota real, que viví en otra ocasión y con otro compañero, que no era precisamente un marido.

«Al cabo de unos días de nuestra llegada (a Montecarlo)», le dicté, «Guilermo había perdido (a la ruleta) hasta mi ropa blanca. Yo detestaba el juego, sin embargo, una tarde me acerqué a una mesa de treinta-cuarenta no sé bien por qué, y puse tímidamente dos luises al rojo. Unos segundos más tarde vi cómo el croupier se llevaba mis dos luises y me alejé. Fui a dar una vuelta y poco después, sin darme cuenta, me encontré otra vez ante la mesa en la que había jugado. En uno de sus cuadros había una cantidad muy importante de dinero; miré a ver de quién era, cuando, de pronto, el croupier se dirigió a mí: Señorita, ¿va usted a dejar todo ese dinero al rojo? Hice un gesto para indicar que aquello no era mío pero el croupier me corrigió. Sí, sí, todo es suyo, antes ha habido un error».

«Al parecer», le expliqué oportunamente a madame Valmont, «al retirar mis dos luises, el croupier se había equivocado, pero alguien que vio a aquella muchacha bonita de aspecto tímido jugar obligó al croupier a rectificar su error. Éste había pagado, pero como nadie retiró la apuesta el total había quedado sobre el rojo, que salió veintitrés veces seguidas convirtiendo mis dos luises en unos ciento cincuenta mil francos. Así comenzó mi desmedido amor por tentar a la suerte».

La anécdota tuvo enorme éxito con madame y yo la he utilizado en infinidad de ocasiones como coartada, pero lo único cierto de toda esta fábula es que, en aquel entonces, es decir por los años ochenta, Carolina Otero Iglesias andaba por estos pagos de la Costa Azul, donde malvivía cantando y haciéndose amar en algunos tugurios de la zona. Quién sabe. Tal vez la vida tenga algo de funesto círculo vicioso. Allí en la Costa Azul (o debería decir mejor aquí, puesto que Niza también pertenece a esta hermosa comarca) es donde comenzaron —y a buen seguro también habrán de terminar— las andanzas de la Bella Otero.

En cuanto a la historia de las baldosas irregulares que empecé a mencionar antes de que mi vieja cabeza desordenada se desviara hacia el inexistente barón Guilermo, las cosas sucedieron así:

Paco Coll, al que me inventé como mi único amor y el hombre con el que, desafiando a mi madre, huí a Portugal y más tarde me dejó «embarazada», existió en realidad pero fue tan sólo un cómico ambulante que conocí en Barcelona cuando la caravana de titiriteros portugueses con los que escapé de Valga llegó a esa ciudad. La necesidad nos convirtió en amigos y fue él quien me enseñó a bailar y a cantar. «Te mueves como un ángel», le gustaba decirme durante las lecciones que me impartía en privado. Ahora comprendo que él se refería a otros movimientos similares al baile pero mucho más productivos para los dos. Gracias más bien a estos últimos vaivenes, después de una corta temporada adiestrándome en ambas modalidades de danza, tanto verticales como horizontales, abandonamos España y tras un infructuoso recorrido por el norte de Francia decidimos instalarnos en Marsella. Una vez allí, Paco me consiguió un trabajo en un antro llamado La Petite Poupée y las cosas nos fueron bien hasta que él lo estropeó todo enamorándose de mí. Quería que abandonara la parte más rentable de mi carrera: «Aún podremos bailar juntos y con gran éxito», me dijo, pero yo para entonces sabía que mi vocación no incluía lavar su ropa sucia ni otros deberes de una buena esposa. Tenía muchos admiradores que me apreciaban. Incluso empecé a reunir una pequeña colección de joyas: un broche de jade, un solitario que valía al menos quinientos francos e incluso un anillo de plata con un corazón del que he hablado mucho a lo largo de mi vida. «Es mi pieza más amada», me inventé un buen día y luego lo he repetido en varias interviews: «Fue el anillo de compromiso que papá regaló a mi madre. Nunca me desprenderé de él, pase lo que pase, ¡oh, no!»

Y lo cierto es que casi lo he cumplido. Aunque no se tratara de una verdadera pieza sentimental sino de un detalle más para alimentar mi leyenda, la conservé durante largos años. Hasta que también ella, humildísima sortija, encontró su camino hacia la casa de empeño cuando ya sólo me quedaban baratijas que vender.

«Mientras tanto —continué relatando a madame Valmont (y esta parte de la historia sí es cierta)— en la Costa Azul mi buena suerte iba en aumento. Un cervecero de Lyon me invitó a un restaurante lionés llamado Paul Bocuse que era, y quizá siga siendo, uno de los mejores del mundo. Allí me ofreció cincuenta francos por cada noche que pasara con él. Era la mejor oferta que había recibido a mis diecinueve años, pero le dije que no. Contrariamente a lo que se ha insinuado, siempre he elegido a los hombres con los que me voy a la cama, y he estado dispuesta a defender mi libertad de elección a cualquier precio. Ya lo demostré cuando, después de una terrible pelea con Paco y siendo todavía una adolescente, me quedé sola en la ciudad sin nadie que me protegiera. Dos o tres días más tarde, como alguien que festeja su recién comprada libertad, me vi bailando descalza por las sucias calles cercanas al puerto de Marsella, lejos del ojo obsceno del cervecero de Lyon y mucho más lejos aún de mi joven maestro. En aquel entonces no hablaba francés, y tampoco entendía los comentarios de marineros de distintas nacionalidades que me miraban con ansias de propietario. Bailaba como solía hacerlo por los pinares de Valga, con la misma despreocupación de antaño cuando, de pronto, comencé a notar que alguien seguía mis pasos.»

En ese preciso momento fue cuando mi pie tropezó con una baldosa algo más alta que las anteriores y me obligó a detenerme.

—Perdone, madame, o mejor dicho mademoiselle. ¿Es usted la famosa Bella Otero, a la que llamaban «La sirena de los suicidios» y que se retiró de la escena hace lo menos cincuenta años?

Tan vivo es el recuerdo, que me cuesta salir de él e incluso reconocer al muchacho con aspecto de Johnny Hallyday que con todo descaro interrumpe mis fantasías. Pero el desconcierto dura sólo un segundo. Sin levantarme del banco en el que estoy sentada, enarbolo mi bastón por encima de su sucia cabeza de apache al tiempo que le hago una seña bastante elocuente para que me deje en paz. Se aparta un trecho. Ahora ya puedo volver a sentir el tacto de la piedra bajo mi viejo pie desnudo.

«Mi nombre es Jurgens, mademoiselle», oigo decir a otra voz mucho más lejana en el recuerdo, una que siempre irá unida a las losas del pavimento. «Ernest André Jurgens, soy agente artístico y represento al Eden Musée de New York.»

Pude comprobar entonces que se trataba de un hombre vestido poco adecuadamente para aquella zona canalla del puerto de Marsella en la que nos encontrábamos. Su traje era de un beige muy claro y unas polainas del mismo color ocultaban unos zapatos marrones de buena hechura. Tenía una cadena de reloj que le cruzaba el chaleco y un sombrero de los que usaban entonces los paseantes ociosos. Recuerdo también un bigote de esos tan expresivos que uno tiende a dirigirse a él como si fuera la insignia y alma de su dueño.

«La he visto bailar anoche en La Petite Poupée, un lugar muy poco digno de su talento», dijo aquel bigote, «pero eso tiene fácil solución. ¿Ha oído hablar del Eden Musée?»

Tengo que decir que la próxima vez que mi pie descalzo pisó una zona irregular de un pavimento sería en una falsa calle de Sevilla recreada por los escenógrafos del Eden Musée de New York en el gran debut de la Bella Otero en 1890. Pero aún faltaban algunos meses y muchas invenciones geniales de mi nuevo protector Ernest André Jurgens para que yo volviera a repetir ese ritual mágico que aún ahora logra hacerme reencontrar toda una época de mi vida.

—¿Pero se puede saber qué hace usted, joven? ¡No pise ahí! Haga el favor de dejarme en paz de una vez. ¿Es que no le han dicho en el barrio que Carolina Otero es una vieja loca que jamás, jamás habla con reporters? Márchese o llamaré a un gendarme.

El espíritu de la Belle Époque

A pesar de que son muchas las voces que insisten en que los primeros éxitos de la Bella tuvieron lugar en París hacia los años ochenta, creo que es importante que yo tome el relevo del relato para explicar que esta confusión se debe a una muy inteligente jugada de marketing llevada a cabo por el cogerente del Eden Musée de Nueva York, Ernest Jurgens.

En 1889, año de la más célebre Exposición Universal de París, Jurgens viajó a Francia con la idea de contratar artistas para su espectáculo de la próxima temporada teatral neoyorquina. Después de varias semanas en esta ciudad adonde su jefe, el conde Alfred von Kessler, lo había mandado «en busca de una bailarina española auténtica con castañuelas y con una buena reputación en los escenarios franceses, amigo Jurgens, alguien que nos sirva para eclipsar a Carmencita, esa falsa estrella que trabaja para nuestros rivales de Koster & Bial's», el gerente no había encontrado a nadie de interés. Hay que explicar también que en aquellos tiempos todo lo que tuviera un toque exótico y racial —ya fuera japonés, hindú o, más cercanamente, español— hacía furor, no sólo en Europa sino también en Estados Unidos. Estaba tan de moda que poco importaba que la célebre Carmencita del Koster & Bial's fuera en realidad la hija de un albañil polaco y nacida en Aliquippa,

Pennsylvania. Jurgens no entendía, por tanto, que pudiera ser tan difícil encontrar en el enfebrecido París de la Belle Époque una rival para la impostora polaca. Sin embargo, a pesar de que la ciudad contaba con varias figuras españolas de todo tipo, Jurgens no descubrió ninguna a la altura de la Carmencita, quien —dicho sea de paso y a pesar de sus orígenes— poseía un considerable talento. Ya estaba a punto de volverse a casa con un magro bagaje artístico («Perros bailarines de Siberia», «El portentoso danzarín de platos chinos» y —esta vez sí— dos bailarines españoles denominados «Les Deux Ibáñez», que habían realizado la proeza de tanguear los 333 metros de escaleras de la Torre Eiffel con gran éxito de prensa), cuando Jurgens decidió darse una vuelta por otros cabarets de provincias en busca de alguna rara joya en estado bruto que pudiera lanzar como gran estrella en Nueva York. Así fue como este tranquilo padre de familia de treinta y seis años tuvo la mala suerte de conocer, enamorarse y de paso «inventar» a la Bella Otero cuando Carolina no era más que una perfecta desconocida que ganaba más dinero con la prostitución que con el baile.

No obstante, antes de ver cómo con mil subterfugios un enamorado gerente convierte a una bonita prostituta bailarina de un tugurio de Marsella en una de las artistas más famosas de su tiempo, sería interesante conocer las circunstancias históricas y sociales que propiciaron ese ambiente frívolo y a la vez magnífico que se conoce como la Belle Époque. Un tiempo en el que proliferarían personajes como Carolina Otero. Si los modelos sociales lo son porque encarnan el espíritu de una época determinada, es necesario, para comprender su comportamiento, conocer antes cómo era el mundo en aquel fin de siglo. Y el mundo —o al menos el mundo civilizado— tenía sólo una capital, París.

Estamos en 1889. La gran Exposición Universal y su símbolo más conocido, la Torre Eiffel, convierten a esta ciudad en la encarnación no sólo de la alegría de vivir sino también del progreso, palabra que, como se ha dicho, salía a relucir constantemente y que, junto a la *joie de vivre*, constituyen los dos pilares de esta espléndida época edificada, paradójicamente, sobre una humillación.

En efecto, Francia, derrotada veinte años atrás de manera muy dolorosa en la guerra franco-prusiana, comienza poco a poco —y apoyándose en estos dos pilares— a fabricar un nuevo orgullo nacional. El enfrentamiento con los alemanes había acabado en desastre en 1870 y, desde entonces, el orgullo herido de los franceses propiciaría distintas actitudes. Por un lado, empiezan a cambiar muy lentamente los valores establecidos. A medida que pasan los años setenta del siglo XIX y llegan los ochenta, se van poniendo en entredicho viejas creencias, sobre todo en lo que respecta a la religión y la moral. Esta última, que siempre había sido laxa en las capas altas de la sociedad, comienza a hacerse más permisiva en otros estratos sociales antes muy pacatos. Anatole France, por ejemplo, resumía este nuevo y general espíritu en una apología de la felicidad hecha ante una universidad popular llamada Emancipación: «Una larga tradición que aún pesa sobre nosotros enseña que la privación, el sufrimiento y el dolor son deseables y que existen méritos especiales unidos a la privación voluntaria. ¡Qué impostura! No escuchéis a los curas que enseñan las excelencias del sufrimiento. ¡El gozo es lo bueno!»

La consigna, por tanto, comienza a ser disfrutar de la vida y pasarlo bien, placeres accesibles a la pequeña y mediana burguesía de los que queda excluida la clase obrera. La diferencia es notable: mientras esta última sigue atada a interminables jornadas laborales, y teniendo una esperanza de vida que apenas alcanza los cuarenta años, el resto de la gente se divierte. A medida que se acerca el fin de siglo, surgen las ferias, los bailes populares al aire libre en el ambiente que tan bien retrata Renoir; por ejemplo, en *Le moulin de la Galette*, las diversiones se «democratizan», las exposiciones universales que encarnan la Modernidad y la Vanguardia son visitadas por gente de toda clase, mientras la nueva corriente elogia la molicie y la diversión, recibiendo incluso la bendición de los intelectuales que, desde antros bohemios y muy extravagantes, cantaban las glorias del espíritu del momento. Porque antes de que se pusieran de moda el Folies Bergère o el Moulin Rouge, ricos, pobres, aristócratas pequeñoburgueses, artistas y escritores confraternizaban en locales como Le Chat Noir, donde el dueño saludaba a sus clientes con un *Salut mes cochons!* (hola, queridos cerdos) o *Tas de salauds!* (panda de bastardos). Estos clientes, dicho sea de paso, incluían, además de gente del pueblo e intelectuales, al príncipe de Gales o al rey de Grecia, así como a figuras tan sesudas como Pasteur o Renan. En otros locales como El Infierno, del bulevar de Clichy, los clientes eran recibidos con un «bienvenidos, queridos condenados» por camareros vestidos de convictos que arrastraban cadena y bola de hierro mientras les ofrecían bebidas de aspecto desagradable. Aparecerían también hacia 1879 diversos grupos literarios amantes de las frivolidades como el de Goudeau, los famosos Hidrópatas, a los que pronto se unieron los Hirsutos o los Jemenfoutistes (traducción posible: «los A-mí-me-la-re-fan-fli-tis-tas». Y todos juntos, al grito de «viva la incoherencia», encarnaban este nuevo espíritu hedonista y despreocupado producido por la resaca de la humillación bélica del 70.

Otras muchas situaciones anecdóticas de este tipo se podrían mencionar aquí para ilustrar en qué se tradujo un talante tan singular como el que creó la Belle Époque; pero pienso que es más útil explicar el proceso, o línea de pensamiento que lleva desde la humillación hasta la exaltación, de todo eso que se ha dado en llamar la *joie de vivre*. A través de las publicaciones de los Hidrópatas se puede reconstruir y comprender los orígenes de este fenómeno.

Los acontecimientos de 1870 y la consiguiente caída del Segundo imperio, con el derrocamiento de Napoleón III, llevan a los intelectuales a buscar en el pasado de Francia momentos históricos brillantes con los que identificarse y que sirvieran, al mismo tiempo, para exaltar todo lo autóctono. ¿Y qué es lo que diferencia a los franceses de los aburridos alemanes y de los escépticos ingleses? Precisamente esa forma de ser muy iconoclasta, muy *gaie* y muy pagana a la vez que hedonista que dichos intelectuales denominaron «el espíritu galo». De pronto, se empieza a buscar el motivo de su orgullo en el pasado más remoto y patriótico: en los galos. No importa que las fuentes históricas sean reales o completamente teñidas de leyendas, la veracidad se suple fácilmente con diversos clichés que, hasta entonces, pervivían en el folclore o en la literatura.

Para formar la nueva estética se recurre a símbolos patrióticos y a la vez paganos, proliferan así las ninfas y los faunos junto con otros personajes tomados de las leyendas galas más antiguas y casi olvidadas. Paralelamente, en 1880 comienza a conmemorarse de nuevo la toma de la Bastilla, festividad prohibida durante años por miedo a los disturbios. Vuelven los gorros frigios y las Mariannes a adornar los monumentos y la iconografía popular. Es la exaltación de lo propio frente a lo foráneo. Los franceses son —según este nuevo y exaltado espíritu— fuertes por naturaleza. Y triunfadores. Y herederos de la célebre e insuperada capacidad de los galos para disfrutar de los placeres de la vida. Si a esto unimos su don para apreciar la belleza, el deleite de la buena mesa y los placeres del amor no es de extrañar que el texto preferido de la nueva corriente estética sea *Gargantúa y Pantagruel* y su lema, precisamente, el mismo de Rabelais: «*Fays ce que veulx*» o, lo que es lo mismo, «Haz lo que quieras».

Como era de esperar, mentalidad tan atractiva y antiburguesa muy pronto atrajo a intelectuales del mundo entero además de los nativos como Victor Hugo, Maupassant, Proust, Zola, Verlaine, Anatole France, Colette y tantos otros maestros que acuden a la Ciudad-Luz con cierta diferencia de tiempo. Así, puede decirse que el París finisecular del 80 hasta 1910 convocó a una singular pléyade de autores venidos de todas partes atraídos por un ambiente tan estimulante. Desde un desterrado y hundido Oscar Wilde, que escribe sus últimas obras en francés (como *Salomé,* que entona muy bien con la estética de la época), hasta los hermanos Machado, el cascarrabias Pío Baroja, o un joven Rubén Darío, todos se dan cita en París. Para cualquier aspirante a escritor o intelectual resulta indispensable conocer ciudad tan mítica aunque los recién llegados pronto descubran que ésta tiene varias caras. Precisamente Baroja, en sus memorias, retrata facetas de París sobre las que vale la pena detenerse.

París según Pío Baroja

Para empezar, están sus muy particulares opiniones sobre literatura y también sobre otros escritores de entonces:

«Esta Época [...] propició la aparición de autores de espíritu muy agudo como Colette o Renan —afirma— pero también de otros que no me parecen grandes novelistas como Anatole France o Marcel Proust *(sic)*. Me figuro que sus obras no tendrán larga vida...» Unas páginas más adelante, Baroja recoge descripciones sobre escritores con los que coincidió más asiduamente:

«[...] Cuando conocí a Wilde, él tenía 43 años y el aspecto de un hombre de 50. Aquel hombre triste y decaído podría bien ser el autor del *Retrato de Dorian Gray* y otros libros un poco aparatosos y petulantes para esnobs, pero no parecía que pudiera ser el autor de comedias tan chispeantes como *El abanico de lady Windermere* o *La importancia de llamarse Ernesto.*»

Además de estos comentarios, Baroja dejó inestimables testimonios sobre costumbres, modas y sucesos de la época. Dio, como era inevitable, su opinión (bastante severa) sobre el *affaire* Dreyfus que conmocionaría a Francia a lo largo de más de diez años. Luego criticó con gran acidez la estulta y esnob moda de los ricos de entonces de elogiar los atentados anarquistas tan frecuentes, así como la de entusiasmarse por los sucesos más luctuosos. A modo de ejemplo cita cómo había oído a cierta aristócrata hablar con admiración no de un anarquista sino de un criminal de la catadura de Landrú: «Un hombre encantador», había dicho la señora, para escándalo de Baroja.

Aunque no hay noticias de que don Pío y la Bella Otero se conocieran, éste debió de sentir un profundo desprecio por lo que Carolina significaba, ya que habla con bastante desdén de ese París vacuo del que ella formaba parte. Al describir el Folies Bergère y el Moulin Rouge, por ejemplo (lugares que confiesa haber visitado sólo en un par de ocasiones), repara en lo escandalosas y absurdas que son las letras de las canciones que allí se cantan y que causan furor. Añade además que en estos establecimientos la gran atracción era el Chahut, un «cancán desenfrenado, una gran batuda de circo que acababa con una bacanal desordenada y dionisíaca». Y más adelante continúa Baroja escandalizándose de este mundo «dionisíaco» ya que, según dice, «algunas bailarinas llegaban a morir al realizar el gran *écart*[1] mientras una panda de borrachos les tiraban flores. Además, después del cierre de estos teatros era algo que producía asombro ver los boulevards y calles ocupados por jóvenes de unos veinte años con pantalones anchos, cinturón de color y un sombrero de paja».

«—¿Qué son? —preguntaba yo.

»—Son apaches, rufianes —me contestaban y yo me asombraba.

»—¿Pero cómo es posible, porque no son cientos sino miles?»

«Uno de los sitios ocupados por los apaches —continúa Baroja— era el Faubourg Montmartre. La policía no se atrevía con esa tropa. Al final, el gobierno francés hizo li-

1. Momento final del baile en el que la bailarina debe desplomarse hasta el suelo con las piernas abiertas en tijera.

quidación de ellos de forma radical llevándolos al frente en la guerra del 14, y allí desapareció el apachismo parisiense. Fue —concluye don Pío en su retrato sociológico de la época— una de las buenas depuraciones que haría Francia».

Si a este ambiente descrito por Pío Baroja añadimos unos grados más de frivolidad (con personajes inefables como, por ejemplo, el *Pétomane* del Moulin Rouge que realizaba un número musical interpretado a base de ruidosas ventosidades), más dinero, más progreso y toda la expectación levantada por las diversas exposiciones universales, en especial la del 89, tendremos el retrato más o menos fiel de lo que se llamó «el espíritu de la Belle Époque», período que abarca desde 1880 (o más afinadamente desde 1889) hasta la guerra del catorce.

Precisamente en los primeros días del invierno de 1889 y junto a su nuevo mentor, Ernest André Jurgens, llega Carolina Otero a la ciudad. A ese París lleno de optimismo, de salas de fiesta extravagantes, con los primeros automóviles en las calles y bendecido por el prodigio de la luz eléctrica que hacía funcionar pistas de hielo o tapetes rodantes sobre los que se podía visitar, sin dar un solo paso, cada uno de los pabellones de la Exposición Universal y admirar todas las maravillas del progreso. Por aquel entonces, en los pabellones una noche actuaba un grupo de cien artistas recién llegado de la estepa siberiana y al día siguiente el famoso circo de Buffalo Bill con su *troupe* de auténticos *cowboys* e indios americanos. Las fotos de la época dan buena cuenta de por qué se la llamaba la Ciudad-Luz. Pero para una muchacha provinciana que acababa de cumplir veinte años, aquello no era más que un lejano espejismo que sólo podía contemplar desde la ventana de la casa de su profesor de baile. Y es que, a pesar del amor que Jurgens sentía por Carolina, consideraba prioritaria la preparación artística de su protegida. Su intención era presentar a la Otero en Nueva York al comienzo de la nueva temporada que se iniciaba en octubre, de modo que decidió contratar para ella a un maestro de música retirado de nombre Bellini, del que poco más se sabe, salvo que ya había creado algunos de los mejores números musicales del mundo. Bellini recibió a la pareja en su casa de la Rue Beaune, hizo bailar a la Bella, la escuchó cantar y luego negó con la cabeza. «No puede hacerse, de ninguna manera», dijo el maestro. «Necesitaré un año, o quizá toda la vida, para enseñarle. No sabe bailar. No sabe cantar. Y no tiene estilo.»

De acacias, palmeras y tamarindos

Niza, 9 de abril de 1965, 11.30.

Me gustaría explicar que Bellini era un tipo especialmente ridículo. No hacía más que gritarme con su voz aflautada: «Talons, ma chère, ta-lons», y también: «Tu n'arriverais jamais à rien, espèce de cornichon andalou!»

No, realmente no se merece que le dedique ni un segundo de mis evocaciones. Y es tan fácil deshacer el hechizo. Si levanto el pie de la baldosa desigual que me ha traído el recuerdo de mi primer encuentro con la fortuna, todo desaparecerá. El túnel que une esta plaza moderna de Niza con el viejo puerto de Marsella, en el que un día me vio bailar Ernest Jurgens, se invertirá hasta devolverme al presente. «Eres una mujer fuerte, Lina», me digo, «¿cuánto rato has estado aquí, recordando tu pasado?» «Menos del que yo creo, seguramente», me respondo y luego continúo: «El tiempo es elástico como una liga de bello chantilly». El sol apenas ha variado su lugar en el cielo, mi barra de pan y los dos huevos aún no han llamado la atención de las moscas, de modo que no pueden haber transcurrido más que unos minutos: las evocaciones del pasado, si son felices, casi no consumen tiempo. ¿Y el apache con cara de Johnny Hallyday que me seguía? ¿El reporter, dónde está? Parece haber desaparecido. En verdad que son inconstantes los muchachos de hoy día. Debe de haberse dado definitivamente por vencido. Bueno, mejor así.»

Hace un día espléndido. Es bonita la primavera en Niza y los muy viejos tenemos en la vida otra ventaja que pocos conocen. Al correr para nosotros el tiempo más lentamente, se produce un fenómeno comparable a la infancia, cuando el cuerpo es veloz pero las horas resultan eternas porque hay tantas cosas nuevas que aprender. Nosotros, por nuestro lado, lo entendemos todo al instante pero nuestro cuerpo en cambio se ha vuelto lento, así que el resultado viene a ser el mismo. Morosidad y agilidad, distinto orden pero idéntica sensación. «Vuelven a ser como niños», dice la gente pensando en las chocheras propias de la edad, pero sin reparar en que la afirmación es cierta en otro sentido mucho más atractivo que ellos jamás podrían imaginar. Hablo de nuestra capacidad de percibir la vida y las cosas del mismo modo minucioso y fantástico que lo hacen los niños. En otras palabras, hablo de nuestra recobrada destreza para vivir en el presente. Esto también lo aprendí hace poco, después de cumplir los noventa: los adultos viven en el futuro, a la espera siempre de lo que les aguarda en la próxima revuelta del camino. Los tontos y aquellos ancianos que todavía no han llegado a mi edad viven en el pasado, mirando hacia atrás mientras revisan una y otra vez lo que nunca ha de volver. Nosotros los muy viejos, en cambio, pensamos en presente, pues es lo único que realmente nos pertenece. Como les pertenece a los niños que deben descubrirlo todo. Como les pertenece a los condenados a muerte que se afanan en estirarlo para que llegue a parecerse al futuro que no han de alcanzar. Vivir el instante, poder percibir lo que nos sucede en cada minuto... Ahí está ante nuestros ojos el enorme Presente que tan pocos ven, lleno de olores y sensaciones que los demás transitan sin descubrir, ocupados como están en mirar, bien hacia atrás, bien hacia adelante. Sin embargo, no es sólo esa capacidad de vivir el momento lo que me interesa de esta infancia senil de la que me enorgullezco. Existe un fenómeno unido a él que es mucho más agradable: del mismo modo que a un niño la morosidad del tiempo le permite aprehender un objeto y dotarlo de vida propia, igual que ellos son capaces de establecer una relación humana con una piedra o con esa cortina de su dormitorio en cuyos pliegues descubren figuras y caras, también para nosotros los muy viejos y los condenados a muerte, lo inanimado y mudo cobra vida.

Se me ocurre que el fenómeno tal vez se deba a nuestra lentitud de movimientos. Ahora, sentada en el banco de esta plaza con el tiempo por castigo y los achaques propios de la edad como freno, puedo sentir aquello que me rodea. Si yo eligiera, por ejemplo, acercarme a esa acacia que hay a escasos metros de donde estoy, la premiosidad de mi paso me permitiría (suponiendo que mis ojos no fueran tan ciegos) estudiar todos los detalles de su corteza, adentrarme incluso en los secretos de sus manchas como hacen los niños, o ver aspectos humanos donde sólo hay madera. Son las ventajas de la morosidad. Pero soy demasiado vieja, me falla la vista y también el oído aunque, si quieren que les diga la verdad, todo lo suple la piel, la extraordinaria piel de la Bella Otero (ironie du sort), que si bien ya no sirve para recibir caricias, sí las percibe del viento que se entretiene en mi cuerpo antes de estremecer las ramas de esa acacia. Lento, lento el tiempo para que todo se agrande. Al menos así solía ocurrirme hasta hoy. Me distraía con los árboles, los sentía; por eso no comprendo la razón por la que ahora no me llega el perfume de sus flores ni tampoco el silbido familiar del viento en sus ramas. De hecho, juraría que esta vez es otro sonido muy distinto el que percibo: el rezongo de una voz que debería haber dejado atrás hace lo menos setenta años. «Talons, mademoiselle, ta-lons, no mire usted por la ventana, las acacias de París son árboles y los árboles son seres inanimados, muertos, no necesitan, su atención»; pero el maestro Bellini sí, espèce de cornichon!

Extraño día. Ocurren cosas que se me escapan y eso me irrita, no va con mi carácter. «Vamos, Lina, no hay que inquietarse, este recuerdo no previsto debe de ser muy fácil de conjurar.» Si me levanto, si vuelvo a casa en vez de remolonear por aquí como si no tuviera noventa y siete años y como si no me esperaran aún dos tramos de escalera por trepar hasta llegar a mi alcoba, ese sonido se desvanecería. «Vamos, Lina, levántate, ¿a qué esperas? Hazlo cuanto antes, pasa por delante de la acacia charlatana, no la mires, no la escuches, te mueves con mucha lentitud, es cierto, pero pronto dejarás atrás a ese árbol chivato.»

«¡Cornichon, cornichon, nunca llegará usted a nada!»

«Acelera el paso, Lina», me digo, «vuelve a casa, refúgiate en tu territorio conocido, no hagas caso, al fin y al cabo tú nunca has creído en el poder de los fantasmas». Sí, sí, todo eso es cierto, llevo demasiados años conviviendo con ellos y sé cómo tratarlos, pero por eso mismo sé que a veces es mejor dejarlos que se diviertan un poco. Si esa que oigo es la voz del maestro Bellini, que ha escapado para venir a molestarme justamente hoy, la dejaré que hable e inmediatamente se deshará el hechizo. El próximo árbol con el que me cruzaré camino de casa es un tamarindo de los muchos que hay en Niza, un árbol de aquí y no del norte, un árbol sin susurros.

—Aprovecha, Bellini —le digo, como si ese viejo maestro de baile estuviera siguiéndome los pasos—. Aprovecha la complicidad de un árbol parisino para molestarme con tu recuerdo, ya no tendrás otra ocasión.

La historia según el maestro Bellini

«Una mañana de 1889, un individuo americano apareció por mi estudio con una joven española a la que quería que preparase para el escenario. "Estoy retirado, monsieur", me apresuré a explicar sin siquiera franquearles la entrada. De nada sirvió que él invocara amigos comunes, ni que me tentara con la tonta vanidad de que iba a trabajar para el Eden Musée de New York. Pobre patán, ¿no sabría él que Ferdinando Bellini ha trabajado con los más célebres teatros desde Londres hasta Moscú? Seguramente estaba enterado de mi fama, porque insistió mucho, tanto que llegó a ofrecerme una cifra de esas que sólo un estúpido puede rechazar. Está enamorado de la petite, pensé, apuesto que parte de la cifra disparatada que viene a ofrecerme saldrá de su propio bolsillo, y a continuación miré a la muchacha. La escasa luz del zaguán apenas lograba disimular la singularidad de sus ojos. Pero de eso hablaré más tarde. Un profesional como yo debe saber abstraerse de impresiones externas, al menos hasta que haya hecho una valoración objetiva del posible talento artístico. La joven era muy alta, quizá más de un metro setenta, y sus otras medidas también parecían interesantes. Un rato más tarde, con Jurgens satisfecho fumando un cigarro en uno de mis silloncitos capitoné destinados a los mentores, pude comprobar que eran éstas: 97-53-92, con 51 kilos de peso. "Ahora baila, petite", le dije y ella ensayó unos pasos absurdos que en nada se parecían a lo que podemos llamar danza. "Ahora canta", ordené, y su voz era tan rústica como sus movimientos. Años más tarde, una vez que se hubo disipado la pasión colectiva que recibió a la Bella Otero en New York y pese a que, para entonces —dicho sea con toda la modestia de la que soy capaz, que no es mucha—, Caroline ya se había beneficiado en varias ocasiones de mi adiestramiento artístico, Acton Davies, el famoso y cáustico crítico del New York Sun, resumiría una actuación de la Bella con estas diez palabras, que son las mismas que yo pensé el día en que la conocí: "He visto cantar a la Otero y la he oído bailar."

»Pero el talento no lo es todo en el mundo de la escena. La muchacha tenía algo igualmente valioso: tenía fuego. En los ojos, en el pelo, y sobre todo sensualidad en cada uno de sus movimientos. Realmente debo reconocer que la Otero era "sexo puro" como afirmaría años más tarde otro poco talentoso artista y seductor profesional, Maurice Chevalier, quien, por cierto, nunca fue alumno mío.

»"Lo siento, no puede hacerse", le dije a Jurgens. Pero, para entonces, ya estaba pensando en cómo, un maestro de mi talla, podía muy bien arreglárselas para engañar a una audiencia culta y hacer pasar por talento lo que no era más que una sensualidad femenina y diabólica, que, personalmente, nunca llegó a interesarme, Dieu merci. Jurgens dejó en mis manos a su pupila para volver a Nueva York, donde informaría a su jefe que había contratado a una rival para Carmencita (una muchacha, ésta sí, de verdadero talento, según tengo entendido) y se dedicó en cuerpo y alma a organizar algo fundamental: a fabricar de la nada una gran expectación ante el debut de la "estrella" previsto para el mes de octubre. Una expectación tan inteligentemente pergeñada, debo admitir, que a buen seguro habría asombrado al rey de estos montajes publicitarios, al mismísimo P. T. Barnum[1] a quien también tuve el honor de conocer.

1. Phineas Taylor Barnum fue el creador del más celebrado y extravagante circo de todos los tiempos. Contaba con tres pistas de espectáculo y se hizo famoso, especialmente, por exhibir vacas con dos cabezas, mujeres barbudas, hombres elefante y todo tipo de desdichados «monstruos» de la Naturaleza.

»Mientras, Jurgens caldeaba el ambiente en su país con artículos de prensa pactados y redactados en este tono:

»"Pronto, muy pronto, podremos ver a la misteriosa belleza española, reina internacional de la danza, que acaba de completar una gira por Europa y encandilado al público más sofisticado del mundo con sus actuaciones exóticas."

»Yo, por mi parte, soportaba los malos humores de esta andaluza salvaje al tiempo que perfilaba una estrategia. Con cargo al dinero que me había confiado ese iluso enamorado americano para gastos extraordinarios, hice vestir y peinar a la petite sauvage por los mejores modistos y peluqueros de París. Durante diez meses ellos y yo trabajamos sin descanso para transformar una criatura ordinaria y sin educación en una mujer ¡casi! de mundo. Jurgens, que no podía estar separado mucho tiempo de su gitanita, regresó brevemente a París, según él, para "supervisar nuestros progresos", pero yo no presté mayor atención a sus visitas: bastante tenía con mi labor. Mientras él se maravillaba de la facilidad con que la muchacha aprendía los modos del gran mundo y admiraba sus progresos en cómo recoger la cola de su vestido o en la forma de ponerse un sombrero del modo más encantador, yo me entregaba con infinita paciencia a las clases de baile y canto. Un lento y casi inútil empeño; tanto, que al final me hizo concebir una idea brillante, imbatible, que daría al engaño su toque maestro: con cargo una vez más a la muy generosa bolsa de Jurgens contraté a una compañía de catorce bailarines de primera fila, cada uno de ellos infinitamente más talentoso que la estrella. Se trataba de una troupe de siete caballeros y siete señoritas que habían tenido gran éxito en la Exposición de París. Además, me hice con cinco guitarristas amén de un músico, orquestador y coreógrafo, don Evaristo Bergasa, de probadas dotes, para que fuera el director de la compañía. Con todo este elenco puesto a punto hasta el último detalle, entregué su fierecilla al señor Jurgens una tarde de septiembre. Jurgens escuchaba, desde mi sofá capitoné, el relato de las enormes dificultades con las que había tenido que enfrentarme. Jacquo, mi pianista, hacía correr unos hastiados dedos sobre las teclas improvisando un airecillo andaluz, a modo de despedida (también él estaba exhausto) y, mientras tanto, la Otero, ajena a todo lo que habíamos hecho por ella, miraba por la ventana como si le interesara mucho más el murmullo del viento en las acacias de la avenida que mis explicaciones o las preguntas de Jurgens. “Vámonos, Lina, es hora de decir adiós al maestro”, comentó él entonces, y ella como una gata mañosa se fue acercando a nosotros con las manos ocultas tras la espalda moviéndose al compás de la tonadilla de su tierra. “¿No deseas despedirte de monsieur Bellini y darle las gracias?”, llegó a preguntar el gerente. “¿Qué te ocurre?” Pero ella continuaba acercándose con esa sonrisa encantadora en la que encallarían tantos hombres estúpidos. “Vamos Lina”, insistió Jurgens, y ella al llegar ante mí se detuvo, amplió la sonrisa hasta convertirla en un escupitajo que me dio en pleno rostro, y luego se echó a reír a gritos mientras Jurgens se deshacía en disculpas.

»Ésos eran los verdaderos modales de Carolina Otero. Lo que aprendió en mi casa sobre la forma en que debe comportarse una dama no supuso más que un barniz, un barniz brillante es cierto, pero más falso que su talento.»

Niza, 9 de abril de 1965, 10.45 de la mañana.

¡Mentira! ¡Mentira, mentira! Todo lo que ese horrible maestro Bellini dijo por ahí de mis malos modos fueron calumnias. Es cierto que he tenido un gracioso y colérico mal carácter del que he hecho gala en ocasiones que así lo merecían. Es cierto también que muchas veces he fingido eso que mis admiradores llamaban mi «furiosa dignidad andaluza», pero se trataba de actuaciones destinadas a hacer los honores al personaje de fuego que todo el mundo quería ver en mí. Se me han atribuido escenas osadas que son reales, como retar a duelo con sable a una rival que tuvo el descaro de parodiarme en un teatro de baja estofa; también me he atrevido a bailar encima de las mesas de los restaurantes con dos reyes presentes y a aparecer desnuda sobre una bandeja de plata allá en Moscú. Pero me han calumniado adjudicándome otras conductas igual de audaces que son completamente falsas, como esa anécdota estúpida que nunca habría permitido mi «furiosa dignidad andaluza». Me refiero a una escena que se contó mucho por ahí, según la cual cierta vez en la Costa Azul, habiendo cumplido ya los cincuenta y en plena decadencia, me quedé sin blanca en una mesa de juego y, al ver que el jefe de croupiers me negaba un préstamo, yo, Carolina Otero, me subí a una silla y levanté mis faldas para enseñar a los estupefactos clientes del casino mi trasero («tan blanco como un pan recién cocido», se atrevió a añadir el inventor de este infundio) mientras me contoneaba gritando: «¿Es que acaso "esto" no tiene ningún valor, decidme, panda de majaderos?»

¡Mentira!, más que mentira: infamia, como la del escupitajo al maestro Bellini. Si tengo que explicar las razones de mi famoso mal carácter que, créanme, jamás llegó a sobrepasar los límites que yo le marcaba, me gustaría alegar, antes de que este pasito lento me devuelva al segundo piso de la Rue d'Angleterre con mi baguette y mis dos huevos frescos para el almuerzo dentro de una bolsa de rejilla, que muy pronto en la vida aprendí hasta dónde podía llegar con mis explosiones de furia. Aprendí que los caprichos y las excentricidades de cualquier ser humano son como los líquidos: tienden a ocupar todo el espacio que les permita el recipiente, o lo que es lo mismo, el prójimo que ha de sufrirlas. En otras palabras, el caprichoso extiende sus egoísmos hasta el punto máximo que le toleran los demás. La única diferencia entre nosotros los privilegiados (los bellos, los ricos, los poderosos) y los simples mortales es que para los primeros los recipientes de la tolerancia son mucho más grandes, tanto que a veces se nos llega a tolerar lo intolerable. Pero aun así, sólo los muy tontos sobrepasan ciertos límites.

Cualquiera, hasta el más extravagante de los mortales, en el fondo sabe que se puede llegar hasta el borde mismo de la paciencia ajena, pero sin hacer rebosar ni una gota, porque entonces el cántaro se rompe para siempre y comienza el hastío. En otras palabras: yo puedo decir que he llevado hasta el límite mis veleidades y rabietas (eso le gusta a los hombres) pero he tenido buen cuidado de no excederme. ¿Resulta difícil de creer, dadas mis andanzas? En absoluto. Lo que ocurre es que en la vida se encuentra una con «recipientes» de muy distinto tamaño. Algunos son pequeños como vasos de licor y hay que estar muy atento para que no se desborden con el primer capricho, mientras que otros... pero, ¿qué digo? ¿A qué viene tanta palabrería estúpida? Basta, Lina, estás llegando a la puerta de casa. No más desvaríos, es hora de volver al mundo de los (aún) mortales.

Siesta

Niza, 9 de abril de 1965, mediodía.

—Bonjour, mam'zelle.

(Es mi casera, madame Depo, una vieja que nada sabe de caprichos ni de argucias femeninas y cuyo único placer consiste en recoger las rentas de sus inquilinos en un bonete de terciopelo rojo como si fuera un sacristán.) Yo le he dado muchos disgustos con sus colectas. Hemos estado años sin dirigirnos la palabra. Ella, en una de mis malas rachas, incluso llegó a cortarme la luz y la calefacción durante meses, ¡como si eso pudiera quebrantar a la Bella Otero! Y luego tuvimos ese pequeño incidente en el que intervino mi célebre «furia andaluza»: un día le tiré una botella vacía de champagne a su cabezota estúpida, pero ya pasó. Ahora todo va mejor, y ni siquiera me irrita como antes esa manía suya de tragarse las sílabas y apretar los labios cuando dice «mam'zelle»: hay gente de la que uno detesta hasta las insignificancias. «Buenos días», le digo, y Depo, que está muy ocupada pasando un plumero escuálido por los casilleros de las llaves, se vuelve añadiendo una pequeña inclinación a su saludo. Sonrío. Me siento tan atolondrada después de mi paseo que sin pensarlo mucho me veo diciéndole: «Mire, Depo, estoy muy ocupada estos días, pero creo que tendré algo para usted el lunes. Pásese por mis habitaciones a cobrar el alquiler.»

Ella vuelve a inclinar la cabeza de un modo casi educado:

«Oui, mam'zelle, cuando le convenga, mam'zelle», dice, aunque sabe que no la dejaré traspasar el umbral de mi casa. A la puerta de la Bella Otero la custodian cuatro cerrojos de alta calidad y está vedada para todo el mundo. Bueno, casi para todo el mundo.

Ahora acaba de suspender la actividad del plumero mientras me habla del tiempo como quien intenta alargar una conversación por pura amabilidad. «Fresquito, ¿no es cierto?», dice, y me enseña todos sus dientes cariados en una sonrisa. Madame Depo, como muchos de mis vecinos, piensa que en alguna parte guardo un dinero secreto. Lástima que se equivoque, pero siempre me ha gustado alimentar equívocos, todavía lo hago cuando la ocasión se presta. Por ejemplo, nadie lo sabe, pero de tanto en tanto aún cometo la temeridad de volver al casino y, hace poco, una casi olvidada racha de buena suerte me hizo ganar una hermosa cantidad. El picor de mis pulgares era el mismo que cuando apostaba cifras millonarias, el temblor de los labios también, sólo que esa vez me jugaba la pensión de vejez que recibo mensualmente, un puñadito de francos que no cubrirían ni el gasto semanal en horquillas de mis años de gloria; pero, ¿acaso no tiene más grandeza arriesgar todo lo que se tiene en las postrimerías de una vida?

Y gané. Unos seiscientos francos más o menos. Entonces se me ocurrió la idea de avivar la leyenda y el equívoco. Cierto día en que bajé a comprar al Tout Est Là, le enseñé al dueño, el bueno de Marcel Entressangle, mi buen fajo de billetes antes de volver a perderlos con la misma facilidad con la que los había ganado. Pero el espejismo funcionó y la noticia corrió por el barrio. «La Otero es rica» creen ahora los vecinos y por tanto también mi casera. Perfecto, eso me proporcionará unas semanas, quizá unos meses, de tregua. Luego, como siempre, Dios dirá.

«Dios dirá» no es más que una frase hecha, naturellement. Nunca me ha gustado pedirle nada a la Providencia, hemos estado peleadas demasiado tiempo ella y yo y ahora nos tratamos con mutuo recelo. Aun así, estoy a punto de suplicarle algo: que no siga impacientándome con más recuerdos. No es justo. Salvo la tontería infantil de pisar de vez en cuando esa baldosa de la plaza, no hago nada para provocarlos, nada en absoluto…

«¡Pero, madame Depo!, cuánta amabilidad de su parte, por Dios», digo dirigiéndome a mi casera, y me sorprendo al ver que la vieja, que ha salido de detrás del mostrador, se ofrece a ayudarme con la bolsa de la compra. Deben de ser las habladurías sobre mi nueva riqueza las que ablandan su corazón de sacristana usurera. «Acepto con gusto su ayuda, madame. Mis compras apenas pesan, pero subirlas hasta un segundo piso es más que una hazaña para unas piernas como las mías.»

«Un placer, mam'zelle, anda usted hoy un poco perdida en sueños, me permitiría decir.» Y yo se lo permito.

Hacia las cinco de la tarde suele pasarse por casa Assunta Giovagnini, la única persona que tiene llaves de mi puerta. «Mi mejor amiga», según su propia definición, y yo la acepto, ¿por qué no?, en alguien hay que confiar. Buena muchacha Assunta, posee un pequeño restaurante muy higiénico que hay en la calle vecina; «Le Colbert, comidas económicas», se llama. Cada tarde se empeña en ayudarme a hacer la cama y a recoger las cosas después del almuerzo. Me pregunto si también creerá que guardo una fortuna en alguna parte y que ella será la heredera. Soy desconfiada y muchas veces he supuesto que ésa es la razón de su amistad. Ésa, y la pequeña gloria de que la gente crea que es la depositaria de mis hazañas más escandalosas. «Cuénteme alguna historia de su pasado, madame», me ha suplicado en diversas ocasiones, pero yo me resisto, le señalo las decenas de fotos con las que está tapizada mi pequeña habitación mientras me encojo de hombros. «Ahí está todo, Assunta, mire por sí misma.» Supongo que mi vecina se muere por que le confíe un gran secreto o, al menos, por conocer un chismorreo interesante que poder transmitir a sus comadres, pero yo, desde hace años —y con la excepción estúpida de esta mañana—, he logrado esquivar los recuerdos como si los cuatro cerrojos de mi puerta estuvieran destinados a prohibirles la entrada. ¿Por qué razón iba a arriesgarme a hablar, digamos, de mis clases con el maestro Bellini o mi posterior salto a la fama en la ciudad de New York como estrella del Eden Musée? A mi edad no es bueno hablar con nadie del pasado, y no sólo por el dolor que causa evocarlo sabiéndolo irrecuperable, sino porque los recuerdos se gastan de tanto contarlos y se vuelven insignificantes, perdiendo toda grandeza. No, no, nada de confidencias inútiles. Por favor, por favor cuéntenos: ¿Qué hacía la Bella Otero en sus últimos años? ¿Hablaba mucho de sus años de gloria? ¿Cuántos secretos galantes le ha confiado?, preguntarán los reporters, libreta en mano a mi amiga Assunta Giovagnini cuando yo muera. Pero, si es honesta, Assunta sólo podrá decir que yo era casi agresivamente reservada, que no hablaba con nadie de mis años brillantes, ni siquiera con ella, y que consumía tardes enteras haciendo solitarios mientras oía la radio o bien leía novelas sobre mi sofá cama. Ah, eso sí, para añadir un pequeño toque mundano, podrá decir con toda justicia que dedicaba mucho tiempo a mi toilette, interminables horas, eso es cierto. Y muy natural también. Hay que estar siempre lo más arreglada posible, pienso yo, preparada para recibir cualquier visita imprevista, incluso cuando una no espera más que a la Muerte.

«Adiós, querida», le digo a Giovagnini cuando termina con su tarea samaritana. Ella me ha arropado en la cama como todas las tardes para que duerma un rato la siesta. «¿Estamos contentas?, ¿nos han sentado bien los huevitos pasados por agua?», pregunta con ese «nos» paternalista que la gente suele usar con los niños, con los viejos, con los enfermos y sobre todo con los locos; «¿vamos a soñar un rato con los angelitos?, ¿subimos un poquito más el cobertor?», y yo me hago la dormida. O... incluso es posible que ya lo esté, porque si no, ¿qué significa lo que veo?, ¿de dónde sale ese barco, ese vapor tan grande que navega sobreponiéndose a la sonriente cara de Giovagnini?

Ella desaparece de puntillas, cierra la puerta con cuádruple cerrojo y sin embargo sigue ahí la visión mostrenca, ahora no me cabe la menor duda: es un barco que se afana en flotar sobre las paredes del cuarto de pensión de la Bella Otero. ¿Alcanzará Garibaldi a ver este nuevo disparate?

¿Garibaldi? ¡Garibaldi! Pero estoy segura de que mi canario no ve nada porque se ha vuelto hacia el balcón en busca de sus amigas las palomas.

Dios mío, creo que la cabeza va a jugarme otra mala pasada. Es maldición de viejos el recordar cuando no deseamos y olvidar cuando no quisiéramos hacerlo. O tal vez... en esta ocasión no se trate de un recuerdo, sino simplemente de un sueño de esos tan crueles que se tienen a la hora de la siesta y su duermevela. Sueño o recuerdo, lo mismo da, pero juraría que esto que ven mis ojos casi muertos frente a mí es la Estatua de la Libertad.

Nueva York a finales del siglo XIX

Exactamente ciento diez años después de que el vapor *La Bourgogne* que llevó a Carolina Otero a América atracara en el muelle de Morton Street, aterrizaba yo en Nueva York en busca de información sobre los comienzos de su carrera artística. Mi estadía iba a resultar bastante menos brillante que la suya, como es natural, pero en cambio provechosa en pistas y hallazgos documentales. Sabía que Ernest Jurgens, valiéndose de mil recursos y utilizando inteligentemente a la prensa, la había convertido en uno de los primeros productos de marketing artístico. Pero necesitaba consultar algunos archivos y conocer los lugares que ella frecuentó, de los que, lamentablemente, son pocos los que sobreviven. Unos amigos, Ludmila y Chencho Arias, me brindaron su casa, con lo que me evité las soledades de un hotel, y luego otro amigo, Francisco Serrano, que tuvo conmigo más paciencia que el santo Job (véase la muestra: me presenté en la hemeroteca de la Universidad de Columbia para consultar los microfilmes de periódicos de la época... sin gafas) tuvo la amabilidad de facilitarme todo tipo de datos sociológicos sobre esos años y sus personajes. Así he podido reunir, además de claves sobre el primer éxito de Carolina Otero como bailarina, otros datos muy útiles para comprender lo sucedido durante su estadía, que comenzó a finales de 1890.

Éste que voy a esbozar ahora es el «New York» (ella, como todos sus contemporáneos, llamaban así a la ciudad) que Otero encontró a su llegada. Obviamente existían otros muchos «New Yorks» por aquel entonces: el de los obreros que apenas tenían para comer, el «New York» portuario, el campestre, el de los emigrantes que recibía de todas partes del mundo desde 1840 y a un ritmo de cuarenta barcos diarios, y también el «New York» de los millonarios, sin que ninguno de ellos se mezclara porque, en esta ciudad más que en ninguna otra del planeta, los mundos que conviven no se solapan. Es más, apenas se ven.

Para explicar en pocas palabras el ambiente que ella frecuentó baste decir que el Nueva York que conoció Carolina Otero y que corresponde al de los millonarios acababa de sustituir el gas por la luz eléctrica. El uso del automóvil comenzaba a hacerse más frecuente, sobre todo después de la Primera Feria Automovilística internacional en la calle Madison, mientras que en Broadway, fiel reflejo de las costumbres y adelantos de la sociedad, se representaba ya desde un par de años atrás, con mucha aceptación del público, una comedia que hablaba sobre las ventajas y sinsabores de un nuevo invento llamado «teléfono». Por otro lado, es interesante apuntar que en la última década del siglo XIX, el veinticinco por ciento de la población era de origen germano u holandés y de este origen, precisamente, eran las influyentes familias del lugar conocidas como «Los Cuatrocientos». Llevaban estos afortunados «Cuatrocientos» muchos años viviendo en un mundo cerrado sobre sí mismo y le hacían muy difícil la entrada en sociedad a los que ellos llamaban *new money*, o dinero nuevo, que en ese momento estaba representado por los Vanderbilt, los Morgan y otros nuevos ricos que lograron su fortuna no con la tierra, como los primeros, sino con la industria y la banca.

En cuanto a las costumbres sociales de esta clase en la que pronto se movería Carolina Otero, estaban de moda los *clubmen,* millonarios diletantes cuya fortuna les permitía dedicarse sin remordimientos a los caballos de polo, a las regatas y, también, naturalmente a las mujeres. Las elegidas solían ser cantantes o bellas artistas a las que era preceptivo adorar como a diosas y cubrirlas de alhajas. Tanto desprendimiento (salvo excepciones que eran comentadas con horror en los corrillos) no procedía de un amor apasionado y loco, ni siquiera se debía a una hermosa generosidad sino simplemente a una cuestión de estatus. Al ser los matrimonios de pura conveniencia social o monetaria, el atractivo y el poder económico de un caballero de entonces se medían por la importancia de la *demi-mondaine* que llevara del brazo; y cuanto más cara y caprichosa fuera ella, más rico parecía su protector. En realidad, no sólo había que ser generoso sino también extravagante: se creaban leyendas, se exageraban regalos, se contaban historias tan increíbles que, en algunos imaginarios sobre la Bella Otero, se recoge una según la cual uno de estos multimillonarios, al conocerla, decidió agasajarla compartiendo con ella varias docenas de ostras. La anécdota no tendría más interés que el hacerse eco de una comida demasiado copiosa si no fuera por el detalle de que, cada vez que Carolina destapaba una ostra, se encontraba una perla de gran tamaño y luego otra y otra hasta reunir un collar de cuatro (¡!) kilos de peso. Eso se cuenta, y si no menciono el caso más que de pasada es porque me resulta bastante inverosímil: tengo para mí que nuestra heroína hubiera muerto de una segura hepatitis antes de completar tan voluminosa joya. No obstante, aunque esta leyenda sea falsa, otras muchas son verdaderas. América era un país adolescente y rico en el que el exceso formaba parte de su atractivo.

Y a esa joven sociedad, controlada aún por un hermético grupo de ricos que se comportaba de un modo mucho más aristocráticamente excluyente que sus pares europeos, llegó la desconocida artista Carolina Otero un 14 de septiembre de 1890 arropada por un gran montaje publicitario. Jurgens, su agente, había preparado un recibimiento tan fantástico como prefabricado que iba a marcar el inicio de su gran carrera hacia el mundo de los privilegiados.

En ningún momento de su vida la Bella se sinceró en cuanto a qué pudo sentir una campesina semianalfabeta y que sólo hablaba gallego mezclado con algo de castellano y francés, al tener que moverse entre semejantes personas, pero lo que sí se sabe es cuál fue el recibimiento que la ciudad dispensó a la falsa estrella. He aquí recortes tomados de distintas publicaciones que ponen de manifiesto la eficacia de todas las tretas de Ernest Jurgens para preparar la llegada de la «gran bailarina española» al Eden Musée del que era cogerente:

«La señorita Otero, famosa bailarina española, arribó ayer en el buque francés *La Bourgogne*», anunciaba el *Herald* de Nueva York. «Viene a cumplir un largo contrato con el Eden Musée. Cuando el barco alcanzó la estación Cuarenta, fue recibido por el vapor *Laura M. Starin* con el agente Jurgens, el señor F. M. Reynold y otras personas a bordo, que habían preparado un recibimiento real para la bailarina. Pero olvidaron un detalle importante... un permiso especial para que la señorita pudiera desembarcar. Así ocurrió que *La Bourgogne* tuvo que continuar avanzando hacia su muelle de Morton Street mientras que el *Laura M. Starin* seguía haciendo enormes esfuerzos por mantenerse cerca del gran vapor. La Otero tuvo un buen recibimiento. Pasó al vapor más pequeño, al muelle, y después hasta la West 23 Street mientras varios carruajes transportaban a toda la compañía hasta el hotel Bartholdi donde se alojará la señorita.»

Otros periódicos, como *The World*, después de explicar que «miles de espectadores llenaron los muelles de la calle Morton para presenciar la llegada de la señorita Otero», dedicaban varias líneas a relatar las circunstancias «personales» de la artista. Unos se hacían eco de que Carolina, «que modestamente prefiere hacerse llamar señorita», era hija ilegítima de la emperatriz Eugenia. Otros decían que era una condesa andaluza, o como apuntaba *The Press*:

«La principal razón de que el empresario Jurgens fuera capaz de convencer a madame Otero para que dejara su brillante carrera continental y se presentara en América fue para escapar de dos admiradores, ambos miembros de familias reales europeas que amenazaban con matarse en duelo. El que sobreviviese reclamaría a la encantadora bailarina española por su esposa.»

«Es una condesa», señalaría el *Evening Sun* días más tarde, «pero algunas personas dicen que esta asombrosa joven española prefiere que la llamen simplemente Otero y dejar de lado su título. La señora condesa Carolina de Otero sería un nombre muy largo para los carteles y para satisfacer al público americano que prefiere a todos los títulos unos pies que sepan bailar bien. De todas maneras, y ya que el conde Otero quedó atrás en el momento del divorcio, no cuenta para nada. Hay que decir que entre sus importantes amistades se cuenta Alfonso XII. Siendo aún casi una niña, en 1878 *(sic)*, mientras la condesa estaba actuando en Madrid fue secuestrada y llevada a palacio por orden del Rey. Durante unos minutos los secuestradores la dejaron sola en una cámara para ir a avisar a Su Majestad, momento que aprovechó la audaz joven para escapar a través de una ventana. Con la ayuda de unos adecuados arriates, alcanzó el jardín y corrió hacia el hotel mientras una banda de música situada convenientemente cerca interpretaba una antigua *melodía escocesa*» (la cursiva es mía).

Es una gran suerte, pienso yo, que los americanos no estuvieran familiarizados con la triste vida de Alfonso XII y el gran amor que sentía por su prima, la reina doña María de las Mercedes, muerta precisamente en 1878, porque, de estarlo, iba a resultarles bastante difícil creer semejante filfa, incluido el impagable detalle de la banda de músicos escoceses.

Jurgens, el autor de toda aquella puesta en escena, estaba locamente enamorado de Carolina. A partir de que la conoció y hasta que años más tarde acabara suicidándose por deudas, desprestigio y, sobre todo, a causa de la indiferencia de su protegida, su único empeño fue convertir a Carolina Otero en una estrella mundial. El 1 de octubre de 1890, día del debut en Nueva York, ya había invertido prácticamente toda su fortuna para lograrlo. Después de pagar una larga estancia de la Otero en el hotel Bartholdi —uno de los nuevos y más caros rascacielos de la ciudad— Jurgens decidió que convenía a la imagen de la estrella mudarse a un apartamento de la calle 23 que había pertenecido a Lillie Langtry, actriz mundialmente famosa por ser la amante del príncipe de Gales y musa de Oscar Wilde para quien éste escribió *El abanico de lady Windermere.*

Con tanto dispendio, las deudas de Jurgens aumentaban día a día. No se atrevía a descontar del sueldo de Carolina un porcentaje por sus gestiones de promoción, así que comenzó a hacer pequeñas trampas en la caja del Eden Musée. Incluso cuando más tarde se ocupara de conseguirle muy ventajosos contratos en Londres o París, Carolina, en vez de hacerle rico habría de costarle una fortuna. Estaba completamente enamorado; por ella dejó a su mujer y a sus hijos, la siguió por el mundo e incluso cuando la Bella, en el más puro estilo Carmen de Bizet, le exigió que la dejara en paz con sus celos, que no lo amaba y que le era infiel, él continuó a su lado ayudándola en calidad de gerente. Casi de criado.

Pero aún estamos en el primer debut de toda su carrera teatral. Es el 1 de octubre de 1890; y ese día, con un espectacular collar de perlas de doce mil francos al cuello, regalo, según la prensa, de «un adinerado admirador francés» (y, según la realidad, de un desesperado Jurgens), la Bella pisó por primera vez el escenario del Eden Musée, una sala muy conocida de Nueva York que, al estilo de otros teatros de la época, combinaba los espectáculos de *music hall* con otras atracciones. En este caso, se trataba del mayor museo de cera de América.

Arropada por la compañía de danza que había formado para ella el maestro Bellini en París, Carolina cantó y bailó ante un público ya muy bien predispuesto. Todos venían a contemplar a la condesita de romántica leyenda que Ernest había fabricado, pero al final el teatro entero acabó rindiéndose a ella, hipnotizado por la belleza e innegable sensualidad que la Bella sabía imprimir a sus actuaciones. Hubo, a lo largo de sus años en escena, un buen número de personas que, sabiendo ver más allá de eso que hoy llamaríamos *sex appeal*, criticarían los histrionismos y la falta de talento que Carolina ocultaba detrás de ese aire dramático y sensual que ella llamó siempre su «fuego español», pero nunca nadie le negó el don de encandilar al público y la posesión de una belleza rotunda muy del gusto de la época; que tal vez no sea el canon de hoy, pero entonces tenía algo de salvaje y a la vez espiritual.

Estos dos elogios contradictorios, «salvaje» y «espiritual», se habrían de repetir a lo largo de toda su carrera. Resulta difícil desde nuestra estética actual y sin apenas testimonios cinematográficos entender qué podía ser eso tan fuera de lo común que emanaba de una bailarina y cantante aparentemente mediocre; pero el magnetismo no se explica, sólo se siente.

Aquella noche en su debut neoyorquino, el aura de la Bella Otero brilló en todo su esplendor.

«Se alzó el telón», informa *The Sun*. «Salieron ocho figurantas ataviadas con trajes españoles. Luego cinco mandolinistas y otros tantos guitarristas luciendo ricos trajes bordados en verde y oro. ¡Y finalmente la Otero! Vestía un traje de satén blanco de bajo escote bordeado de plumas de avestruz. Y abierto por los lados para mostrarnos parcialmente sus maravillosas piernas. Su rostro, que es del más puro estilo español, aparecía pálido en contraste con el negro de su pelo, peinado flojamente hacia atrás partiendo en suaves ondas desde la frente. Se presentó en el escenario con dignidad, se inclinó y, tras hacer una seña a los músicos, cantó. Primero una bonita canción de Tosti, *Ohé Mama*, y a continuación la característica *Paloma*, de Iradier. Su voz es muy agradable y acompaña sus palabras con gestos expresivos y suaves.»

Más adelante el rendido crítico añade:

«Cuando volvió a salir la segunda vez, iba vestida de campesina con un traje rojo y negro. Usaba capa de terciopelo y medias negras. De sus cabellos prendían flores.

»"Vamos", dijo la Otero en español.

»"¡Vamos!", contestaron los guitarristas. Su primer baile fue una jota. Comenzó con una fantástica trepidación de pies y terminó con una sucesión de posturas. Las caderas, pies, cuello y busto oscilaban hacia atrás y hacia adelante lenta y lánguidamente, a veces con rapidez, revelando curvas y gracias frescas.»

Por su parte, el crítico de otro periódico se vio menos impresionado por el lado sensual y más por el espiritual que producía el físico de la Bella. Él llegó a compararla con una virgen:

«Eran poco más de las nueve cuando la Otero salió al escenario. La belleza y pureza de su rostro hicieron decir a una encantadora dama que ocupaba un asiento en la primera fila que se parecía a una *madonna.* Un caballero oyó el comentario y se lo comunicó a otro que estaba a su lado. Antes de que terminara la noche, la expresión había corrido de boca en boca por todo el teatro e incluso las personas que escuchaban desde el vestíbulo se dieron cuenta de que todo el mundo hablaba ya de la nueva bailarina de España calificándola de *madonna.*»

El resto de los periódicos fueron igualmente entusiastas con comentarios como: «La Otero conquista New York» o «Su cuerpo frágil parece una bellísima serpiente»; y, también, «Otero se apodera de la ciudad». Para terminar de conquistar la voluntad de la prensa, al tiempo que para celebrar el debut, Jurgens había organizado en honor de los periodistas una cena privada en Delmonico's, a la que Carolina se presentó «con un maravilloso vestido negro que dejaba al descubierto su níveo cuello... flores brotaban de su pelo y llevaba un bonito ramo de rosas rojas atado con una cinta amarilla en honor de los colores de España». Según las crónicas, después de la espléndida cena, Otero cantó para sus invitados en español y en francés, reservando para el final una sorpresa que, por cierto, con el correr de los años se convertiría en el distintivo de la Bella Otero. «[...] Al final de la madrugada, subiéndose a la mesa, bailó una maravillosa danza típica española. Para ello previamente había reunido un puñado de esmiláceas con las que había estado adornada la mesa del banquete, las repartió habilidosamente por su cabeza y cuerpo de modo que llegó a parecerse a una auténtica ninfa...»

Las argucias de Jurgens junto con la belleza de Carolina habían logrado su propósito. Ahora sólo le faltaba, para afianzar más el éxito y realmente conquistar la ciudad, penetrar en la hermética sociedad neoyorquina y codearse con las matronas que la dirigían; algo completamente vedado para otras artistas, pero posible, ¿por qué no?, para alguien de sangre tan aristocrática como la condesa de Otero.

Jurgens no podía imaginar que su habilidad para lograr que una selecta representación de «Los Cuatrocientos» estuviera presente en el debut de una total desconocida iba a suponer el fin del mucho o poco afecto que la Bella sentía por él. Y es que todo salió perfecto aquella noche en el Eden Musée, al menos desde el punto de vista artístico y social. Ernest se apuntó un completo triunfo al ver, en el patio de butacas, a damas de la buena sociedad, a *clubmen* y, sobre todo, a nombres tan sonoros como el matrimonio Herman, la señora John Fair, los mismísimos Astor o al señor y la señora William Kissam Vanderbilt. Las crónicas mundanas, siempre atentas a los signos externos, hicieron un inventario de las joyas que lucieron las damas aquella noche, detalle que, además de dar idea de las cuentas bancarias de los presentes, demuestran la importancia que estas personas otorgaban a la actuación de la condesa Otero:

«Ayer en el Eden Musée hemos podido admirar una bella *rivière* de diamantes, un collar de tres vueltas de perlas graduadas y un collar de diamantes de seis vueltas lucidos por la señora William Astor (dama que, por cierto, era el árbitro social implacable en aquellos años y figura señera de «Los Cuatrocientos»); unos pendientes de treinta quilates colgaban de las orejas de la señora de Frank Leslie, y vimos también una bella tiara de diamantes en forma de peineta propiedad de Mrs. Whitney Belmont»... Así hasta un largo etcétera que concluía explicando que las más sencillas joyas vistas aquella noche eran unos pendientes de 35.000 dólares propiedad de la señora Mills.

Todas estas alhajas eclipsaban de lejos a las perlas regalo de Jurgens, pero palidecerían frente a las que Carolina llegaría a poseer en el futuro. Curiosamente, como si de una premonición se tratara, una de las joyas que años más tarde le pertenecería estaba presente esa noche, colgada del cuello de la todopoderosa señora Alva Vanderbilt mientras ésta aplaudía con genuina admiración a la artista. Se trataba de un collar de perlas que había pertenecido a Eugenia de Montijo, una simple fila de casi un metro de longitud que William Kissam Vanderbilt habría de regalar a Carolina tras divorciarse de su mujer.

Vanderbilt iba a ser el primero de una muy larga lista de amantes, en la que el denominador común sería o bien la cuantía de su cuenta corriente o bien la importancia de su nombre (aunque dicho sea en honor a la verdad, Carolina no solía ser fiel con estos últimos, a menos que fueran, además, muy ricos). En el caso de su primer amante, hay que decir que William Kissam Vanderbilt no era precisamente una conquista difícil: tenía fama de ser un indiscriminado seductor de damas, pero sobre todo, de artistas y *demi-mondaines*. A nadie le extrañó, por tanto, que inmediatamente después del debut de Carolina, él le dejara su tarjeta rogándole que lo recibiese. Es muy probable que Jurgens, al enterarse de la inminente cita romántica, no haya podido evitar un escalofrío. Sin duda debió de darse cuenta muy pronto de que no había servido de nada dedicar tanto dinero a la muchacha y que de nada servirían tampoco las cada vez mayores trampas financieras que se vería obligado a realizar en la contabilidad del Eden Musée para complacer sus caprichos: Carolina comenzaba a entrar en un mundo con el que él no podía competir.

Y así fue. Pocas semanas más tarde, ella compaginaba con total soltura su asistencia a los tés y fiestas benéficas organizados por las implacables damas de «Los Cuatrocientos», con la visita a los dormitorios de algunos de sus maridos, en especial el dormitorio (o más bien habría que decir los dormitorios) de William K. Vanderbilt. Porque, que se sepa, antes de que sus amores fueran más públicos, la pareja solía pasar los fines de semana en lugares distintos cada vez: hoteles, la propia mansión de la familia (tres millones de dólares de edificio situado entre la Quinta y la 42), en el yate *Alva* o en cierta cabaña o *cottage* en New Port, propiedad de William K., en la que la palabra «cabaña» resultaba un verdadero eufemismo: tenía sesenta habitaciones.

Mientras tanto, su agente compraba más regalos, ideaba nuevos proyectos y se endeudaba hasta extremos irrecuperables rezando para que aquellas correrías no fueran más que el obnubilamiento pasajero de una jovencita ante una situación nueva y deslumbrante.

Vanderbilt y Jurgens, los primeros amantes de Carolina Otero dentro del gran mundo, marcarían un esquema que se iba a repetir a lo largo de toda su vida amorosa: por un lado, el caballero de influencia menguante cometía cada vez más disparates, incurría en más gastos, más deudas y más humillaciones para mantener su amor, mientras que el nuevo se beneficiaba de sus favores hasta el momento en que ella, utilizando como coartada unos injustificados celos que su «furia española» no podía refrenar, lo sustituía por un tercero. Esta inconstancia, además de encajar muy bien con la personalidad frígida que le atribuyen algunos biógrafos (yo, en cambio, de ningún modo pienso que fuera frígida, sino simplemente fría de sentimientos), la hacía aún más deseable a ojos de sus admiradores. No hay que olvidar que hablamos de una época en la que las mujeres, y en especial «las horizontales», tenían una importancia enorme para el varón… y también para su buen nombre. Nunca hasta entonces el sexo femenino había sido adulado e idealizado de un modo tan obsesivo hasta el punto de arrastrar a los galanteadores a veces incluso al suicidio, porque hablamos de una extraña mezcla de sentimientos románticos con una cuestión de estatus que dudo vuelva a repetirse en la historia. «Es muy sencillo: Que a un caballero lo vean conmigo aumenta su reputación y le clasifica como un hombre extremadamente rico», comenta la Bella en su autobiografía y no se trata de una frase vanidosa. A finales del XIX, y posiblemente hasta la Gran Guerra, las mujeres como ella eran un símbolo de poder y dinero pues sólo se dejaban ver junto a personajes muy bien escogidos. Las tan displicentemente llamadas «horizontales» eran, además, las únicas mujeres que no se «vendían» contrayendo matrimonio sino que se «alquilaban», tal como lo expresó por aquel entonces otra *cocotte* notable. Y la diferencia entre venderse y alquilarse es evidente. Las *cocottes* disponían de un dinero propio que no provenía ni de un padre ni de un marido. Carecían de dueño, podían elegir y, por tanto, los hombres se disputaban el honor de protegerlas con su influencia y dinero.

Carolina entendió desde el principio el romántico ascendente que la Belle Époque entregó a las cortesanas y lo explotó al máximo. Es cierto que dichas actitudes provenían, una vez más, del eterno paternalismo masculino, pero al mismo tiempo daban libertad y, sobre todo, otorgaban poder a las mujeres que se atrevían a jugar el juego. Un poder, como se verá, casi ilimitado.

Durante meses, mientras Carolina triunfaba en el teatro y en los salones privados de la sociedad neoyorquina, Jurgens logró evitar que saltara el escándalo de sus sustracciones de la caja del teatro gracias a la complicidad de sus compañeros de trabajo. Tal como ocurre con frecuencia en casos desesperados, acabó metiéndose en otras inversiones ruinosas con la esperanza de poder restituir lo sustraído; pero, al final, un hombre tan dotado para los negocios se vio envuelto en una telaraña de gastos y fracasos sin, ni siquiera entonces, atreverse a deducirle a Carolina ni un céntimo de sus ganancias en concepto de gestión. ¿Cómo iba hacerlo? Ella era su niña, no comprendería que él le cobrara. Pocos meses antes había acordado con Carolina un pacto verbal por el que se ocuparía de todos sus contratos futuros... pero tampoco entonces se habló de contrapartidas económicas para Jurgens. Ni siquiera cuando tras el éxito americano empezaron a llover peticiones de Europa, el agente osó sugerir un contrato por escrito con cláusulas y porcentajes. Empresarios de Londres, de París, de Viena mandaban telegramas ofreciendo grandes sumas por contratar a la Bella, y aunque Ernest Jurgens consiguió condiciones magníficas, con adelantos millonarios, desaprovechó la ocasión de fijarse un salario. En realidad, la única razón para no hacer algo tan elemental era el miedo. Temía que, al presionarla mínimamente, ella decidiera abandonarlo.

A pesar de todo, Jurgens logró reservar para sí un minúsculo y patético pago: llegado el momento de volver a Europa, se las arregló para retrasar las actuaciones en el Viejo Continente durante unos meses arguyendo que el éxito en Nueva York aconsejaba alargar la estadía. Lo único que buscaba con este retraso era tenerla cerca un poco más de tiempo, aunque eso significara compartirla con otros hombres, y a pesar también de que ella le había dicho que hacía tiempo que ya no se interesaba por él. Para justificar lo poco agradecida que se mostró siempre con las atenciones de Jurgens, para justificar lo pronto que lo había olvidado y sus numerosas infidelidades, Otero cuenta en sus memorias la historia exactamente al revés, cambiando víctima por verdugo.

Siempre cuidadosa de presentarse como una mujer enamorada y «regida por la pasión», relata a su biógrafa madame Valmont que había sido ella la que había padecido los engaños de Jurgens y que por eso dejó de amarlo ya que «sufría horriblemente». Ésta sería la primera vez que utilizara la coartada de los celos a la hora de abandonar a un hombre. Más adelante se convertiría en su explicación habitual para cambiar de amante. Todos los que conocieron a Carolina Otero coinciden en afirmar que era una mujer muy generosa y que en innumerables ocasiones ayudó a personas tanto económica como afectivamente, sobre todo a mujeres como ella a las que la vida, al final, había dejado solas y sin dinero. Pero en lo que se refiere a sus amantes fue implacable: «He sido siempre muy celosa», miente en sus memorias: «Es un defecto como otro cualquiera, pero mi carácter es tal que no puedo admitir eso de compartir mi felicidad con otra persona.»

Con Jurgens utilizó esta técnica del siguiente modo: una noche, en una fiesta de disfraces en la que, según ella, Jurgens se había acercado demasiado a otra de las actrices al bailar, aprovechó para ofrecer una demostración pública de su tan socorrida furia española. Carolina, tras propinarle dos sonoras (y muy públicas) bofetadas, abandonó la sala dejando un rastro de improperios en gallego que afortunadamente nadie llegó a comprender. De nada sirvieron las súplicas de Jurgens, los regalos que le hizo con cargo, nuevamente, a la caja del Eden Musée. A partir de ese momento, la Bella se distanció de él con la altivez de quien ha sido mortalmente ofendida. Mientras tanto a Jurgens, que ya había abandonado a su mujer e hijos para correr tras «su» estrella, sólo le quedaba cambiar el pequeño hotel en el que se alojaba por otro aún más modesto, esperar y desear.

Pasaron los meses. Únicamente lograba ver a Carolina cuando ésta entraba o salía de su camerino, pero, por fin, consiguió arrancarle una mínima gratificación: logró que la artista le reservara la exclusividad de la cena de su 22 cumpleaños, el día 4 de noviembre. Más que una gratificación era una limosna, pero los mendigos deben de conformarse con poco.

Para esa noche, Jurgens volvió a gastar no se sabe qué cantidad en un regalo especial. Así lo atestigua una pieza que la Bella conservó hasta el final de sus días, posiblemente no tanto por motivos sentimentales, sino porque su escaso valor hizo que no lograra venderla con el resto de las joyas. Se trata de un corazón de metal con la inscripción «A mi querida Carolina, de su amigo Ernest André Jurgens, 4 noviembre, 1890.» En dicho corazón, que fue fotografiado por uno de los biógrafos de Carolina, Arthur H. Lewis, pueden verse a los lados tres pequeños orificios que hacen suponer que estaba atornillado a una caja, posiblemente un joyero. Qué había dentro no se sabrá nunca. En qué consistió el nuevo gasto loco, sólo lo saben los fantasmas.

Faltaba ya muy poco para regresar a Europa a cumplir sus nuevos contratos, pero ella se afanaba en hacer aún más progresos en el mundo elegante americano. Carolina siempre tuvo la precaución de no dedicarse exclusivamente a trastornar a los hombres para conseguir dinero y regalos, sino que cuidaba mucho su amistad con las mujeres. En una ciudad como Nueva York (al igual que en cualquier otra parte del mundo, habría que decir) la vida social la manejan las esposas. Son ellas las que deciden a quién invitan a sus fiestas y a quién no. A quién poner el veto o subir a los altares. Los hombres, en cambio, no opinan en estos temas. Es más, se dejan llevar y mansamente aceptan o rechazan a los personajes elegidos por sus mujeres para integrarlos en eso que los sajones tan gráficamente llaman *one of us,* o lo que es lo mismo: «uno de los nuestros». Fuera por la supuesta sangre azul de la condesa de Otero o simplemente porque Carolina supo conquistar a las siempre desconfiadas matronas de «Los Cuatrocientos», lo cierto es que durante su primera estadía americana se convirtió en invitada habitual en las casas de la buena sociedad y también en figura señalada en otros acontecimientos. Así, por ejemplo, en la inauguración de uno de los hoteles destinados a convertirse en símbolo de Nueva York, el diario *The Post* comentaba: «Anoche, en la fabulosa inauguración del Plaza [...] pudimos ver entre los invitados a la hermosa condesa de Otero.»

Mientras tanto, la «condesa» continuaba sus amoríos con William Kissam Vanderbilt, hecho que, según la moral de la época, la convertiría en una de las mujeres más deseadas del momento. Pero ¿quién era este Vanderbilt que interesaba por igual a las crónicas de sociedad que a las páginas de economía de los periódicos? Se trataba del nieto de Cornelius Vanderbilt, fundador de una dinastía que habría de hacerse multimillonaria con los ferrocarriles. Cuando William conoció a Carolina estaba casado con Alva Erstkin Smith, una belleza algo rolliza proveniente de una antigua familia sureña que había ayudado a Willy a derribar las barreras que los más recalcitrantes miembros de las antiguas familias levantaban frente a los *new money*. Porque al principio de su matrimonio, los Vanderbilt eran poco menos que unos advenedizos. Hicieron falta tres jugadas maestras, una a cargo de William y dos de la muy sagaz señora Vanderbilt, para entrar a formar parte de «Los Cuatrocientos».

Los Vanderbilt o cómo convertirse en «uno de los nuestros»

A finales del siglo XIX, nombres hoy tan conocidos como Vanderbilt o Morgan tuvieron que desplegar toda su astucia para entrar en sociedad. Y lo hicieron de un modo muy común en Estados Unidos y a la vez muy generoso. Unos y otros comenzaron a financiar entidades y edificios públicos que les dieran prestigio y los convirtieran en protectores de la ciudad. Con su «dinero nuevo» construyeron, por ejemplo, la Universidad de Columbia y el Metropolitan Opera House, además de levantar barrios enteros de Nueva York hasta que, poco a poco, dólar tras dólar, tanta generosidad fue ablandando los viejos y esnobs corazones de «Los Cuatrocientos».

Sin embargo, serían dos hechos mundanos los que habrían de situar definitivamente a William y Alva Vanderbilt a la cabeza de su grupo social. Por un lado, un fastuoso baile al que Alva tuvo la temeridad de no invitar a los Astor para desafiarlos, y más adelante el golpe maestro: lograr que su hija Consuelo se convirtiera en duquesa de Marlborough (labor de diplomacia digna de un cardenal florentino dirigida íntegramente por mamá Alva). La boda, o habría que decir más afinadamente el *quid pro quo,* tendría toda la impronta de la época: Consuelo, al igual que su pariente Jenny Jerome, madre de Winston Churchill, inyectaría a los Marlborough una dosis considerable de dinero y a cambio de esto los Vanderbilt ingresaron en el Gotha no sólo americano sino mundial. ¿El precio? Algo elevado. Cincuenta mil acciones de Beech Creek Railways, la rehabilitación y el mantenimiento continuo del palacio de Blenheim y la construcción de una mansión en Londres; pero, a partir de ese día de 1895 y hasta el momento de su divorcio, Alva Vanderbilt pasó a ocupar el trono de la vieja Mrs. Astor: el sueño de toda matrona de la época.

Pero nada de todo esto era prioritario en la vida del padre de familia, al menos en el momento de tener amores con la Bella. En aquel entonces, más que en los apolillados blasones europeos, más que en los negocios, se interesaba por pasarlo bien. Porque las verdaderas pasiones del todavía joven William Kissam Vanderbilt eran los yates, el polo y las mujeres, sin que se sepa muy bien en qué orden. «El señor Vanderbilt no hablaba mucho español en aquellos días», recordaría años más tarde Carolina en una entrevista, «y yo conocía cuatro palabras de inglés, pero me invitó a cenar y acepté. A la noche siguiente ya se presentó con una pulsera de diamantes en forma de serpiente cuyos ojos eran dos esmeraldas. Un verdadero caballero».

Seis años iba a durar este romance, con intervalos. Los próximos encuentros tendrían lugar en Europa, con frecuencia en la Costa Azul a bordo del *Alva*, un magnífico barco de recreo. Por cierto que un yate de estas características sería otro de los regalos que Carolina recibiría de Vanderbilt años más tarde, aunque no le gustó tanto como el collar de la emperatriz Eugenia, pues decía carecer de «pie marinero». Se mareaba, lo pasaba muy mal... Esto es, al menos, lo que afirma en sus memorias, pero otras crónicas señalan que, por aquel entonces, cuando recibió su yate de regalo, la Bella ya era víctima de la pasión del juego y el barco estuvo a punto de ser vendido para convertirse en fichas de ruleta. Al saberlo, Vanderbilt le ofreció caballerosamente recomprarlo por el precio de sus deudas y luego la invitó a una corta travesía por el Mediterráneo.

Sea como fuere, es curioso señalar que, desde que se conocieron en la primera visita de la Bella a Estados Unidos, los encuentros de ambos tendrían lugar casi siempre lejos de tierra firme. A veces en el *Alva,* otras en barcos de carácter más deportivo y también —*noblesse* Vanderbilt *oblige*— a bordo de un tren privado al que los neoyorquinos llamaban el «mejor palacio sobre ruedas del mundo».

Tal como indica la anécdota del yate que a punto estuvo de convertirse en fichas de casino, Carolina Otero nunca llegó a romper del todo con William K. Se seguirían viendo durante años tanto en la Costa Azul como en París. Incluso se reunían cuando ella ya había logrado conquistar a varios de sus amantes de sangre real y él perseguía a otras *demi-mondaines* como Liane de Pougy, eterna rival de la Otero.

La vuelta a Europa

El contrato de Carolina con el Eden Musée de Nueva York terminaba el 1 de febrero de 1891, pero Jurgens lo alargó otros dos meses para tenerla cerca, al menos, entre representación y representación. Como se ha dicho, ya habían acordado verbalmente que él se ocuparía de organizar las futuras actuaciones de Carolina en Europa, pero como sus deudas le obligaban a permanecer al menos un mes más en Nueva York antes de poder reunirse con su representada, él se dedicó en cuerpo y alma a organizarle una gran despedida en el Eden Musée. El aforo del teatro estaba vendido para la ocasión y el programa contaba con la presencia de varios artistas invitados que actuaron casi de teloneros para la Bella. He aquí algunas crónicas.

«Cubrieron a la Otero de flores», rezaba el *Telegraph*. «Muchos ojos aparecían húmedos cuando la encantadora señorita española, a la que algunos llaman condesa, respondió arrojando besos al público y gritando en español "Adiós, amigos". Como respuesta todos dijimos "¡Adiós, señorita!" Y luego añadimos "Hasta mañana".»

Años más tarde, Carolina recordaría cómo y dónde pasó su último fin de semana en Estados Unidos. Fue a bordo de uno de los yates de Vanderbilt.

«No había nadie más que nosotros y la tripulación a

bordo. Aunque bien es cierto que ya con ellos llegaban a cien personas entre los que incluyo una orquesta de varios músicos. Antes de despedirnos, Willy me regaló un bello colgante de diamantes y prometió ir a París a verme.»

Tras el regreso de Carolina a Europa, Jurgens dirigiría por cable los contratos de la artista, mientras intentaba enderezar definitivamente sus irregularidades con la caja del Eden Musée antes de que los dueños se dieran cuenta. No lo iba conseguir. Al poco tiempo saltaría el escándalo. Pero para entonces la Bella ya estaba muy lejos, pasando el verano cerca de París, donde su coreógrafo —que no era otro que el maestro Bellini— la preparaba para su actuación en Londres a principios de otoño. Los gastos de la artista, es de suponer, seguían corriendo a cargo de su agente.

Aún falta precisar que a los pocos meses de la partida de Carolina, Jurgens por fin se vio obligado a abandonar Estados Unidos acusado de desfalco y planeó reunirse con ella en Londres a tiempo para su debut.

Tras el reencuentro, él la acompañó mientras cumplía sus contratos. La Bella actuó en París, Bruselas, Amsterdam y Berlín con moderado éxito, pues no sería hasta llegar a San Petersburgo, en 1892, cuando su nombre comenzara a sonar a escala internacional. Y durante todo este tiempo, Jurgens estuvo a su lado tolerando nuevas infidelidades tan notorias como las de Nueva York. Sin embargo iban a ser ciertos acontecimientos ocurridos en este año de 1892, y de los que me ocuparé un poco más adelante, los que, por fin, le decidieron a abandonar a su «criatura» y desaparecer.

Durante varios años, y mientras su éxito crecía y crecía, Carolina no supo nada del hombre que la condujo a la fama hasta que, la tarde del día de Navidad de 1896, Jurgens regresó a París y se alojó en un hotel de tercera, en la zona más pobre de la ciudad. Según algunas versiones, durante todo este tiempo había malvivido aquí y allá. Hubo gente que lo descubrió trabajando como camarero en tascas o restaurantes de Marsella o de París, pero cuando lo abordaban negaba ser Jurgens. Por fin, en aquella Navidad del 96, quién sabe qué impulso lo llevó a merodear frente a la casa de la Otero, hasta decidirse a llamar a su puerta. Ella en sus memorias cuenta que él le pidió cinco mil francos y ella le ofreció el doble prometiendo, además, buscarle un trabajo, cosa que él rechazó. Según otras fuentes, que toman como referencia las declaraciones de Carolina cuando ocurrieron los hechos, Jurgens, con aspecto de vagabundo, se había presentado en su casa veinticuatro horas antes de que ella tomara un barco para Nueva York, donde había sido contratada por los rivales del Eden Musée, la sala Koster & Bial's. «Mi doncella se había acostado y abrí yo misma la puerta», declaró. «Me quedé sorprendida al ver al pobre Ernest, pero me encontraba en compañía de un caballero, de modo que le rogué que volviera más tarde y le aseguré que entonces lo recibiría. Él no dijo nada, se volvió y comenzó a retirarse. Entonces pensé que quizá necesitara algún dinero y le dije que esperase un momento mientras iba a buscar mi bolso. No tardé mucho pero, al regresar, Ernest había desaparecido y no volví a verle más.»

Al día siguiente, el conserje del hotel donde se hospedaba Jurgens sintió olor a gas proveniente de su habitación y lo encontró muerto y con la espita abierta. El único traje que poseía el ex agente era el que llevaba puesto, y no se encontró nada de valor, salvo unos pocos centavos en un bolsillo. No había tampoco nota de suicidio, aunque la policía lo consideró como tal y cerró el caso. Al conocer la triste noticia, la Bella Otero se quejó a un periodista de *The Telegraph*: «Nadie me dijo nada sobre el pobre

Ernest hasta que llevaba varios días en Estados Unidos. La noticia fue muy triste, terrible, lo sentí mucho por él y por su familia. Pero no veo qué podía haber hecho yo para impedirlo.»

La Sirena de los Suicidios

Jurgens ni siquiera fue el primer hombre que se suicidó por la Bella Otero. Serían siete en total, según algunos cronistas, los que perderían la vida a causa de sus desamores. Este elevado número es lo que le valió que la prensa, sobre todo la norteamericana, le concediera el apelativo de «Sirena de los Suicidios». Sin embargo, habría que explicar para entender este abultado número que quitarse la vida (o fingir quitársela) era algo sumamente frecuente, que encajaba muy bien con la estética exagerada de la Belle Époque. La ruina, la traición, la pérdida del honor... cualquier desventura de este tipo podía conducir al suicidio. Aunque el motivo más usual, y sin duda el más apreciado románticamente entonces, era el de los amores contrariados.

El primer hombre que renunció a la vida a causa de la Bella fue un joven italiano muy guapo al que conoció mientras recibía sus segundas lecciones con el maestro Bellini antes de su debut en Londres. Corría el año 1891 y Carolina acababa de regresar de Nueva York. El muchacho formaba parte de una *troupe* de cómicos conocidos como la familia D'Onofri. A pesar de estar recientemente casado, intentó por todos los medios, incluso los violentos, que Carolina se fugara con él. Ella amenazó con contárselo a su mujer y el joven huyó para aparecer el día siguiente ahogado en el Sena.

Al segundo suicida ni siquiera llegaría a conocerlo. Un italiano de nombre Mercato decidió saltar desde el cuarto piso de un hotel con la siguiente nota en el bolsillo: «Puesto que no tiene usted deseos de verme, yo tampoco los tengo de seguir viviendo.» Fatídicamente, sólo unas horas más tarde, el conde polaco Rupievski[1], con el que, según declaraciones realizadas a la policía, Carolina admitió haber cenado noches atrás, se pegó un tiro delante de la casa de la Bella en París, en la Rue Pierre Charron, ante la que previamente había depositado un ramo de flores. De ser cierto el comentario de Carolina sobre este suceso, merecería figurar en la antología de frases terribles: «Qué desagradable», cuentan que dijo, «cada vez que subo las escaleras casi tengo una crisis nerviosa. Verdaderamente el conde no se ha portado muy bien conmigo».

Entre los otros suicidios que completan la lista se cuenta el de un aristócrata francés, cuyo nombre logró ocultarse, que se pegó un tiro en los lavabos del casino de Montecarlo. Él también dejó una nota de despedida. Decía así: «Me mato porque ya no me queda nada que ofrecerte.»

Otra víctima de la que se ocupó la prensa del momento fue Jacques Payen, un aventurero y explorador que le había ofrecido 10.000 francos por pasar con ella una noche y que recibió la altiva respuesta de que la señorita Otero no aceptaba limosnas. Él eligió acabar con su vida en el Pabellón Chino del Bois de Boulogne.

Aún tendría lugar otra muerte. Una que le habría de causar más impresión que las anteriores y que figura en to-

1. En uno de sus repetidos intentos por explicar que estuvo enamorada alguna vez, Carolina Otero en sus memorias cuenta una turbulenta historia de amor con un tal Pirievski al que se le atribuye exactamente la misma muerte que al conde Rupievski. Este último existió en realidad, no así el otro, producto muy probablemente de la imaginación de la Bella.

A la izquierda, la casa gemela de la que vio nacer a la Bella Otero. Tenía unos 40 m² y en ella se hacinaban la madre y los cinco hermanos de Carolina junto al ganado.

Imágenes del Sagrado Corazón y la Virgen María con manto y túnica confeccionados con los vestidos de fiesta enviados por la Bella Otero al cura Carrandán (foto superior) para los «pobres de Valga».

Un primer plano de Carolina Otero adolescente, antes de que se acostumbrara a sobrecargarse de joyas.

Con el progreso de la fotografía surge a finales del XIX la moda de enviar postales que solían escribirse del lado de la imagen, reservando el reverso para la dirección. Esta moda ayudó a hacer famosos los rostros de las artistas de la época, hasta el punto de que se formaban tumultos para conocerlas.

En 1894 Carolina encandiló a los críticos australianos con sus fandangos y tanguillos.

A la Bella Otero le gustaba alternar en el escenario la sensualidad con unos rasgos de temperamento firme.

Entre los numerosos amantes de Carolina Otero se cuentan seis Jefes de Casas Reales. «Los Reyes, en general, no son muy generosos, pero yo a todos les enseñé a dar», confesó Carolina, quien se las ingenió para recibir magníficos regalos de todos.

Eduardo VII, príncipe de Gales.

El Zar Nicolás II.

El Káiser Guillermo.

Leopoldo de Bélgica.

Alfonso XIII.

Alberto I
de Mónaco.

Una de las pocas fotos de la Bella Otero con ropa de calle. La pose, sin embargo, sigue siendo tan teatral como lo requería la moda de la época.

Cléo de Mérode, bailarina y cortesana –contemporánea de la Bella Otero–, famosa por su relación con el rey Leopoldo, al que llegó a conocerse como «Cleopoldo de Bélgica».

Colette junto a su amante lesbiana Missy en «Sueños de Egipto» momentos antes de darse el beso que escandalizó a París.

Émilienne D'Alençon, otra gran rival de la Bella Otero, tenía la extravagancia de utilizar un monóculo.

Una de las cosas que más llamaba la atención del público era que la Otero saliera a escena cubierta de carísimas joyas auténticas. Nótese, como contraste, que debajo del peto cuajado de pedrería viste tan sólo una malla de tul transparente.

Redecilla de diamantes con adorno de cuerpo de nudos y madroños, de diamantes redondos y talla rosa encargado por la Bella Otero y montado con las piedras de su célebre bolero que Cartier le diseñó a principios de siglo.

El ambiente de la Belle Époque era siempre excesivo y exuberante. En esta recreación del Folies-Bergère puede verse cómo se simultanean las atracciones: pantomimas, bailes con elefantes, acróbatas, etc.

Cartel anunciador de una actuación de Carolina Otero en el Folies-Bergère.

dos los relatos que tienen a Carolina Otero como protagonista. Se trata de la de un pobre muchacho estudiante de Arte llamado Edmond, al que una vez invitó a su casa, incluso a su propio dormitorio. «Me producía enorme pena verle día tras día delante de mi casa, medio muerto de hambre y de frío», explicó más tarde. «Antes de irse me dijo que sólo tenía una cosa para darme, que me haría recordarle siempre. Yo pensaba que sería un dibujo, pero jamás imaginé que estuviera hablando de su propia vida.» Pocos días más tarde, Edmond se aseguraría de que Carolina no pudiera olvidarlo nunca. Se tiró bajo las ruedas de su carruaje mientras ella paseaba cerca del Bois de Boulogne.

Hasta el fin de sus días, éste fue el episodio que Carolina Otero citó como el más triste y desdichado de su vida. Tal vez gracias a esa capacidad de olvido voluntario de la que llegaría a jactarse durante su vejez y que ella denominaba «un síntoma de cordura», realmente así fuera, y por tanto es muy posible que hubiera logrado borrar de su memoria otro suicidio mucho más triste y desdichado: el de Ernest Jurgens, el hombre que inventó a la Bella Otero.

Despertar de la siesta

Niza, 9 de abril de 1965, 6 de la tarde.

No, no es la cara de Jurgens la que veo desde aquí, desde mi cama, entre las fotos que adornan la pared. Es imposible. Las conozco una a una, aunque con los años ya no veo en ellas las figuras que representan sino más bien el secreto mensaje que escriben las siluetas inmóviles.

Lo que quiero decir es que las cosas, en este caso las fotos que llevan demasiados años en un mismo lugar, acaban por perder su individualidad para convertirse en una parte más del muro, como las grietas que surcan el estuco o ese viejo mosquito atrapado en una telaraña que hace tanto se mece de un clavo que antaño sostuvo una pintura valiosa. Gracias a ese fenómeno despersonalizador puedo vivir sin nostalgia rodeada de caras de amantes muertos o de dedicatorias encendidas por la pasión mientras me sonríe desde otras tantas fotos aquella que ya nunca seré. «En el modesto hotel de la Rue d'Angleterre, al que su vicio por el juego condenó a la Bella Otero a vivir los últimos veinte años de su vida», contarán los periódicos cuando yo muera, «sólo se encontraron una veintena de fotos amarillentas pinchadas a la pared. Muchas son de la artista en su juventud mientras que otras pertenecen a famosos personajes de la historia con los que tuvo amores. Los muebles en cambio son escasos. Bajo el conjunto de retratos hay una cama que durante el día debía de hacer las veces de sofá. A la izquierda, un viejo mantón de seda dejado como al descuido sobre una silla intenta disimular la raída tapicería; a la derecha hay una chimenea falsa y más allá un hornillo de dos fuegos que la vieja dama utilizaba para calentar la comida. La humilde habitación está dividida por dos cortinas. La primera sirve para ocultar de la vista el lavabo y el bidet, y la segunda hace las veces de zaguán separando la puerta de entrada del resto del cubículo. Se pudo comprobar, además, que la puerta estaba protegida por lo menos por cuatro cerrojos que aseguraban que nadie pudiera entrar en este reducto sagrado. Sagrado, no por lo que contenía que, según se ha podido saber después de la subasta de sus enseres, apenas alcanza el valor de ochocientos francos, sino porque la señorita intentó hasta sus últimos días preservar el misterio, haciendo creer a sus vecinos que ese cuarto de apenas veinte metros y cuya renta muchas veces "olvidaba" pagar, escondía algún tesoro salvado de la ruina...»

Bah, que digan lo que quieran, se han dicho ya tantas cosas. No me arrepiento de nada. De nada en absoluto. Ni siquiera de mi conducta con Jurgens porque, ¿de qué sirve el arrepentimiento?, ¿acaso puede borrar el daño que uno ha hecho?, ¿atenuaría con ello su sufrimiento de entonces?, ¿pueden devolverle la vida a Jurgens mis lágrimas de contrición? Si así fuera las daría todas. Fueron incontables, a lo largo de tantos años, las veces que intenté justificarme ante mí misma diciendo que se trató de un pecado de juventud, que la culpa de tanto egoísmo la tuvo la ceguera que todos sufrimos a los veinte años cuando la vida está llena de proyectos y no hay tiempo para pensar dónde (o a quién) pisamos para subir un poco más alto... Pero ahora es demasiado tarde para continuar dándose golpes de pecho. Arrepentirse en las postrimerías de una vida no es más que un bobo intento de hacerle guiños a la Providencia para que sea indulgente. Y de nada serviría tampoco: a la Providencia no se la puede engatusar con guiños. No en balde es experta en ellos.

¿Estás ahí, Garibaldi? Ven, canta un poco para mí. Se acabó la siesta, sólo son las seis de la tarde y nos quedan muchas horas vacías por llenar hasta que vuelva a ser tiempo de meterse en la cama. ¿Tú crees que si abro el balcón vendrán algunas palomas a visitarnos? Canta algo para atraerlas, chéri; yo, mientras tanto, voy a levantarme y me lavaré la cara para espantar el sueño. Son muy crueles las siestas, son capaces de convocar a los más dolorosos de los espectros, peor aun que las horas que preceden a los amaneceres, sí, mucho más crueles.

Cuando abro el balcón puedo ver un panorama que conozco tan bien que a pesar de mi mala vista detectaría al instante el menor cambio. A la izquierda está el techo del restaurante de mi amiga Assunta, y más allá, la peletería André Furs. No hay nadie en la calle. Tampoco las palomas parecen dispuestas a salir de sus escondites tan temprano. Tal vez debería volver a la cama. No sé por qué pero empiezo a sospechar que el pobre Jurgens, donde quiera que esté, ha hecho con esta siesta el milagro de que, después de tantos años sin pensar en aquellos lejanísimos tiempos, ahora, de pronto yo, la Bella Otero, desee recordar las vivencias que tuvieron lugar una vez que él, con tanto dolor personal, me abriera las puertas de la fama. ¿O tal vez se trate de un castigo y no de un deseo? Revivir lo muerto, volver a mi primer éxito y luego obligarme a recordar lo que pasó cuando regresamos a Europa tras mi estadía en New York... Remover todo eso ahora sería, sin duda, una justa venganza por su parte: la vieja Otero de pie en el balcón de su cuarto alquilado y miserable condenada a repasar los comienzos de su gloria. Está bien, Ernest, permíteme al menos que vuelva a tumbarme. Soy una dama frágil, estaré mejor en la cama con los ojos entrecerrados, igual que hacía cuando esperaba la llegada de un amante. Ven tú también, Garibaldi, voy a acercar tu jaula a mi sofá, pero dejemos la ventana abierta. Tal vez cuando las palomas lleguen, el batir de sus alas logre espantar los recuerdos convocados por Jurgens.

Aquel verano de 1891, antes de que Ernest dejara atrás New York y sus muchas deudas para reunirse conmigo y acompañarme en mi proyectada gira por Europa que habría de comenzar en Londres, yo me encontraba cerca de París ensayando con el maestro Bellini. Vivíamos en Neuilly y aquel tipo no perdía ocasión de recordarme que, pese a mis triunfos en New York, seguía siendo tan poco talentosa para el canto como para el baile. Afortunadamente para la paz que debe reinar entre una artista y su maestro, Bellini descubrió que tenía dotes para la pantomima, una forma de teatro entonces a la moda que requería mucha expresividad corporal y que los estudiosos consideran precursora del cine mudo. Fue entonces cuando decidió llevarme a ver la actuación de una troupe de cómicos italianos llamados «La familia D'Onofri» que casualmente actuaban cerca de allí. A partir de ese día, ensayé con ellos algunas tardes. Aprendí muchas cosas que me serían útiles, pero tuve la mala fortuna de que uno de los hermanos se enamorara de mí y acabara ahogado en el Sena.

Aquel episodio nos impresionó mucho a todos, pero antes de que Bellini y los D'Onofri comenzaran a mirarme con recelo y a echarme la culpa de las pasiones ajenas, tal como sucediera en Valga cuando niña, yo decidí tomarme unos días de respiro en París. Mi amigo Willy Vanderbilt acababa de llegar a Europa en su yacht después de cruzar el Atlántico. A pesar de las mentiras que se contarían al poco tiempo, lo cierto es que venía especialmente para verme y, aunque fuimos muy discretos en nuestros encuentros, ocurrió un accidente que ahora me resulta cómico pero que pudo acabar mal. Los periódicos de la época se ocuparon durante días del suceso, lo que indirectamente tuvo el efecto de conceder a mi futuro debut londinense ese tenue aroma a escándalo que tanto adoran los empresarios y, por qué no decirlo, también nosotros los artistas.

El 4 de octubre de 1891 la edición parisina del Herald Tribune de New York publicaba la siguiente noticia:

PELIGROSO ACCIDENTE EN EL BOULEVARD

«Sobre las once de la noche tuvo lugar un accidente en el Boulevard des Capucines. Una berlina que bajaba a gran velocidad [...] chocó con un fiacre en el que viajaban un caballero y una dama [...]. La dama resultó seriamente herida, el caballero con arañazos en la cabeza.»

Pronto corrió la voz de que el caballero era Willy Vanderbilt y, como no se mencionaba el nombre de su acompañante, tres actrices aseguraron ser las protagonistas del episodio, lo cual, además de demostrarme que, pese a mi éxito americano, nadie me conocía en París, hizo que me hirviera la ya de por sí maltrecha cabeza (era falso que estuviera grave, sólo sufrí una incómoda torcedura de cuello de la que fui atendida en un hospital cercano donde quedó registrado el accidente). Con el parte médico y bastante elocuencia, por no decir furia, acabé por convencer al eminente Paris-Soir de quién era la misteriosa dama de la que se hablaba en todos los mentideros.

A los pocos días, sin mencionar al señor Vanderbilt, Paris-Soir publicó estas líneas: «La señorita Otero, cantante española, resultó ligeramente herida en un accidente habido el día 4 de octubre.»

Poco tiempo le faltó a una de las falsas accidentadas, Renée de Presle, una casi desconocida bailarina y contorsionista, para escribir una encendida carta al periódico en la que se ofrecía a mostrar las heridas que sufrió en la parte superior de las piernas al arañarse con las piedras cuando supuestamente fue arrojada del coche en el Boulevard des Capucines aquel domingo.

Mientras tanto el Herald, que al principio había publicado la noticia con tanta prudencia como respeto al anonimato, empezó a apoyar a una segunda impostora, Eva La Vallière, una dama ligera, por no decir abiertamente una prostituta, con muchas ínfulas: «La señorita La Vallière», afirmó este periódico sin el menor fundamento, «resultó herida el día 5 (sic) de octubre en el ya mencionado accidente».

Hubo una tercera «herida» de mucho menor renombre que también intentó hacerse pasar por la misteriosa acompañante, pero al final fue mi nombre el que quedó para el recuerdo. Yo no planeé en absoluto este golpe de efecto que tan útil me iba a ser para mi debut londinense, pero tampoco podía dejarme sustituir por unas truchas que no conocían a Willy K. ni de nombre; me parece evidente. Dime, Garibaldi: ¿Llegan ya las palomas? No entiendo por qué se hacen esperar tanto esta tarde. Que vengan, que lleguen ya, resulta difícil espantar a los recuerdos y no todos son inofensivos como los del querido Willy... En cualquier momento volveré a pensar en Ernest y entonces...

Los primeros éxitos en Europa

Según información que he podido reunir consultando el libro del biógrafo Arthur H. Lewis[1] además de multitud de artículos que ayudan a reconstruir el siempre difícil puzzle de la verdad en la vida de la Bella Otero, parece ser que el día del «gran debut londinense» del que hablaba la señorita hace unos minutos, Ernest Jurgens, que aún actuaba como su agente, logró desplegar las mismas armas publicitarias que tan buen resultado le habían dado en Nueva York. Las noticias de sus irregularidades económicas aún no habían llegado a Europa y Ernest contaba con muchos amigos en el mundo teatral que le ayudaron a organizar el espectáculo.

A pesar de que no logró que asistiera ningún miembro de la casa real británica, como era su objetivo, esa noche de invierno en que tuvo lugar la primera actuación de Carolina Otero en un teatro europeo de renombre, la sala de The Empire estaba llena de personajes de moda dispuestos a aplaudirla y a entusiasmarse con su belleza. La crítica, en

1. De las cuatro o cinco biografías que se conocen de la Otero, la de Lewis es la más interesante y objetiva. Este caballero, además, logró comprar en la subasta que tuvo lugar a la muerte de Carolina todos los álbumes de recortes que ella guardaba en su refugio del hotel Novelty: todos sus «secretos», por tanto. Muchos de los artículos que reproduzco provienen de esta fuente.

cambio, resultó menos generosa que la americana, por no decir abiertamente despectiva. «Baila con abandono primitivo», comentó un periódico, «pero sin técnica alguna y de su voz mejor ni hablar».

En realidad, a pesar de los embustes que luego contaría sobre esta actuación, Carolina Otero no tendría éxito en Inglaterra hasta dos años más tarde, cuando logró presentarse en el famoso Alhambra. De su debut en The Empire se sabe que sólo se mantuvo en cartel una semana, y eso por insistencia de Jurgens.

He aquí otra crítica breve pero con todo el sarcasmo británico: «¿La Otero? Oh, iba tan escasamente vestida que era difícil concentrar la atención en su arte.»

Después de Londres, toda la compañía (que era mucho más reducida que la que actuó en Nueva York) continuó cumpliendo sus contratos por el resto de Europa. Primero París. Mas tarde Berlín, donde actuará en el Wintergarten,y luego Viena, Varsovia, Bruselas, Amsterdam... Cada una de estas ciudades va acompañada del nombre de un amante: si París comienza con Vanderbilt, Berlín tendrá como protagonista al feísimo pero muy adinerado barón de Ollstreder (que cada día le regalaba una joya) y Viena será testigo de sus amores con el príncipe de Belme... En alguna de estas ciudades, o quizá ya en Rusia, fue donde Jurgens decidió por fin renunciar a su puesto de agente. No sólo porque le resultaba insufrible tener que presenciar cada noche cómo su Carolina prefería la compañía de otros hombres, sino porque no aprobaba una costumbre que la Bella llegó a convertir en arte y a la que llamaba «mis bailes privados».

Consistían éstos en representaciones restringidas en algún restaurante o casa particular en las que solía (igual que en su primer día en Nueva York) acabar bailando sobre las mesas para deleite de un reducido grupo de rendidos y naturalmente muy generosos admiradores.

A partir de ese momento, algunas de sus andanzas comenzaron a comentarse en los periódicos rusos. Ganaba ya una impresionante cantidad de dinero que ella ahorraba o invertía en joyas porque, hasta el momento en que cae víctima del juego, Carolina, al igual que otros muchos que han tenido una infancia de miseria, sabía la independencia y poder que garantizan los bienes materiales. Aquellas actuaciones exclusivas que ofrecía a sus admiradores de las distintas ciudades que visitaba no sólo eran rentables, sino que comenzaron a labrarle una fama internacional de esas que sólo se transmiten a través de canales privados, de boca en boca.

Empezaba el año 1892, Carolina acababa de cumplir 23 años y debutó con notable éxito en teatros como el Arcadie o el Mai Theater. Todo el mundo hablaba de la Bella española en San Petersburgo, pero el efecto se multiplicaría por mil después de que tuviera lugar uno de los episodios más legendarios de Carolina Otero. Ella se lo contó a madame Valmont en sus memorias de un modo apto para todos los oídos, pero otros testimonios presentan así lo que podríamos llamar «la célebre escena de la bandeja de plata».

En un comedor privado del Café Cuba un grupo de treinta oficiales invitados por cierto coronel de la guardia acababa de terminar su cena con un brindis al recién coronado zar Nicolás II. Su anfitrión les anunció entonces que no podían retirarse porque les esperaba un segundo postre muy especial para el que debían vendarse los ojos. A tal efecto, había junto a sus platos una ancha cinta negra y, unos asombrados y otros divertidos, los oficiales se taparon los ojos sin saber bien qué esperar. El coronel, mientras tanto, indicó al jefe de camareros que procediera a servir el postre y, al son de una música tártara, entraron ocho hombres que llevaban una bandeja de plata de dos metros de longitud y que dejarían sobre la mesa antes de desaparecer tan silenciosamente como habían entrado. Cayeron entonces las vendas y sesenta ojos estupefactos vieron lo que había en la mesa:

Sobre la bandeja, y ataviada apenas con unas gasas transparentes, dormía una mujer bellísima cuyo rostro no podían reconocer, oculto como estaba por sus cabellos de un negro profundo.

Comenzó a sonar otra música más suave. La ninfa abrió los ojos y se desperezó como quien regresa de un largo sueño. No llevaba más adorno que varios anillos de gran valor en los pies y en las manos que movía muy lentamente dejando intuir aquello que se ocultaba tras una tenue gasa. A continuación saltó al suelo y, siempre al compás de la música, dejó que su vestido casi invisible se acercara a las llamas de unos grandes velones que iluminaban la estancia. Entonces se estableció un flirteo tan erótico como peligroso entre el fuego y las gasas, como si la Bella pretendiera que éstas se quemaran para dejar su cuerpo completamente desnudo. Más de un oficial intentó cubrirla con su capa para evitar que ardiera, pero ella, según cuenta un testigo, los apartó diciendo: «Las llamas no consumen a la Otero.»

Existe una segunda anécdota, muy rusa, a la que Carolina dedica varias páginas en sus memorias. Trata de cómo logró escapar, en medio de una tormenta de nieve y gracias a la ayuda de un campesino ruso, un mujik, del acoso de un negociante de ganado que pretendía llevársela a la cama. Según su versión, dicho caballero la había mandado recoger a la salida del teatro y después de conducirla a un palacio muy lejos de la ciudad la obligó a desnudarse. Ella le pidió un vaso de agua para ganar tiempo y, mientras el hombre iba a buscarlo de mala gana, Carolina aprovechó para huir deslizándose descalza y apenas vestida por la ventana para después correr desesperada (y congelada, es de suponer) hasta encontrarse con un mujik, que pasaba por aquellos desiertos parajes y que la salvó manteniéndola caliente entre sus mugrientas pieles de cabra. Así envuelta, la Bella le pidió que la llevara a casa de uno de sus admiradores más fieles y una vez allí se desmayó.

No reproduzco esta historia con más detalle porque dudo de que sea del todo cierta. Si tuvo lugar, deben haber jugado otros ingredientes que su protagonista prefirió mantener en secreto porque, tal como está contada, no concuerda en absoluto con la forma de ser de la Otero. La pudicia jamás figuró entre sus múltiples virtudes. Ella sabía muy bien con quién se relacionaba, de modo que, una vez que ya había entrado en la habitación de un caballero, no se echaba atrás. Además, como ocurre con las mentiras que contaba, Carolina, al repetirla, cambió varias veces los detalles de la anécdota. En algunas versiones, el relato convierte al protagonista del intento de estupro en un gran duque de sangre real cuyo nombre no quiere revelar. En otras, asegura que no se trató de una visita voluntaria sino de un secuestro salvaje por parte de un admirador demasiado fanático. Hay veces en las que habla no de un admirador sino de una admiradora enamorada... Lo único que mantiene en todas las versiones es que quien la recogió fue un mujik, y algunas veces dice que luego éste la llevó «a casa de un comisario fuerte y muy simpático donde permanecí tres días», y otras simplemente a casa de su amigo, el gran duque Nikolai Nikolaevich. Este amigo que reaparece varias veces a lo largo de la vida de Carolina es el mismo que solía rogarle: «Arruíname, pero no me dejes, Ninoshka.»

La presencia y aventuras de la Bella Otero en Rusia fueron tan comentadas que pronto saltaron a otros periódicos de la época, exagerándose en muchos casos. Por ejemplo, no es cierto que fuera en este primer viaje cuando conoció al zar Nicolás II, uno de sus seis amantes reales, pero, en cambio, estaba a punto de conocer a otro algo más modesto. Aun así, para que este encuentro amoroso tuviera lugar faltaban unos meses. Antes Carolina tendría que regresar a París, instalarse en un pequeño apartamento próximo a los Campos Elíseos (la primera y única vivienda que pagaría de su bolsillo durante su larga vida parisina) y esperar a la suerte. Ésta no tardaría en llegar.

Su primer amante real

En el París de la Belle Époque no resultaba raro que las artistas ya consagradas alternaran sus actuaciones en locales famosos con otras en tugurios bohemios a los que solían acudir intelectuales, nobles, borrachos bebedores de absenta y perdedores. Era el espíritu de la época. El *gai Paris* estaba compuesto por todo tipo de personas y «divertirse no tiene nada que ver con las clases sociales», según la opinión de entonces. Al contrario, podría decirse que resultaba muy atractiva (y a la moda) la mezcla de príncipes y vagabundos.

Al regresar a París, Carolina firmó dos contratos. Uno para actuar en una sala de renombre internacional como el Cirque d'Été, y otro para bailar en un antro bohemio y marginal desconocido entonces pero que con los años llegaría a adquirir notoriedad: el Bal Tabarin, el cabaret favorito de Toulouse-Lautrec.

Las noticias de sus andanzas en Rusia, convenientemente aumentadas por la publicidad y los cronistas sociales, hicieron que la actuación de la Bella Otero en el Cirque d'Été, aunque corta, fuera muy comentada. Aunque ya no contaba con el asesoramiento de Jurgens, Carolina se procuró una pequeña compañía de guitarristas, mandolinistas y bailarines que ayudaran a convertir su espectáculo en lo más vistoso posible. Primero salía ella a escena, vestida de torero, haciendo un altivo paseíllo rodeada de bailarines que tocaban estruendosamente las castañuelas; luego comenzaba el baile para el que procuraba, como siempre, sacar el mayor partido a su cuerpo. En aquellos años ya era propietaria de un considerable número de joyas y salir al escenario materialmente cubierta de perlas y brillantes era otro motivo de escándalo y adoración por parte de un público ferviente. Podría haber sido aquí donde Carolina pescase a su primer amante real, entre los miles de admiradores que le tiraban flores, o luego, en su camerino cubierto de ramos de rosas —algunos de los cuales escondían una joya que pretendía servir de llave para abrir la cada vez más cara puerta de la Bella Otero—. Pero no fue así.

La pesca —literalmente, con caña y sedal— tendría lugar en el tugurio antes mencionado: el Bal Tabarin. Tan original encuentro podría muy bien haber sido inmortalizado por el pincel de Toulouse-Lautrec, que acudía al Tabarin prácticamente todas las noches. Pero Toulouse-Lautrec se interesaba más por el bajo mundo que por el de las cortesanas, más por los borrachos que por los príncipes. A causa de esto, la escena de la «pesca real» que voy a relatar a continuación sólo vivió durante años en el recuerdo de Carolina Otero y moriría con ella el sábado 10 de abril de 1965.

Alberto de Mónaco

Niza, viernes 9 de abril.

Las seis y media de la tarde. Se diría que mis fantasmas han decidido darse alternativa los unos a los otros como si fueran «toguea-dogues». To-re-a-do-res, como los llaman los franceses o mejor dicho: toreros, iguales a los que tanto emulé a lo largo de mi vida artística. Después del fantasma de Jurgens, después de mis andanzas rusas y después también del fugaz recuerdo del pequeño Toulouse, he aquí otro espectro que busca mi compañía. La ventana continúa abierta y comienza a caer el sol, ¿dónde estarán las palomas? No hay ni una sola que quiera venir a poner un revuelo de alas que espante a los recuerdos. Está bien, no importa. No está resultando tan terrible esta procesión de muertos.

Albert, tu est là, mon beau?

En circunstancias normales, ni levantándome de esta cama, ni haciendo un gran esfuerzo de concentración, podrían mis viejos ojos distinguir entre las fotos de la pared el rostro de Albert Grimaldi, príncipe de Mónaco, y sin embargo hoy parece que está aquí, tan cerca, que puedo sentir su mano sobre mi brazo. Eres tú, ¿verdad? Bonsoir Albert... a los viejos amantes se les apea todo tratamiento principesco cuando se los encuentra una entre las sábanas. ¿Recuerdas? Pero cómo vas a recordar si estás muerto desde hace cuarenta y tres años.

A madame Valmont casi se le desmayaron las plumas del sombrero cuando le conté dónde y cómo conocí a su alteza serenísima Alberto I, príncipe de Mónaco. Y eso que, por aquel entonces, el Principado no se había convertido aún en la azucarada sucursal de Hollywood que es ahora y que tampoco tenía por princesa a una bella y famosa estrella de cine. Tenía, sí es cierto, a otra bella (y riquísima) americana por alteza consorte. Se llamaba Alice Heine. Ella fue la primera rich American girl (como decíamos entonces para describir a las muchas herederas americanas que ayudaban a llenar las arcas de los aristócratas europeos) en jugar a princesas en tan diminuto peñasco.

Pero hay que ser justos: si a madame Valmont se le desmayaron las plumas no fue por la alcurnia de mi nuevo amante. Después de todo, Alberto I sólo reinaba en un Estado de apenas diez kilómetros cuadrados. Además, para restarle aún más méritos, todos sabíamos que era descendiente de una larga familia de piratas del Mediterráneo cuyo mayor logro fue obtener el apoyo de Carlos V para subsistir cuando estaban a punto de ser borrados del mapa: muy poca cosa como linaje, es cierto. Por eso a Alberto nadie lo tomaba en serio cuando yo lo conocí. Ni los gobernantes, ni los aristócratas, ni siquiera la gente de mundo, y tampoco lo invitaban a los actos oficiales como a otros príncipes reinantes. Para los reyes europeos no era más que un chiste y, en lo que respecta al resto, lo consideraban equiparable a otros tantos príncipes de opereta que circulaban por París, uno más en toda la pléyade de amables altezas cuyo reino en este mundo se reducía a una imponente tarjeta de visita llena de coronas confeccionada por el maestro impresor de la Avenue de Malesherbes.

Otras circunstancias personales lo ayudaban todavía menos a hacerse respetar. Por ejemplo su matrimonio con una rica heredera, hija de judíos de Louisiana por parte de madre y de negociantes alemanes por parte de padre, se consideraba desigual y también su aspecto físico dejaba bastante que desear. A sus cuarenta y seis años recuerdo que era un hombre gordo y algo grasiento, de piel cetrina, dientes cariados y gran papada, defectos todos ellos que intentaba ocultar bajo un enorme mostacho no siempre aseado. A esto yo podría añadir que tampoco era un gran amante pues, sin entrar en detalles, baste con decir que nuestro primer encuentro amoroso terminó en desastre. Recuerdo que el pobre estaba tan azarado e impaciente que tuve que rogarle que reposara un rato. Estuvimos hablando hasta el amanecer y descubrí que era muy inteligente, en verdad fuera de lo común. Se calmó, nos dormimos, y por la mañana me despertó amándome. Yo le dije que era formidable (aunque no lo era en absoluto) y él se sintió tan orgulloso que comenzó a dar saltos por toda la habitación. ¡Pobre Albert! Y —a pesar de toda su inteligencia— también: ¡ingenuo Albert!

En cambio era muy rico. Su casino de Montecarlo le procuraba unos ingresos descomunales que él dedicaba al placer y al amor. El primer regalo que me hizo fue un collar de perlas de ocho vueltas al que seguirían esmeraldas, zafiros y muchas otras joyas de buen gusto. También instaló para mí un bonito piso en la calle Wagram donde pasaríamos noches inolvidables. Viajábamos juntos hasta el Principado y él me hacía visitas nocturnas al Hôtel de Paris, después de que yo pasara un rato en el casino. Este apretado programa duró años, hasta que la princesa Alice consiguió al fin que me prohibieran la entrada en Mónaco, tonta de ella: para aquel entonces yo le procuraba al casino más dinero que cualquier otro jugador; no puedo ni calcular la fortuna que me habré dejado en las mesas de las que me vetó. Aun así lo que no logró esa princesa de Louisiana fue acabar con nuestra amistad. A pesar de sus llantos histéricos, Albert y yo continuamos viéndonos durante largo tiempo, muchos años hasta que, sintiéndose prematuramente viejo, fue sustituyendo los placeres del amor por los de la oceanografía y llegó a convertirse en un estudioso del mar. Cambió de gustos: ya no éramos nosotras, las mujeres, su mayor interés y su más abultado gasto. Ahora era el fondo del Mediterráneo lo que fascinaba a Albert como una misteriosa (y muy cara) amante. Pero él fue feliz así y, lo que es la vida, sería gracias a ese amor a las profundidades y a todo el dinero que le dedicó, que un príncipe al que todos en París consideraban un polichinela, lograría un lugar en la Historia. Un lugar que, para frustración de otras testas coronadas que lo saludaban como un pariente insignificante, obtuvo por méritos propios y no como ellos, que sólo lograrían brillar con la luz de sus coronas.

Pero, tampoco fueron los éxitos oceanográficos del príncipe los responsables de que las plumas del sombrero de madame Valmont se desmayaran al oírme hablar de mi primera conquista real. Para ser sincera, lo que impresionó a mi biógrafa no fue el «quién» sino el «cómo», es decir, la curiosa forma en que Su Alteza Serenísima y yo nos conocimos. Tal vez te guste recordarlo conmigo, Albert, ahora que ya estás en los libros de Historia y que todas las joyas y el dinero que me regalaste han vuelto, como si de una pirueta cabalística de tu esposa judía se tratara, a las arcas de Mónaco por la vía del tapete verde. Ya ves, estamos en paz tú y yo, podemos hablar sin reproches y reírnos juntos de todo aquello. Ven, recordemos cómo comenzó lo nuestro. Juraría que sobre el balcón de esta triste habitación de hotel se dibuja, por fin, la silueta de algunas palomas que se acercan para escuchar nuestra historia. Allá voy, y tú corrígeme si me equivoco, Albert. Los fantasmas tienen mejor memoria que los viejos que aún permanecemos en este mundo medio muertos en vida.

Recordarás que ocurrió una tarde después de que terminara mi actuación en el Bal Tabarin. Aquel antro no era un simple salón de baile, como algunos han hecho creer, ni la Bella Otero actuaba en él por falta de algo mejor, sino porque alternar los palacios con los bajos fondos era parte de nuestras vidas, tanto como beber champagne un día y absenta otro. Resultaba chic, todos cultivábamos los altibajos y tú también, Albert; no pongas esa cara, sabes que era así. Personalmente me gustaba mucho el Tabarin. Aún estaba en mis comienzos y todo el mundo decía que era fácil coincidir allí

—no sólo con el pobre Toulouse-Lautrec pintando prostitutas— sino también con muchos de tus colegas de sangre azul, y eso sonaba interesante. Pero además tenía un atractivo añadido que nos entusiasmaba a todos: el juego de la pesca, con los caballeros arriba, en un balcón armados de caña y un cebo de pan, y nosotras abajo, en la gran sala, bebiendo o bailando para atraer a los pescadores.

A tan original sala, en la que era posible «pescar» a cualquiera, acudían hombres rústicos, vividores, canallas, borrachos y, en lo que respecta a las damas, prostitutas y muchas mujeres casaderas dispuestas también a fantasear, al menos por un rato, con esa vieja idea española de que amor y mortaja del cielo bajan. Y es que todas nosotras mirábamos al cielo, Albert, esperando que vosotros dejarais caer desde vuestro balcón un muñequito hecho de pan cocido a modo de cebo. Abajo, en el parquet, las bailarinas profesionales frotábamos nuestros vestidos al son de la música con los de otras mujeres, amas de casa aburridas, busconas, modistillas; hacía calor, sudábamos, así que bebíamos mucho y también fumábamos.

Se fumaba demasiado en el Bal Tabarin. A veces, apenas lográbamos distinguir la cara de los caballeros que pretendían pescarnos. Me pregunto ahora si no fue un tanto grosera tu forma de pescarme. Poco principesca, Albert, no te creas que lo he olvidado: esa noche no te conformaste con lanzarme el cebo desde el balcón como era la costumbre, sino que hiciste descender sobre mi cabeza una sarta de perlas de la que colgaba una gran torta de pan y una tarjeta con tu nombre. Si Toulouse-Lautrec hubiera estado allí ese día estoy segura de que habría dedicado al menos un esbozo a la escena: tú arriba, un brazo en jarras, esperando a que hiciera mío el cebo, y yo, agarrándolo como podía, apartaba ancas y enaguas ajenas a codazos intentando abrirme camino entre ojos codiciosos y manos veloces animadas por la absenta. «No parecen falsas esas bolitas de anís», dijo una vieja desdentada que desde hacía horas miraba fijamente el balcón de los pescadores esperando ser elegida por algún trozo de pan menos exigente que el resto. Tendría treinta años, ni siquiera era vieja, Albert, pero le raleaba el pelo de tanto adornarlo para los hombres y le faltaban todos los dientes, salvo dos de abajo y una de sus paletas. Con ellos acababa de morder las perlas para oír el inimitable chirrido del nácar. «Sí, sí, son de verdad tus bolitas de anís...», me había dicho, mirándolas con amarillentos ojos de gato, pero yo nunca temí que fuera a disputármelas. Aquella mujer hacía años que no esperaba nada, quizá sólo alargar lo más posible una juventud que ya era irrecuperable. Me quité del dedo índice uno de mis anillos. Un bonito topacio regalo de quién sabe qué admirador anónimo de los muchos que me mandaban sortijas escondidas entre las flores junto a una tarjeta que yo raramente leía, y se lo di. La mujer lo aceptó con una mueca que quizá fuese una sonrisa, acarició una vez más las perlas pero no dijo nada: continuaba mirando hacia arriba, hacia el balcón de los hombres para ver si hoy, después de aquel imprevisto golpe de suerte, caía al fin el maná del cielo.

¿Albert? ¿Estás ahí? Mira, mira por la ventana. Han llegado. Ya hay más de una docena de palomas que me esperan. Ven, ayúdame a ponerme la bata. Sé de sobra que no es tan bella como las que tú solías regalarme. Demasiado gruesa, es cierto, para esta época del año, con su terciopelo azul y esas dos borlas que parecen miniaturas de las que adornaban los telones del Folies Bergère, pero es digna, Albert; nadie podrá decir que la Bella Otero ya no se ocupa de su vestuario. Te veo impaciente por marchar. No tengas pena. Si quieres abandonar la cama de una vieja puedo comprenderlo perfectamente, vete, vuelve junto a los otros espíritus parecidos a ti, junto a Willy, a Nicky, a Leopold, vuelve junto a Bertie... me pregunto qué sentirá un rey o un príncipe muerto como tú cuando se ve arrastrado desde su cómoda eternidad hasta aquí para visitar a una anciana. Pero no hace falta que me contestes, tesoro. No soy tan estúpida como para no intuir lo que le está ocurriendo a la vieja Otero y adivinar a qué se debe, de pronto, este extraño desfile de personajes de mi pasado. Tampoco hace falta que te ofrezcas caballerosamente a quedarte un rato más con ánimo de protegerme ante cualquier visita desagradable que pueda presentarse; no, de veras, te lo agradezco, es muy generoso de tu parte, pero me basta con la compañía de Garibaldi para enfrentarme a ellos si han de seguir llegando. Vete tranquilo, Albert. Vuelve con los demás pero antes... Hazme un favor, mon beau, tan sólo uno y muy pequeño. Dame un beso y préstame una mano para arrimar una silla en la que poder sentarme en el balcón como una gran dama. Las palomas son tan impacientes como los amantes, ¿sabes? No quiero hacerlas esperar.

La historia según Joseph Kun

«No esperaba en absoluto ser convocado por los recuerdos de esta vieja altiva a su reunión de fantasmas. Sin embargo, ella no puede evitar esta súbita invasión. Se trata de un desfile imparable de caras, de amantes, de rivales, en resumen, una procesión de sus pecados. Yo, en cambio, no fui uno de sus muchos pecados. Todo lo contrario, creo que le evité cometer unos cuantos. Me atrevería a decir que he sido su ángel de la guarda, o al menos el guardián de su decencia durante el tiempo en que estuve a su lado. Un ángel inmune a sus encantos que nunca intentó nada. Aun así, o quizá precisamente por eso, apuesto a que la vieja hará todo lo posible por evitar enfrentarse conmigo. La conozco muy bien, sé que mientras Joseph Kun esté aquí en su alcoba ella se fingirá muy ocupada en dar de comer a las palomas allí afuera en el balcón...

»—¿Kalina? ¿Me escuchas?

»Ni un gesto, ni un leve movimiento que indique predisposición a volver su rostro para mirar al viejo Kun. Al oír "Kalina", ese nombre por el que sólo yo la llamaba, sé que se concentrará más en su tarea. Se ha instalado afuera, como si en vez de reinar en un diminuto balcón de un barrio miserable lo hiciera en la veranda del Hôtel de Paris. El canario se inquieta, se agita dentro de su jaula al notar mi presencia, pero ella no mueve un músculo. Puedo verla reflejada en el cristal de la ventana abierta: tiene sobre el regazo, entre los pliegues de una bata de terciopelo que un día debió de ser azul, un platito con migas. "Vamos, venid, pequeñas", la oigo decir, "la Bella Otero abre su salón, bien venidas todas mes belles".

»Yo, Joseph Kun, comencé a actuar como agente artístico de Carolina Otero hacia 1894. Tenía referencias de ella a través de un pariente, un antiguo director de orquesta que la había acompañado en New York y sabía que era una mujer difícil, pero yo era experto en mujeres difíciles; todas las artistas lo son, incluso las de escaso talento. En realidad el trato con ellas es sencillo: basta con no prestar atención a sus caprichos y jamás enamorarse de ninguna. Con esta elemental precaución debo decir que mi sociedad con Kalina, puramente profesional, resultó provechosa. Yo me ocupaba de conseguir contratos cada vez más ventajosos sin distraerme con tontunas mundanas y ella bailaba y cantaba, llenando los teatros; eso era todo. Cuando la conocí, acababa de regresar a París tras su primera gira por Rusia y había hecho grandes progresos en lo que al arte se refiere. Es cierto que no puede decirse que tuviera un talento extraordinario pero yo debo de ser de los pocos profesionales que creen que no era sólo su gran belleza ni "el oriente en sus caderas" lo que la hacía irresistible. Otero poseía el extraño don de hacer que sus bailes, aunque desmesurados y a veces incluso salvajes, llegaran a impostar talento frente al gran público. Para qué engañarnos: vale más esto que un arte demasiado exquisito que sólo unos pocos escogidos llegan a apreciar. Eran tiempos inmoderados aquellos y lo que bien podría parecer risible a un espectador de otro momento histórico causaba entonces una admiración mórbida. Hablamos de una época que admiraba a las mujeres templadas y un punto exhibicionistas, como mi Kalina. Ellas eran las diosas, Janos ambiguas con un rostro vuelto al vicio y el otro a la belleza.

»Cuando nos conocimos Kalina tenía ya veinticinco años. En Francia acababa de estallar el affaire Dreyfus que tendría al país entero dividido durante cerca de doce años pero, a pesar de que la fea "realidad" golpeaba sus puertas, el París frívolo continuaba divirtiéndose tanto como antes. Una nubecita de tormenta como aquella que tantos cambios habría de presagiar no lograba zaherir la luz perpetua del fays ce que veulx, de modo que no pasaba nada: entre J'accuse y J'accuse se tomaba opio y se bebía absenta. No sé cómo lo conseguí pero, a los pocos meses de nuestra relación profesional, logré tentarla con la idea de una gira mundial. Ella estaba en pleno romance con Mónaco entonces, pero Mónaco empezaba a quedarse pequeño para las ambiciones de una muchacha como Kalina. "Al fin y al cabo, querida", le dije, "¿qué son diez kilómetros cuadrados contra la inmensidad de Australia, o de Egipto? Ese pedrusco mediterráneo seguirá estando ahí cuando vuelvas habiendo conquistado medio mundo, de eso puedes estar segura." Por fin ella aceptó y yo me puse a mover los hilos correspondientes. Sabía que la Otero era fácil de vender como artista. Si sus escándalos la habían hecho famosa en Rusia y en Francia, Kun lograría que fuera su Arte el que brillara en el otro extremo del mundo. Y lo conseguí. A pesar de sus caprichos, a pesar de esa infantil coartada que ella aprendió muy pronto a utilizar y a la que llamaba "mi furia española", nadie pudo decir que Joseph Kun no fue capaz de domesticar a la Bella Otero. Me precio, con sonora inmodestia, de que durante nuestra estadía en Australia, y con vocinglería combinada con indiferencia como receta, logré que se comportara como una verdadera profesional. Bajo mi tutela no hubo escándalos, nada de "representaciones privadas" ni de amantes escondidos que dejan joyas debajo de las almohadas, sólo Arte. Resulta fácil comprobar que no miento: su éxito, o mejor dicho mi éxito, está recogido en varios de los periódicos de la época.»

No te vuelvas, Garibaldi, haz como si no lo hubieras visto. Concentrémonos en los pájaros y en lo que sucede más allá del balcón. Dentro de mi alcoba, en alguna parte, quizá cerca de la chimenea, con las faldas de su eterno redingote barriendo el suelo, juraría que está el viejo Kun. Casi siento curiosidad por ver si su espíritu es más alto que su cuerpo. Nunca comprendí cómo podía caber en metro y medio de estatura tanto mal humor, tanta disciplina prusiana y tan fiero genio húngaro. Pero prefiero no mirar. Aquello que uno no ve no existe en realidad, aunque se trate del espíritu del único hombre que casi llegó a dominar a la Bella Otero. Un tipo en verdad insufrible, te lo aseguro; la indiferencia más grande que he tenido que aguantar en toda mi vida la recibí de él, y sin embargo me hizo cosechar buenos éxitos, eso debo concedérselo. Apuesto a que estará allí apoyado en la repisa de la chimenea con su metro cuarenta y nueve de desagradable presencia hojeando mi libro de recuerdos para asegurarse de que conservo con la relevancia que se merecen los recortes de los periódicos correspondientes a la gira en la que él me sirvió de agente.

«Bra-vo, aquí están. Kalina ha guardado bien nuestros éxitos. Apenas son legibles de puro viejos pero el crujido del papel me suena a música de dioses. Hermosos momentos aquellos cuando Kun convirtió a la Otero en su propia criatura. En una marioneta, en poco más que un bello títere, pues era yo quien movía los hilos tras la escena. Y díganme: ¿Qué mayor felicidad podía pedir un hijo de Liliput que ser el titiritero de tan hermoso cuerpo? Ya que tenía la oportunidad comprenderán ustedes que me esmeré en ser el más diestro, el más apto entre los maestros de títeres. Para la presentación en Australia, por ejemplo, decidí incluir en el programa todos los tópicos andaluces que más fortuna habían tenido en Europa y New York. Trufé el espectáculo de manidos pero llamativos números de baile español. Los adorné con pícaras canciones de aire sevillano, multipliqué los paseíllos toreros y los contoneos insinuantes en los que la Bella era experta. En resumen: creo que logré arrancarle el máximo provecho a esa mezcla de altanería y sensualidad tan suya que hacía enloquecer a los hombres. Pero eso no fue todo. Para completar le cliché, como dicen en París, supe añadir otros ingredientes útiles a la hora de crear un sueño: no dudé en desempolvar aquel título de condesa que tan buen resultado le había dado a Jurgens en su presentación en América y madame la Comtesse causó sensación. Al cabo de unos meses y visto nuestro éxito, logré el milagro de volverla dócil, de que me obedeciera en todo, aunque debo decir que no fue nada fácil.

»Al principio intentó seducirme, como hacía con todos los hombres, pero esas malas artes resultaron fútiles con Kun. Luego, al ver su error, comenzó a reírse de mí. Me insultaba, solía pasarme la mano por la espalda como si además de bajo de estatura fuera jorobado, y decía que "tocar jiba de enano" le traería suerte. Otras veces, simplemente sacaba a pasear su endemoniado mal genio; pero nada de esto surtía efecto conmigo, Kun conocía de sobra esa premisa que dice que la indiferencia es la única táctica infalible con las mujeres bellas. Además yo tenía otra ventaja sobre Kalina: el viejo Kun administraba el dinero. Nada salía de la caja sin mi conocimiento. Realmente no puedo decir que ello presentara problema entonces. En la época en la que la traté no había entrado en ella el veneno del juego y, como todas las niñas que han nacido pobres, Kalina tenía un gran espíritu ahorrador. Fui afortunado, lo sé, pero también hábil y, con una mano inflexible para el derroche y generosa para los gastos que darían brillo a nuestra empresa, dediqué parte de nuestros ingresos a mejorar la calidad del espectáculo. Así, con la ayuda de un vestuario magnífico, teniendo buen cuidado de contratar a los mejores directores musicales, bailarines, guitarristas... y recordando a cada paso mi lema húngaro favorito que reza "Nada dejes librado al azar", se obró el milagro: la Bella Otero fue una apoteosis. En Australia cosechó —cosechamos— un éxito memorable: mi éxito.

»"La condesa andaluza", escribió por aquel entonces el News, de Sydney, y ahora yo releo en este manoseado libro de recortes, "ejecutó durante dos horas los bailes más exóticos que se hayan visto en este continente". Y he aquí un segundo comentario recogido por otro diario cuyo nombre el tiempo y el uso ha dejado ilegible: "Una delegación de distintas damas y caballeros visitaron a la condesa después de la función para ofrecerle la hospitalidad de toda la ciudad."

»Hermoso. En verdad, muy hermoso. Es cierto, la muerte nos

arrebata todo sentir humano: el temor, la dicha, los apetitos, el gozo, los desasosiegos... se encarga también de despojarnos de la vanidad y del afán de gloria pues, al fin y al cabo, nosotros los muertos, no somos más que sombras. Pero hay un placer, uno solo que no llega a perderse nunca. Me refiero a la sensación de que, una vez, en vida, hemos sido Dios. Y yo, créanme, lo he sido. Porque, ¿acaso no es Dios un maestro de títeres, el oscuro artista dueño del madero en cruz que mueve los invisibles hilos? Claro que sí, por eso este viejo espíritu ni aun muerto puede olvidar que durante un tiempo, no muy largo es cierto, pero así ocurre siempre con los placeres más agudos, durante un tiempo digo, los dedos de Joseph Kun tuvieron la divina potestad de manejar los filamentos que hacían bailar a la más bella de las mujeres de su tiempo, la Otero, mi Caroli... ¡no!, mi Colombina prefiero decir.»

Cuentan que Joseph Kun realmente consiguió que en los meses que duró la gira australiana la señorita se dedicara sólo al teatro. Nadie, y menos que nadie la Otero, se explica cómo logró imponerse a una mujer cuya temprana ascensión al mundo de los privilegiados le forjó un carácter indomable que ella misma reforzaba achacándolo todo a la famosa furia española. Es posible que el ascendente de Kun se debiera no tanto a sus tácticas de indiferencia y dotes de mando, sino también al hecho de que ella se encontraba muy lejos de su territorio conocido, literalmente en el confín del mundo. Sea como fuere, lo cierto es que, a diferencia de Jurgens, Kun logró controlar a Carolina Otero, al menos hasta que la gira se fue acercando a Europa y llegaron a Egipto. Porque allí, en la última escala del viaje, el carácter profesional de la gira se quebró y a Joseph Kun le fue imposible evitar que la Bella viviera un breve romance con el kedive. Fue su único fracaso, pero no porque fallara el sistema autoritario del húngaro, sino por una cuestión, precisamente, de prurito profesional.

Resultó que, al llegar a El Cairo, Kun descubrió que quien los había contratado no era teatro ni empresario alguno, sino el propio kedive Abbas, un atractivo joven de educación francesa que acababa de suceder a su padre y vivía en un magnífico palacio en las afueras de la ciudad, custodiado por un ejército de guardianes. «Recuerdo que nos vinieron a buscar a hora temprana», cuenta la Bella, «y nos condujeron a palacio, donde el propio Abbas nos recibió. Sólo dimos una función y al terminar el kedive ordenó que se retirasen los invitados y toda la compañía incluido el viejo Kun, naturalmente. ¡Oh!, fue inolvidable: permanecí con él tres días y al marchar me regaló la sortija más fantástica que he visto en toda mi vida. Era un enorme diamante, una piedra perfecta de al menos diez quilates montada sobre doce perlas. Valía un millón de francos.»

Ésta fue la única «representación privada» que realizó la Otero durante la gira y eso gracias a que Kun no se pudo negar pues, a sus efectos, como empresario, se trataba de cumplir un contrato, aunque éste fuera de un género tan particular. En lo que respecta al resto de los meses, la Bella se mostró obediente con su maestro de títeres aunque, una vez llegados a París, lo primero que hizo fue prescindir de sus servicios. «Me espantaba los clientes», confesó en alguna ocasión y, quitándole trascendencia al asunto, tal como solía hacer cuando las cosas no resultaban acordes con sus deseos, añadió: «Pero no me importaba demasiado. En aquella época yo era poco gastadora, no necesitaba los altos ingresos que se harían indispensables cuando descubrí la ruleta.»

La rueda gira

A la muerte de la Bella Otero se publicó en varios periódicos que, en el cementerio de Niza, el día de su entierro, alguien envió anónimamente una corona mortuoria con esta inscripción: *«La Roue Tourne»* (La Rueda Gira). Algunos asistentes al entierro con los que he podido hablar niegan que hubiera tal corona, y es una pena que la anécdota sea falsa pues simboliza a la perfección lo que fue la vida de Carolina Otero y el modo en que su pasión por medirse con el azar habrían de llevarla primero a la miseria y más tarde a tan solitaria muerte.

Pero ¿cómo cayó en esa pasión? ¿Cómo se explica que, incluso en plena gloria, la pulsión del juego la hiciera cambiar en pocos minutos de ser una mujer orgullosa muy pendiente de su aspecto físico a convertirse, delante de una mesa de bacarrá, en lo que algún testigo describió como «una mujer de facciones tensas, cabellos despeinados, manos crispadas y ojos enrojecidos de tanto mirar el tapete verde como una alucinada»? Me gustaría poder decir que he logrado descubrir el detonante. Descifrar qué fue lo que convirtió a una muchacha de origen tan humilde que en sus primeros años coleccionaba joyas y ahorraba todo su dinero como un seguro de vida, en alguien capaz de perder hasta 700.000 francos oro en una noche, pero lamentablemente no lo he conseguido.

En sus memorias, Otero achaca su «pasión» a un hecho ya referido por el que unas fichas dejadas por error sobre el rojo le proporcionaron 150.000 francos al salir veintitrés veces seguidas en ese color. Ella sitúa la escena en su adolescencia, cuando estaba casada con el supuesto barón Guillermo, pero el tal barón no existió nunca y Carolina Otero, como atestigua su certificado de defunción, murió soltera. Si el amor por el juego se despertó tras un golpe de fortuna de este estilo, la anécdota debe de haberla vivido junto a otro protagonista, que ella prefirió ocultar. En realidad, pudo suceder en cualquier momento. La Belle Époque está llena de historias de casino y de grandes partidas de cartas con apuestas temerarias. Aquélla era la época dorada del azar y el juego formaba parte inexcusable del ocio de las clases acomodadas. En París florecían salas de juego clandestinas mucho más atractivas que las legales en las que se podía ganar (...o perder) auténticas fortunas. Además, el ansia de tentar a la suerte encajaba perfectamente con el talante de la época del mismo modo que los duelos, los suicidios o la romántica costumbre de adorar a las horizontales y cubrirlas de obsequios como si de diosas paganas se tratara.

Detrás de todos estos comportamientos se escondía una palabra muy manoseada: honor. El honor, virtud considerada casi absurda en nuestros días, llegó a una de sus expresiones más delirantes en aquellos principios del siglo XX y es muy posible que a eso se deba su actual devaluación. Por honor la gente se batía a duelo. Por honor se volaban la cabeza los hombres o se envenenaban las mujeres al menor contratiempo amoroso o económico. Por honor se iba a la guerra o se arruinaban familias enteras fingiendo un estatus del que carecían. Y por honor también era preceptivo mantener una actitud impasible ante los caprichos del azar. Uno ganaba sin aspavientos y sin aspavientos, ni el más leve pestañear, se alejaba de la mesa de juego después de dejar allí toda su fortuna. Eso era lo correcto, lo «honorable», aunque luego el desventurado tuviera que acabar suicidándose o malviviendo hasta los noventa y siete años como la Bella Otero.

El juego se convirtió durante la Belle Époque en todo un fenómeno en el que participaban por igual hombres que mujeres. Eran los tiempos en que *la saison*[1] llevaba a los privilegiados a frecuentar primero balnearios como Carlsbad, donde quien haya leído *El jugador*, de Dostoievski, podrá fácilmente imaginar el ambiente y «esa eterna expresión ávida e inquieta de aquellos rostros que, por centenares, asediaban el tapete verde».

A partir del otoño el lugar de encuentro para los amantes del juego era la Costa Azul. Allí se podía elegir entre arruinarse en el casino de Cannes, hacerlo en Le Rhul de Niza o, más elegante aún, perderlo todo en el casino de Montecarlo, propiedad de ese buen amigo de Carolina al que ella llamaba *mon Albert.*

Quizá fuera *mon Albert* quien introdujo a la Bella Otero en las delicias del juego, las fechas al menos coinciden. Se sabe que, hasta 1894, durante su primera estadía americana y luego en las giras que habrían de llevarla por toda Europa y más tarde a Australia y Egipto, la Bella era cauta con el dinero. Sin embargo, lo más probable es que su «caída» no se debiera a una anécdota como la de las fichas dejadas sobre el rojo. Tampoco a nadie en particular sino a que la afición fue creciendo en ella poco a poco, casi imperceptiblemente al principio. Hay quien dice que comenzó a jugar en San Petersburgo y luego su vicio se desbocaría al conocer a Alberto Grimaldi y visitar Mónaco; pero parece dudoso que ocurriera así. Ningún monegasco, incluido Su Alteza Serenísima está autorizado para jugar en

1. *Saison:* temporada, parte del año.

su casino. Debió de tratarse de un proceso mucho más premioso, casi un divertimento que comenzaría cuando apostaba con fichas que le regalaban sus acompañantes hasta convertirse hacia 1900 en una pasión que la obligaría a multiplicar el número de amantes para hacer frente a sus gastos.

Se han reproducido en muchos artículos, sobre todo en los escritos con ocasión de su muerte, dos frases que Otero repetía a menudo. Con una buena dosis de cinismo, como siempre que se veía obligada a hablar de algo que le disgustaba, solía decir: «La verdadera pasión es cuando uno se olvida de todo, cuando se olvida de sí mismo, y eso sólo me lo ha dado el juego; existen para mí dos placeres incomparables en esta vida: uno es ganar, el otro perder.»

La segunda de las frases que repetía sintetiza toda una filosofía de vida: «Yo he sido esclava de mis pasiones pero nunca de un hombre.»

El jugador

Para quienes gusten de las explicaciones psicológicas, existen distintas teorías sobre cómo se cae en el vicio del juego. Una bastante generalizada apunta a que los ludópatas son masoquistas que se solazan con la derrota. Otras sostienen que las mujeres que, como la Otero, han sufrido vejaciones en la infancia son presa fácil de este vicio puesto que les permite conjurar el horror u odio que nunca las ha abandonado ocultándolo bajo el pálpito igualmente intenso que proporciona el juego. Hay quien dice que muchas prostitutas son frígidas y necesitan sustituir el placer amoroso que son incapaces de sentir con la pulsión del azar.

Personalmente, creo que algunos de estos supuestos pudieron haber influido para convertir a una mujer tan controlada y fría (que no frígida) como Carolina Otero en una víctima de los juegos de azar, pero del mismo modo también podrían añadirse otros muchos motivos, ya que las causas que mueven al ser humano no son únicas sino un entrevero. Por ejemplo, ¿es posible que Carolina, a la que nunca le costó demasiado esfuerzo conseguir todo lo que se propuso, sintiera la necesidad de medirse con un enemigo más difícil de vencer que los hombres a los que tan fácilmente conquistaba? Y he aquí otro posible móvil a sumar a las hipótesis: ¿no es cierto que se produce, en las personas que se atreven a asomarse a cualquier abismo ya sea el alcohol, los negocios riesgosos, el amor atormentado o el juego, un vértigo que los arrastra cada vez más abajo hasta que descubren que ya no hay retorno? Se trata del riesgo por el riesgo, el vicio como círculo perfecto del que no se puede escapar ni siquiera con la inteligencia, porque el fenómeno se parece mucho a una telaraña, una trampa frágil que acaba siendo indestructible. Es curioso descubrir además que, con demasiada frecuencia, no son los débiles sino los fuertes quienes más se hunden en este vértigo porque piensan que serán capaces de controlarlo. Es precisamente así como Feodor Dostoievski, víctima él mismo de ese vicio, hace comportarse a sus personajes en su obra *El jugador*: al principio con despreocupación, luego con porfía y más tarde como esclavos de una compulsión ya irrefrenable que pronto los conduce... a la indiferencia. Y es que al final ya nada importa: la víctima se sabe perdida y prefiere dejarse arrastrar hacia el vórtice sin intentar averiguar qué es lo que la empuja. Porque el jugador irredento no se hace preguntas, está demasiado ocupado en inventar martingalas.

Si bien sólo se puede especular sobre qué convirtió a Carolina Otero en esclava de lo que ella misma llamaba «su única pasión», lo que sí puede saberse aproximadamente es cuánto dinero dejó sobre los tapetes de juego. Desde el año 1895, hasta 1948, cuando ya completamente arruinada se vio obligada a subastar sus últimos bienes y mudarse al modesto *meublé* de la Rue d'Angleterre en el que murió, se calcula que debió de perder en los casinos, y en especial en el de Montecarlo, cuarenta millones de dólares de la época. Las cifras que la Bella llegaba a jugar cada noche eran colosales. Su primer viaje al casino de Montecarlo le costó unos tres millones de dólares, pero no se conformaba con jugar solamente en los casinos. Apostaba en cualquier lugar, en todas las ciudades a las que viajaba por trabajo; incluso en su casa de París tenía un pequeño casino al que invitaba a los amigos. En cuanto a estas «sesiones privadas», tan diferentes de las amorosas, Jacques Charles, periodista del famoso *Gil Blas* y más tarde director del Olympia de París, cuenta en sus memorias:

«Recuerdo que en aquella época la Bella Otero vivía en un hotel *particulier* de la calle Fortuny, en el que ofrecía fiestas suntuosas. Después de la cena todos pasamos a un invernadero en el que había instalada una ruleta. "Sobre todo no vaya usted a jugar", recuerda Jacques Charles que le dijo la Otero al verlo tan joven, "siéntese detrás de mí, lo tomo por socio".»

«En una hora», concluye Charles, «gané más de lo que me pagaban por un año entero de trabajo».

Mientras sus amantes hicieron frente a los gastos, Carolina tuvo una fuente enorme de recursos. Pero tampoco le importaba perder su propio dinero. Con el tiempo, por el sumidero del juego habrían de irse además la gran fortuna que llegó a poseer en metálico, todas las joyas de sus admiradores: el collar que perteneció a María Antonieta y otro a la emperatriz Eugenia de Montijo. Una *rivière* que fue propiedad de Leónide Le Blanc; una sarta de perlas negras de dos kilos de peso, regalo de un príncipe oriental; una diadema con treinta diamantes dispuestos en tres filas, amén de un servicio de té en oro macizo que le obsequió el zar Nicolás, junto a otros objetos preciosos como cuatro collares de dos filas de diamantes, ocho brazaletes de rubíes, varios zafiros y brillantes, diez *cabochons* de rubíes con sus correspondientes zarcillos de cincuenta quilates cada uno, varios solitarios y otras joyas de menor relieve que malvendió sin pestañear. A esto habría que sumar distintas propiedades. Una casa en Ostende, obsequio de Leopoldo de Bélgica; otra en el mar Negro, gentileza de Nicolás II; una tercera en Triel, cerca del Sena; el yate que le regaló William Vanderbilt; sus *petits hotels* de París y dos propiedades en la Costa Azul, esto sin contar la isla que le regaló el emperador de Japón. El mismo camino de ruina habrían de llevar por fin los doscientos cuarenta diamantes del famoso bolero con los que más tarde Cartier le confeccionó un collar y un pectoral, que vendería pieza a pieza guardándose sólo un minúsculo brillante como recuerdo.

A veces, sobre todo en los postreros años de su fortuna, ni siquiera le daba tiempo a malvender sus joyas y, para hacer frente a una mala racha, acostumbraba a desprenderse de las alhajas que llevaba encima en ese momento para arrojarlas sobre el tapete de la sala de juego a sabiendas de que dicha práctica estaba prohibida. En torno a estas actuaciones entre galantes y patéticas se cuentan varias anécdotas. La primera es esa tan vulgar según la cual una Bella Otero ya madura se habría subido a una silla para poner en venta sus aún firmes posaderas. Las otras son del mismo corte entre desesperado y orgulloso. Existe una, contada por un *croupier* del casino de Montecarlo, según la cual, en una ocasión en que había perdido mucho, Carolina recuperó diez mil dólares en veinticuatro horas yéndose a la cama con once caballeros en el Hôtel de Paris situado a unos minutos del casino. El indiscreto *croupier* añadió con admiración que la Bella no había estado ausente de la sala de juego más de media hora en cada ocasión.

Son tantas las leyendas alrededor del personaje que yo no sabría cuánto crédito darle a estas dos últimas. Teniendo en cuenta la extraña mezcla de orgullo y provocación que convivía en su forma de ser, la segunda anécdota puede ser cierta, pero dudo de que lo sea la primera.

A Carolina Otero se le conocen muchas actuaciones escandalosas, como la de aparecer desnuda sobre una bandeja de plata o subirse a las mesas en los restaurantes más señeros para improvisar un baile provocativo, pero siempre procuró evitar la vulgaridad, tal vez porque se sabía un tanto vulgar. A pesar de los testimonios encendidos de sus contemporáneos, incluso los de sus enemigos que la describen siempre como una mujer espléndidamente hermosa, basta con ver las fotos que se conservan para descubrir que le faltaba un punto de refinamiento, al menos según los cánones actuales. Sin embargo, me parece improbable que se subiera a una silla para enseñar sus posaderas, una cosa es la osadía y otra la vulgaridad. Carolina era, sobre todas las cosas, una mujer sumamente orgullosa y nunca se hubiera permitido algo así. Más adelante, este mismo orgullo la convertiría en una anciana arruinada pero digna, que preferiría morir en la miseria a rebajarse a pedir ayuda.

Pero volvamos a su pasión por el juego, porque aún hay datos interesantes que ayudan a comprender cómo pudo acabar en un *meublé* miserable y sin un céntimo después de ser una de las mujeres más ricas. Los que vienen a continuación son datos que hablan de una prodigalidad casi suicida: Carolina Otero se retiró de la escena justo antes de la guerra de 1914, con cuarenta y seis años, según ella para *finir en beauté* o, lo que es lo mismo, para desaparecer con la belleza intacta, de modo que el público la recordara siempre hermosa... Se retiró entonces a Niza, a una elegante propiedad llamada «Villa Carolina» con varios criados, un secretario y una dama de compañía. Ella cuenta que mantuvo esta casa hasta el año 48, cuando, después de hacer subasta de gran parte de sus bienes, se mudó al hotel Novelty de la Rue d'Angleterre; no por dificultades económicas sino, según sus declaraciones, porque la villa «le venía muy grande». Tampoco esto es cierto. La caída fue mucho más gradual y no pasó de todo a nada en un día. Así lo afirman testigos que conocieron a la Bella en la pendiente, como Paul Franck, un escritor y periodista que vive en Niza y con el que tuve la suerte de entrevistarme.

El señor Franck es hijo del autor teatral y actor del mismo nombre. Su padre fue un renombrado (y muy guapo) hombre de teatro que más tarde sería director artístico del Moulin Rouge y del Folies Bergère. Franck formó pareja en los escenarios con la Otero e incluso fue su amante, lo que desmiente que Carolina se interesara sólo por el *pedigree* o la cartera de sus festejantes. «La primera noche que pasaron juntos», cuenta ahora su hijo, con apreciable sentido del humor, «papá dice haber estado tan impresionado de tener en sus brazos a una de las tres mujeres más deseadas de París, que hizo un papel un tanto desairado en la cama, pero luego continuaron siendo amigos hasta muy tarde en la vida». El señor Paul Franck, hijo, recuerda que su familia y la Bella fueron vecinos en Niza hacia los años cuarenta. Al vender «Villa Carolina», la Bella, aún propietaria de una considerable fortuna, se mudó a un piso contiguo al de los Franck en el barrio «ruso» de esta ciudad. En realidad no existe un barrio de tal nombre en Niza, pero, después de la Revolución bolchevique, fueron muchos los rusos blancos que se instalaron en la Costa Azul con mayor o menor suerte. Algunos conservaron su fortuna, pero hubo también príncipes completamente arruinados que tuvieron que colocarse como empleados en los mismos hoteles a los que solían acudir como huéspedes. Tanto el Negresco como Le Rhul contaban en sus plantillas con verdaderos (y falsos) príncipes y princesas, duques y grandes duques que ahora lustraban los pomos de las puertas o se ocupaban de los lavabos.

Los más afortunados, en cambio, se instalaron cerca de la catedral ortodoxa de la Avenue Tzarevitch. Esta zona se caracteriza por sus hermosos edificios con un ligero toque eslavo, en los que los *émigrés* y sus amigos se reunían por las noches en torno a un samovar mientras jugaban a las cartas rememorando tiempos más felices. En uno de estos edificios habría de coincidir la familia Franck con la Bella Otero. El hijo, que entonces era un muchacho, recuerda curiosas anécdotas que retratan muy bien la personalidad mentirosa y a la vez llena de orgullo de la Otero. Para empezar, relata las artimañas de las que era capaz la Bella con tal de proveerse de fondos para el juego. «¿En su época de decadencia?», pregunté yo. «No sólo entonces», me dijo el señor Franck, «sino incluso en plena gloria. Mi padre contaba, por ejemplo, cómo Otero tenía la costumbre de llevarse de los hoteles y restaurantes a los que acudía todos los cubiertos de plata que le cupieran en el bolso, fingiendo un inverosímil despiste». Según cuenta el señor Franck, también eran víctimas de esta fingida cleptomanía todos los objetos de valor lo suficientemente pequeños como para desaparecer de forma disimulada. Adornos *art déco*, floreros, bandejitas... Siempre orgullosa, si alguna vez era descubierta, negaba con ofendida rotundidad lo que era más que evidente al tiempo que, con un gélido: *pour qui me prennez-vous, donc?*, las cucharitas y saleros *art déco* volvían a su sitio.

Pequeños robos... trampas... incluso prostitución barata, a todo esto recurrió la Bella para disfrutar hasta bien entrada la vejez del inigualable placer de oír su corazón batir al unísono de una bolita de marfil brincando indecisa. Más tarde, agotados todos sus recursos acabaría viviendo gracias a una pequeña renta de seiscientos veinticinco francos que una mano anónima (y muy prudente) le hacía llegar todos los meses, una ayuda muy calculada que le permitía sobrevivir pero no seguir tentando a la suerte.

El mundo de las *cocottes*

Sin embargo, todo esto, la vejez, la ruina, incluso el vicio del juego, aún estaban muy lejos en aquel 1894 cuando su agente artístico Joseph Kun la ayudó a triunfar en Australia y en Oriente Medio. Carolina Otero todavía no había cumplido veintiséis años cuando regresó a París y no tardaría ni dos semanas en reanudar su romance con Alberto de Mónaco y menos tiempo aún en librarse de los hilos de su muy circunstancial maestro de títeres.

Estaba en muy buen momento artístico pero le quedaban muchos peldaños por escalar en su carrera como mujer de mundo. Le faltaban años de éxito, de amores extravagantes y de regalos caros. Aún no era una de las mujeres más deseadas de París y la competencia era reñida.

El París de entonces estaba lleno de hermosas muchachas dispuestas a todo con tal de lograr el único estatus de libertad y reconocimiento público posible en aquel entonces para una mujer: el que les procuraba la escena y la alcoba. Además, la moral de la época convertía a las chicas osadas en mujeres muy influyentes. Periódicos tan serios como *Le Figaro* se ocupaban de sus conquistas, de sus tentativas de suicidio (método muy utilizado entonces para llamar la atención) y cualquier minucia en torno a estas daifas del amor. Tal era su ascendente social, que la moda seguía sus caprichos: si prescindían del corsé o si se cortaban el pelo, todo se tenía en cuenta, hasta tal punto que, De Dion, entonces el primer fabricante de automóviles en Francia, se preocupó en calcular la altura que debían de tener los techos de sus vehículos para dar cómoda cabida a los sombreros de nuestra Bella Otero. Con la guerra del catorce acabó el sueño pero, hasta esa fecha, París y el mundo entero se inclinaban ante las cortesanas, mujeres en general de origen humilde que daban lustre a los caballeros e inagotable tema de conversación a las damas «honradas» que, naturalmente, las detestaban.

Según estas últimas (prisioneras de los convencionalismos que envidiaban la libertad de las «perdidas»), ser una *demi-mondaine* requería sólo tres cosas: una total falta de escrúpulos, belleza y buena suerte. Estaban equivocadas. Había otros requisitos indispensables y mucho más difíciles de reunir: para empezar, una gran inteligencia. No eran precisamente las necias las que lograban llegar arriba. Ser cortesana requería una sutil dualidad: había que ser dulce y a la vez inflexible, comprensiva a la par que distante y, sobre todo, mostrarse muy osada en las formas pero cauta a la hora de elegir a amantes y protectores. Aun así, la dificultad máxima venía una vez lograda la primera conquista. Entonces era cuando realmente se llegaba a conocer el temple de estas damas, puesto que la diferencia entre una cortesana de lujo y otra de menor renombre no estribaba en el éxito que tuvieran en la escena o en el teatro (por lo general todas ellas eran artistas de limitado talento).

Tampoco en sus artes amatorias, aunque parezca difícil creerlo. La diferencia entre una *petite cocotte* y un mito era su intuición a la hora de elegir amantes y su pericia para saber conservarlos. Era eso lo que realmente las hacía legendarias.

«Los hombres están dispuestos a todo con tal de que se les vea de mi brazo», solía decir Otero, «yo aumento su valoración social y más aún su valoración económica. Naturalmente, eso, tiene un precio».

Eran muy pocas las que lograban convertirse en un símbolo de estatus. En realidad sobran los dedos de una mano para contarlas. Una de ellas, Émilienne D'Alençon, que junto a la Bella y a Liane de Pougy formaban el trío de cortesanas más cotizadas de su época, las llamadas *Las Tres Gracias,* supo explicarlo con más precisión aún[1]. En un mundo en el que la moral y la ética se regían por cánones puramente pragmáticos, las palabras de Émilienne sobre el éxito de su «profesión» suenan con toda la sabiduría de una niña de la calle que ha llegado a lo más alto y sabe cómo mantenerse: «Es muy sencillo», afirmaba ella. «Si te acuestas con un burgués, no eres más que una puta, pero si lo haces con un rey, eres una favorita; el matiz es sensible y suena mucho mejor, ¿no?»

1. En una de las salas principales del casino de Montecarlo puede verse en la actualidad un cuadro llamado precisamente *Las Tres Gracias,* que lamentablemente no me permitieron fotografiar. Quien se acerque hasta allí podrá ver que las tres ninfas desnudas son: Liane de Pougy, Émilienne D'Alençon y... la Bella Otero.

La visita de la señorita D'Alençon

Niza, 9 de abril, 7 de la tarde.

—¿La ve usted allí arriba, madame Pernod? Es la anciana Otero dando de comer a sus palomas. Todas las tardes, a esta hora, se sienta en el balcón con su bata de antigua cortesana y satisface su exhibicionismo llenando el edificio de sucias palomas que se arremolinan para recibir unas migas de pan. Pero no hay modo de llamarle la atención. Ya conoce su carácter, es una vieja imposible. Un día acudimos a la policía para que prohibiera semejante foco de infecciones, ¿y sabe lo que ocurrió? Que la Otero envolvió al gendarme con una de esas sonrisas que debían derretir diamantes en su época y le dijo: «Vamos, señor gendarme, no sea usted estricto, antes me dedicaba a seducir hombres pero ahora sólo puedo aspirar a seducirlas a ellas con migajas de pan.» Al oír esto, el muy imbécil se quitó la gorra para saludar a madame como si fuera un ministro de la República y luego se fue por donde había venido sin resolvernos el problema sanitario. ¿No le parece increíble?

Una centenaria casi ciega y sorda como yo debería vivir ya en ese limbo de silencio y semioscuridad que es el premio de consolación de la vida a los más longevos para protegernos de las tonterías que nos rodean. Sin embargo, la excesiva experiencia le permite a una reconstruir aquello que apenas ve u oye con desagradable puntillosidad. Abajo, en la calle, sentadas frente a la puerta de sus casas como quien espera ver pasar mi cadáver, están mis vecinas de la Rue d'Angleterre. He visto tantas caras parecidas a lo largo de mis últimos cincuenta años de pobreza, que conozco cada una de las palabras y quejas de estas gentes: suelen ser mujerucas arrugadas, chillonas, gesticuleras, que miran hacia mi balcón siempre con los mismos rezongos. Gracias a algunas expresiones o sonidos que se escapan, a palabras sueltas que suben hasta aquí o a las palmadas de fastidio que reciben sus gruesos muslos de matronas al enfatizar un punto, lo entiendo todo:

—¿No le parece in-creí-ble, madame Gautier? —exclama la más gruesa e indignada—. Mírela, allá arriba sentada en el balcón como una princesa en su trono, juraría que nos escucha.

Hoy son tres. Tres comadres a las que se ha unido mi amiga Assunta Giovagnini. Quizá por eso renueven sus quejas con la esperanza (¡tan vana!) de que ella me haga dejar mi costumbre de atraer a las palomas, «muy perjudicial para la salud del barrio, Assunta, dese cuenta, es una perfecta porquería la presencia de esos bichos, son peores que las ratas. Alguien debería hablar con ella».

Assunta las tranquiliza. Imagino que les dice que me dejen estar un rato aquí afuera alimentando a los pájaros, que son mi única distracción, que una anciana como yo no puede pasarse todo el día encerrada entre cuatro paredes, que sólo tengo un canario desplumado y unas fotos amarillentas por toda compañía, que es un milagro que, con una vida tan solitaria, no me haya vuelto loca de remate ni hable con los muertos como hacen todos los viejos... «Déjenla, que se distraiga un rato, esta hora es terrible, la anochecida es mala consejera, siempre trae algún recuerdo no deseado, alguna voz de antaño.»

«Escucha, Caroline, ma belle, si te acuestas con un burgués, no eres más que una puta, pero si lo haces con un rey, eres una favorita; el matiz es sensible y suena mucho mejor, ¿no crees?»

Qué razón tiene Assunta. A esta hora a una le da por imaginar cosas, incluso llega a oír voces que no existen. Por favor, que se callen ya las comadres, que me dejen quedarme un poco más aquí afuera con las palomas. No quiero entrar en casa, de allí provino esa voz. Garibaldi ya no canta, de modo que las palabras que acabo de oír no son un espejismo de mi imaginación ni tampoco vienen de la calle. Es una voz que casi había olvidado la que ha dicho eso de los reyes y las favoritas. ¿Y si al entrar descubro una nueva visita indeseada?

«La Bella Otero tiene miedo.»

Ahora no sé si esta última frase la he pensado yo o pertenece al diálogo que imagino entre las vecinas.

«La Bella Otero tiene miedo.»

«¿Miedo de qué, gordas estúpidas?», pienso mientras me yergo en mi silla. Las vecinas no notan nada pero las palomas se alborotan y yo no sé si levantarme o permanecer aquí, en el balcón, protegida por ellas: «Vamos —me digo—, a estas alturas los temores son algo indigno de ti, Lina. Tú que has vivido medio siglo rodeada de recuerdos y de fotos hasta hacerles perder todo significado sentimental, tú que hace años que no piensas en nadie del pasado, ¿vas a dejar que una mala siesta te haga comportarte como una niña asustada? Entra en casa y así dejarás de irritarte con los comentarios simplones de tus vecinas y de imaginar voces. No hay nadie esperándote en tu habitación excepto Garibaldi; no hay desfile de fantasmas, es mentira; si llegaste a pensar que lo sucedido a la hora de la siesta era un preámbulo de la muerte, una especie de procesión de personajes enviados para acompañarte en un último recorrido por tu vida de recuerdo en recuerdo, de pecado en pecado, te equivocaste. Significas tan poco hoy en día, que ningún cortejo va a venir a buscarte a este mundo para llevarte al otro.»

«[...] Además, madame Assunta, compréndalo. El caso es mucho más grave de lo que parece. Las palomas son iguales que las ratas, ya le digo. Peores aún, lo he leído en el Nice Matin. Para que se entere usted: sus deposiciones no sólo corroen hasta las piedras sino que sueltan unos efluvios venenosos, alucinógenos dicen...»

Sonrío; afuera en la calle está la vida con toda su mentecatería y dentro... Dentro no hay nadie, no tengas miedo, Lina, entra en casa. ¿A quién temes enfrentarte? Tu triste habitación está tan vacía como siempre, se acabaron las visitas de otros tiempos. Quizá, pero hoy es un extraño día y prefiero pasar frío en el balcón antes que mirar siquiera hacia dentro. Tanto siseo, tantos sonidos revueltos... Dime que sólo tú estás ahí, Garibaldi, que son tus alas las causantes del bullicio y no la voz de alguien que murió precisamente así, como yo estoy ahora, alimentando a las palomas en un parque de Montecarlo.

«Si te acuestas con un burgués, no eres más que una puta, ¿verdad?»

—¿Eres tú, Mimí, me equivoco?

—Querida, no te equivocas, c'est bien moi, te lo aseguro. Necesito que me hagas un favor, viens, ma belle.

Ahora comprendo. En el caso de que se trate de otro espejismo sobreviviente de la siesta, sin duda debe de ser Émilienne D'Alençon. Mejor dicho: Mimí. Ella siempre estaba pidiendo favores: préstame tu echarpe de plumas, déjame tus guantes... Era leve y frívola como una de estas palomas. Está bien, entraré. Mimí no es alguien de temer y quizá no sea mala compañía después de todo. Siempre fue una muchacha alegre y simple. Decido levantarme, pero llegado el momento de entrar en mi habitación dudo... Me asomo al interior, hago trampas, escondo la cara entre los visillos para ver sin que me vean, porque de pronto me doy cuenta de que no ha sido la alegre voz de Émilienne D'Alençon la que ha dicho «viens, ma Belle» y todo eso, sino otra que nunca he escuchado antes, la voz de una vieja.

Entonces pienso que son ciertos todos mis temores. Que el

cortejo de fantasmas de antes no sólo no era un sueño sino que continúa ahora que estoy despierta y que, para hacerlo aún más terrible, mis recuerdos —mis fantasmas— ya no vienen a visitarme con el aspecto que tenían en su época de gloria sino cercanos a la muerte... porque, ¿no es acaso Émilienne D'Alençon esa anciana que está allí arrebujada en un chal de viejo cachemire inmundo, mi compañera de gloria? Es ella, lo juro, sólo que no hermosa como yo llegué a conocerla, sino fracasada, enferma... muerta. ¡Dios mío!, los fantasmas de los tiempos de gloria son dolorosos de soportar pero los de la decadencia y la ruina resultan demasiado crueles para una vieja como yo. Hace tantos años que me he acostumbrado a convivir con la punzada de no ser nadie que casi había logrado que mis recuerdos no me atañeran. Parecían como los de otra persona. Por eso jamás esperé este castigo. ¿Tantos habrán sido mis pecados como para merecer que vuelvan los muertos a obligarme a pasarles revista?

Preferiría no moverme de este balcón, pero, si sigo aquí no sólo continuaré siendo blanco de los comentarios más necios de las vecinas, sino que corro peligro de coger frío. Quién lo iba a decir: la Bella Otero atrapada en su propia terraza, proscrita de sus habitaciones por temor a quién sabe qué alucinación, visión o espejismo... porque esa voz tiene que ser un desvarío, me niego a creer en los cortejos de muertos.

«[...] Efluvios venenosos, producto de la porquería de esos pajarracos inmundos, se lo juro, madame Pernod, es cierto, lo leí en el Nice Matin. Se trata de un tema cien-tí-fi-co. ¿De veras, científico, madame Gautier?»

Paparruchas. Diga lo que diga esa ignorante vecina de allí abajo, es estúpido intentar engañarse. Yo sé que la visita de Mimí no es un desvarío, sino otro recuerdo. O mejor dicho, tampoco se trata de un recuerdo —contra ellos siempre he sabido luchar, se trata de algo distinto, más inquietante—. Yo no conozco a esta anciana derrotada que espera dentro de mi habitación, sólo conocí a Émilienne D'Alençon, una muchacha bella y encantadoramente frívola que usaba un monóculo que brillaba al desplumar a sus admiradores. ¿Qué busca aquí esta vieja?

Dime que eres tú, Garibaldi, un pajarito tonto y ruidoso el que logra confundir mi oído sordo, dime que no hay nadie ahí contigo.

Por fin me atrevo a asomarme y ahí está. En efecto es Émilienne, aunque me costaría reconocerla si, en vez de verla de pie junto a mi cama, me la encontrara por la calle. «¿Por qué has venido con ese deplorable aspecto, Mimí?», le reprocho. «Supongo que los fantasmas podréis elegir la forma en la que deseáis volver al mundo de los vivos. ¿A qué viene entonces que te presentes de este modo miserable?» Y luego, sin esperar una respuesta que intuyo no me conviene oír, le digo con un tono que intenta ser mundano: «Supe que te encontraron muerta en un banco público, hace unos años, Mimí. Fue cerca de aquí, en Montecarlo, creo recordar; lo escuché por la radio y lo sentí mucho... pero no pude ir a tu entierro, ¿sabes, querida? Tendrás que perdonarme, tenía convidados en casa ese día y hoy tampoco puedo recibirte, espero una visita. De veras, te lo juro, una visita de carne y hueso; aún me quedan algunos amigos. Debes marcharte. ¿Tú no querrías dejarte ver con esa facha, verdad? Te irás, júrame que te irás.»

Ya es imposible engañarse por más tiempo... Tantas apariciones —y no precisamente de carne y hueso— en un solo día... Primero los recuerdos de mi niñez, luego el de Jurgens, a continuación Albert, el más temprano de mis amantes reales; detrás de él el viejo Kun y ahora es esta mísera sombra de Mimí D'Alençon la que aparece. De nada vale fingir, es la muerte que llega, Lina. ¿No dicen que antes de la agonía final desfila ante nosotros, rapidísima, toda nuestra existencia, como si de una vista de cinematógrafo se tratara? Te estás muriendo, hace años que lo deseabas, ¿no? Cierto, pero me temo que ni en eso tendrás suerte. Ya sé que de esta vida nadie se va sin zarandeo. Tu repaso no será somero ni veloz porque ése debe de estar reservado a las vidas simples; noventa y siete años de vivencias merecen una larga y dolorosa procesión de visitas, un desfile de arrepentimientos, de errores y de aciertos cuyo recuerdo es más cruel que el de los errores o los vicios... ¿Vendrán todos mis amantes?, ¿todas las bocas que besé? ¿Y mis enemigos? ¿Acudirán también mis amigos, incluso los lejanos? Es imposible una lista tan larga y sin embargo...

Sin embargo, aquí está la sombra de la bella Mimí, la alegre Mimí. Inesperado, extraño fenómeno, pero lo que no entiendo es ¿por qué no se aparece como era entonces? Yo nunca llegué a ver a la anciana opiómana y arruinada en la que se convirtió en sus últimos años. No es justo, esta vieja desconocida no formó parte de mi vida y, en cambio, se parece demasiado a un presagio. Vete, Émilienne, no sé quién eres.

Pero la figura se envuelve aún más en su rebozo y tiene la osadía de sentarse en mi cama. El opio y la absenta han oscurecido el brillo de una mirada tan intensa que ella solía tamizar usando monóculo. Debió de ser muy duro pasar de ser la petite Mimí, la amante de Léopold de Bélgica o la de Édouard VII, a morir en el banco de una plaza. Ma pauvre Mimí, lesbiana, adicta a las drogas, abandonada por todos. «Vivo en la Costa Azul para aprovecharme de lo único que es gratis: el sol y sus rayos que me dan vida», dijiste en una interview que leí hace unos años. ¿Ves? Aunque de lejos, siempre he estado pendiente de tu suerte. Sé también que fue Jean Cocteau quien te introdujo en la adormidera. «Divertirse, hay que divertirse», te decía el tramposo de Jean para que le acompañaras en esas andanzas que él necesitaba para anestesiar tantas cosas... Ahora tienes el pelo ralo, los dientes bailones o ausentes... y pareces aguardar desesperadamente algo. Pero los fantasmas no suplican, ni siquiera nos revelan sus deseos. Aunque en vida hayan sido pedigüeños, como tú, se quedan ahí como estatuas y no se van hasta que consiguen lo que quieren, los conozco muy bien. Vamos, acortemos esta inútil ceremonia, dime qué buscas, Émilienne, ¿qué puede darte una vieja casi tan arruinada y muerta como tú?

«[...] Un recuerdo, ¿comprende usted, madame Pernod? (son mis vecinas las que intervienen, la gorda de la izquierda se acaba de dar otra palmada en el muslo mientras con un dedo Robespierre apunta hacia mi balcón). Lo que busca esa mujer es que la recuerden, hace estas cosas para que quede un rastro de su paso por este mundo. Créanme, las viejas cortesanas actúan así. No se resignan al olvido, lo sé muy bien, lo leí en Nana, una novela bellísima que hace llorar mucho. Mire, en realidad es muy sencillo: ahora que ya no le pueden quedar muchos años de vida, la vieja Otero es capaz de llenarnos la casa de cagadas de paloma con tal de dejarnos un testimonio indeleble de su tránsito vital, como diría mi marido. ¿Ah, le parece una chaladura? Usted no ha leído un libro en su vida, ¡en su vida!, madame Gautier, no conoce nada de psicología humana. Pero acuérdese de lo que le digo. El día en que muera esa vieja presuntuosa, seguirán viniendo sus palomas, será su venganza y su legado. Se lo aseguro, madame, esos pajarracos tienen sus costumbres. Sus sucias costumbres continuarán rondando nuestro edificio para recordárnosla y de este modo la Bella Otero no morirá hasta que no muramos todos los que la conocimos y podemos hablar de sus extravagancias. ¿Comprende usted el truco diabólico de esa mujerzuela presuntuosa?»

Es la vida, o el sonido de la vida lo que otra vez escuchan mis oídos sordos. Allí abajo están las comadres con mi amiga Assunta. Ellas también hablan de recuerdos. Gordas estúpidas, es cierto que yo, como el resto de las personas, no moriré del todo hasta que los que me han conocido estén bajo tierra, pero no necesito para eso a las palomas, vaya bobería. La Bella Otero vive ya en las hemerotecas y en los libros que hablan de ella, como también hablan de ti, Émilienne. Tú y yo no moriremos del todo, Mimí, es el privilegio del escándalo.

La vieja Mimí se agita. Intenta una petición de sus labios desdentados, pero los fantasmas no suplican.

—Vivirás en los libros —insisto al ver su actitud—. Ya eres inmortal, querida.

Mimí se vuelve hacia la ventana. No es a las palomas a las que dirige su mirada de súplica; parece mirar más abajo, hacia la calle, pero es absurdo. ¿Qué puede necesitar Émilienne D'Alençon de mis gordas vecinas? Entonces me parece que de repente lo entiendo. O quizá me equivoque completamente, pero vale la pena intentarlo:

—¡Assunta, Assunta Giovagnini! —grito balcón abajo—. ¡Suba usted in-mediatamente!

Me vuelvo para mirar a Mimí y creo que he acertado. En sus ojos desteñidos por el opio, al menos el ojo que deja libre ese monóculo que fue su marca distintiva en los años en que éramos rivales, hay un brillo de nueva inmortalidad.

La minúscula inmortalidad de un recuerdo

Niza, 9 de abril de 1965, la misma hora.

¿Cómo explicarle a Assunta, a mi buena amiga, la que me ayuda a hacer la cama, la que me aburre con sus preguntas, y a la que nunca cuento nada, que hoy tendrá suerte, que por fin va a conocer de primera mano la historia de una cortesana?

—¡Assunta Gio-vagni-ni! —chillo, y la mujer me mira—... Suba, Giovagnini, ¡ahora mismo!

Dicen que tengo un carácter imposible, pero lo cierto es que ésta es la primera vez que la requiero a gritos. Ella mira a las vecinas ante las que hace un rato ha tenido que defenderme y ellas se encogen de hombros todas a un tiempo como si fueran tres personajes de una pantomima: «Toma», imagino que dicen los hombros de madame Gautier, esa atocinada que tiene por costumbre acompañar cada palabra con una palmada en el muslo, «ahí tienes a tu vieja loca llamándote. Ya que subes aprovecha para hablarle de las palomas». A los hombros de la segunda vecina también los imagino encogiéndose, en esta ocasión con un: «Qué paciencia tiene usted madame Giovagnini, qué cruz le ha caído con esa anciana insoportable.» Y los hombros de madame Pernod es fácil suponer lo que insinúan: «Astuta Assunta», dicen, «debes de estar muy segura de que la vieja Otero es rica porque, si no, ¿de dónde aquí te ibas a dejar tratar de esa manera...?»

Por una vez tienen razón mis ajamonadas vecinas, debo reconocerlo. Lamento no tener nada para dejarle en herencia a la buena de Assunta. Juro que todo lo que poseí lo daría ahora por tener a alguien que ahuyente con su presencia a esta D'Alençon anciana y arruinada. Tengo frío, no puedo permanecer por más tiempo en el balcón esquivando el encuentro cara a cara con un fantasma. «Apresúrese ¡ya!», le vuelvo a gritar, «¡vamos!», y pocos minutos más tarde oigo, Dieu merci, cómo se abren los cuatro cerrojos que protegen la puerta de la Bella Otero y de la que Assunta es la única guardiana. Cuando yo muera tendrán que recurrir a ella para sacar de aquí mi cadáver, mientras que los reporters que vengan a informar del suceso la atosigarán con preguntas: «¿Es cierto que usted era la mejor amiga de la famosa Bella Otero?», le preguntarán, porque cuando una antigua gloria muere pasa del olvido a un fugaz protagonismo que dura lo que una necrológica: «Cuéntenos cómo vivía estos últimos años, ¿estaba loca?, ¿hablaba con los espíritus?, ¿con las fotos de las paredes?, ¿le confió a usted algún secreto escandaloso? Dicen que guardaba un tesoro... ¿lo ha visto usted?» Tantas demandas indiscretas y también otras mucho más íntimas... Pero lo cierto es que, a menos que pueda con ella el afán de notoriedad, la buena de Assunta sólo tendrá una historia que contar oída de primera mano. Una que ni siquiera es mía sino que pertenece a Émilienne D'Alençon.

—Siéntese aquí, querida —le digo indicándole exactamente el lugar en el que se encuentra la vieja Mimí. El espectro de Mimí se aparta para dejar sitio a la vida y me mira como diciendo: «¿Qué haces?»

Ella sabe muy bien lo que hago. Los fantasmas son iguales que la Santa Compaña. Y sólo hay una forma de apaciguarlos como sólo hay un modo de contentar a las ánimas del purgatorio: dedicarles un recuerdo. Ya lo ha dicho mi gorda vecina de allí abajo, o tal vez fue mi sordera la que inventó esas palabras que son bien ciertas: los difuntos no mueren del todo hasta que no desaparece de este mundo la última persona que los conoció. Un testigo de su risa, un notario de la forma encantadora que tenía de mover el abanico... o mejor aún, un raconteur de sus triunfos mundanos. Ésa soy yo para Mimí, su último espejo y ambas sabemos que no por mucho tiempo. «¿Estás contenta, querida?», le digo. «Es por eso que has venido a visitarme con aspecto tan deplorable, ¿verdad? Siempre fuiste tremenda egoísta y no te importaba usar cualquier truco para conseguir lo que te proponías. Éste es el favor que has venido buscando. Deseas asegurarte de que, cuando yo muera, tú vivirás en el recuerdo de alguien. Está bien, como dicen los toreros: va por ti, querida. Las ánimas del purgatorio buscan que las recuerden con una oración y las vividoras como tú y yo preferimos la minúscula inmortalidad de alguien que nos mantenga vivas en un chismorreo escandaloso. ¿Por qué no?»

—Y ahora, Assunta, escúcheme bien. Voy a contarle una historia muy vieja —le digo antes de que mi vecina empiece con sus rituales preguntas en plural sobre mi salud y estado de ánimo: ¿Estamos bien? ¿Qué ocurre, hemos tenido un mal sueño durante la siesta...?

Pero Assunta, esta vez, no parece tener intención de hacer preguntas retóricas. Se ha sentado silenciosa sobre mi cama con las manos en las rodillas como una niña que intuye que, al fin, van a darle un dulce largamente prometido. Los niños están acostumbrados a las veleidades de sus mayores y rara vez se atreven a aventurar palabra cuando notan que van a ser complacidos. Assunta se balancea lentamente de un lado a otro con los oídos muy atentos. También parece sentirse cómoda ahí sobre mi cama, codo con codo con la triste sombra de la que un día fue la hermosa Mimí D'Alençon, y yo inquiero. Por las dudas:

—¿Nota usted alguna extraña presencia?

—En absoluto —responde Assunta, bastante asombrada.

Mimí se ríe enseñándome una vez más esa boca llena de cuencas en las que una vez hubo dientes perfectos. «Qué gran manipuladora fuiste», le digo antes de añadir: «Tú ganas: aquí va tu pequeño retazo de inmortalidad. Le contaré a esta buena mujer la anécdota más célebre de Émilienne D'Alençon, la que mejor simboliza tu ascensión desde la sucia portería de la Rue des Martyrs en la que naciste hasta convertirte en una de las mujeres más deseadas de Francia. Cuando termine mi historia tendrás asegurada la minúscula permanencia en el mundo de los vivos que tanto ansías. Puedes estar segura de que hasta que la joven Assunta acabe bajo tierra como todos, gozarás de unos años más de vida en el recuerdo de los mortales: bah, la propietaria de un pequeño comedor de provincias será tu último testigo. Con qué poco te contentas ahora, Émilienne, antes eras insaciable».

—¿Le he hablado alguna vez de la bella Émilienne D'Alençon con la que compartí el favor de varios reyes, querida? —le pregunto a Assunta así, sin más preámbulos, y ella se revuelve inquieta como si mi vieja cama le pinchase llena de anticipaciones escandalosas. Ha llegado al fin la hora de las confidencias indiscretas, el momento en que se va a enterar de los pormenores de la vida de la Bella Otero. Eso piensa, sin duda, pero sólo dice:

—¿Émilienne Cal-zón?

—D'A-len-çon —repito mientras observo a Mimí, que me devuelve la mirada como diciendo: «¿Ves como tenía razón en venir?; estaba a punto de morir para siempre, apenas unas décadas fuera de este mundo, y ya nadie sabe quién fui.»

—Querida, no sea usted burra, seguro que ha oído hablar de tan extraordinaria mujer —le insisto a Assunta intentando ahorrarme algunos detalles de la vida de Mimí para hacer más corto el exorcismo. Lamentablemente a Assunta ni siquiera le suena el nombre y tendré que empezar desde el principio. Sic transit gloria mundi, dice Émilienne, que siempre fue la más inculta de nosotras,

Las Tres Gracias, pero ahora debe de haber aprendido latín en el infierno.

—¿Bueno, y...?

No es la voz de la D'Alençon la que pregunta, sino la de mi buena Assunta que está deseando que empiece. Y se cruza de brazos como quien se dispone a oír una larga historia.

—¿Quiere ver un retrato del personaje? —le digo, para ahorrarme descripciones, y le enseño una foto de Mimí que conservo, en la que aparece con monóculo y un bonito turbante de seda india. Assunta la mira y dice que no le parece nada guapa, y que está gorda.

—Eran otros gustos, querida —le digo—, entonces estaba considerada como una belleza purísima. No habría llegado adonde llegó de no ser así —afirmo y luego añado, más para Mimí que para Assunta—: Nos llevábamos razonablemente bien para ser rivales, ¿verdad, ma belle? Tal vez porque tú estabas enamorada de mí y yo nunca te di falsas esperanzas. Ya sé que era la moda en aquel entonces ser discípula de Safo, pero no podía complacerte, querida, nunca me gustaron las mujeres.

—En aquella época suya, madame ¿estaba de moda ser lesbiana? —me pregunta Assunta con renovado interés por Émilienne de la que hace unos minutos desconocía hasta el nombre—. ¿Eran lesbianas las grandes cocottes de antes, estaban enamoradas las unas de las otras?, cuénteme, deme nombres, se lo ruego, madame.

No voy a hacer mal el conjuro de exorcismo sólo por satisfacer la curiosidad burguesa de mi buena Assunta, así que comienzo reconstruyendo la vida de Mimí por otra esquina.

—Para que vea qué tipo de personajes eran los de entonces —le digo con un despego aséptico, como si yo fuera un notario en vez de una notoria representante de aquel alegre grupo—, para que vea, querida, cuál era el ascendente de estas increíbles mujeres sobre los hombres fuera cual fuese su cuna, voy a contarle una petite histoire que tiene como protagonista a Émilienne, y que dio muchísimo que hablar en aquel entonces.

»Debió de suceder allá por los años noventa —continúo—, o quizás hubiéramos doblado ya el recodo del siglo, quién sabe, pero no me pida usted precisión sobre fechas que son del todo intrascendentes. Lo que sí puedo decirle es que, cuando tuvieron lugar los hechos, Mimí había recorrido ya un gran tramo en su carrera. Atrás quedaban sus primeros años como domadora de una docena de "conejos sabios" en un circo de poca monta. Atrás también su primer amante, el viejo duque de Uz, que la puso de moda al tiempo que la cubría de bonitas joyas. Estoy segura también de que para cuando tuvo lugar nuestra pequeña historia, ya había muerto en África el joven hijo del duque que sucedió a su padre en la cama de Émilienne y al que ella tuvo la habilidad de hacerle dilapidar tres millones de francos oro antes de que las deudas le obligaran a marcharse al Congo. Moriría ahí el poverello, ante la desesperación de su madre doblemente traicionada: una historia corriente en la Belle Époque. Atrás quedaba también el honor de convertirse en la primera mujer jockey de París, y a este somero retrato habría que añadir que, para entonces, Germaine, su hija, fruto de unos amores adolescentes con un gitano lanzador de cuchillos en el circo, era ya una señorita y vivía en Londres, con prohibición de visitar París; no porque Mimí se avergonzara de ella, sino porque su existencia lanzaba una luz demasiado explícita sobre la edad de su bella madre. También tenía en su cuenta amorosa a varios príncipes de sangre real, como al simpático gran duque Vladimir, que acababa de recubrir las paredes de su habitación con láminas de oro y a dos reyes: el futuro Édouard VII y otro cuyo nombre me reservo de momento, porque es el protagonista de esta historia.

»Y es que así de exuberante era la vida de estas mujeres que todos suspiraban por poseer, ¿comprende usted? El simple hecho de dejarse ver en Maxim's o en el Bois de Boulogne del brazo de una ellas era un símbolo de riqueza e influencia. Nosotras le dábamos brillo a los hombres —le explico a Assunta, olvidando por un momento el tono notarial que me había propuesto usar, pero en seguida recupero la tercera persona para continuar—. Dijeran lo que dijeran las mujeres honradas, llegar a ser una cortesana de lujo requería tres talentos, pero no precisamente los que ellas señalaban. Había que ser bella, es cierto, aunque mucho más importante que eso era ser osada y dueña de una inquebrantable seguridad en sí misma. Muy segura, ¿me comprende? Incluso hasta la temeridad, querida, porque ésta era la única manera de lograr que se les perdonara todo.

»Fíjese si no: Émilienne repartía entonces sus favores entre dos grandes príncipes. Uno, ya se lo he contado, era Bertie, heredero a la corona de Gran Bretaña. El segundo de sus amantes reales era el rey de Bélgica, Léopold...

—¿Los reyes no son celosos? —me interrumpe Assunta, a la que todo este mundo extinto empieza a parecerle tan irreal que ya no sabe si hablo de reyes de verdad o de naipes de la baraja.

—En absoluto, querida, le aseguro que compartían a sus bellas mujeres con una generosidad de acuerdo con su rango. Noblesse oblige, ¿me entiende?

Pero Assunta, que tiene sangre italiana, no entiende nada. Supongo que se le hace inverosímil que un hombre, por muy rey que fuera, no tuviese reparos en compartir a sus amantes. No obstante, yo no me voy a detener ahora a explicarle qué es el gran mundo ni el noblesse oblige a alguien a quien todo eso le cae tan lejano como una invención de Scherezade.

—La cuestión —le digo— es que esta petite histoire que deseo que conozca ilustra tan bien el talante de la época, la influencia de las cortesanas y —por qué no decirlo— la ambigua moral de aquel entonces, que basta con ella para resumir el espíritu del tiempo más bello que ha vivido el mundo.

Los labios de Mimí brillan como lo hacían en su juventud, sonríen, son tan felices. Durante un estúpido momento de sensiblería lamento que Assunta no pueda ver cuánto bien está haciendo a una vieja sombra muerta.

—Resulta que un día en que Léopold de Bélgica estaba de paso en París, decidió realizar una visita sorpresa a su amiga Mimí D'Alençon. El rey de los belgas debía de tener por aquel entonces unos sesenta años, calculo yo, y era uno de los hombres más ricos del mundo. Imagínese, querida, gracias a haber financiado con su dinero personal la expedición del muy renombrado explorador Henry Morton Stanley, era dueño (él, no Bélgica) de ese territorio africano lleno de diamantes que entonces se llamaba Congo Belga y ahora sabe Dios cómo se llama; los tiempos cambian demasiado para mí. Además, estaba casado con una rubia a la que todos (menos yo) consideraban bella, una archiduquesa austríaca cuyos entusiastas llamaban «la Rosa de Brabante». Pero las rosas propias son muy insulsas y a Léo, perdón, al rey Léopold —me corrijo para continuar con mi aire de notario—, le gustaban infinitamente más las rosas de París. Todas ellas. Oh, es verdad que su amante más famosa fue la pequeña Cléo de Mérode, hasta el punto de que los periódicos satíricos se referían a él como Cléopold de Bélgica, pero la Mérode siempre negó puritanamente su relación con el rey apelando a sus orígenes aristocráticos. «Teníamos una relación paternofilial», llegó a decir la muy tonta en una interview. Tant pis por ella, nosotras Las Tres Gracias disfrutamos (oh, oh, otra vez esa desinencia personal tan díscola) disfrutaron de una relación mucho más completa con el rey. Más, ¿cómo le diría?, humana; sí, humanidad, eso es lo que dábamos a los aristócratas a los que aceptábamos como amantes. Siempre que pudieran pagarlo, naturalmente.

Assunta me mira y no como a un notario sino como a otra cosa que no me molesto en averiguar en qué consiste, y continúo; creo que casi estoy empezando a disfrutar con el exorcismo.

—Y llegamos por fin, querida, a la tan anunciada petite histoire que le prometí. Resultó que cierto día Léopold decidió hacer una visita a su amiga Mimí como ya le he explicado antes. Era temprano, quizá las diez de la mañana cuando llamó al timbre y le abrió la puerta una doncella llena de puntillas y con unas órdenes muy estrictas de su ama:

»—Lo siento, Majestad —le dijo—, pero mademoiselle duerme y sus órdenes son tajantes. Nadie puede despertarla antes de las once.

—Está bien —respondió el Rey con bonhomía—, déjela dormir. Iré a misa y luego regresaré más tarde para invitarla a comer[1].

En este momento del relato me detengo para observar la reacción de Assunta. Me gustaría ver en ella una mirada de asombro tan grande como la historia se merece. No la hay. Mimí, en cambio, sonríe, parece orgullosa. De pronto, con una agilidad que recuerda tiempos muy lejanos, se levanta. Se acerca al pequeño espejo que hay sobre mi lavabo e intenta buscar entre las arrugas de su cara de cadáver algún vestigio de aquella que un día le negó la entrada en su casa a un rey. A continuación, vuelve a sentarse próxima a la última testigo de su gloria, como si a ella la uniera un extraño cordón umbilical. Assunta, en cambio, no se mueve, está tan quieta que mis viejos ojos tienen dificultad con la escasa luz de la tarde en diferenciar las siluetas de la viva y de la muerta.

1. Recientes investigaciones vienen a afirmar que tan pío monarca fue uno de los hombres más sanguinarios de todos los tiempos. Una inteligente campaña propagandística logró ocultar los desmanes y matanzas que llevó a cabo en África. Se calcula que hasta 1906, cuando el Congo pasó a ser colonia belga y no propiedad real, entre cinco y ocho millones de personas habían muerto bajo el dominio de Leopoldo II.

—Ya está, Mimí —le digo sin saber a cuál de las dos me dirijo—; ya puedes desvanecerte y dejarme en paz. Descuida, esta mujer se ocupará de ir propalando por ahí la osadía y el poder de la célebre cortesana Émilienne D'Alençon. Mírala —le digo y luego miento—, está asombrada con tus andanzas; a partir de ahora vivirás en el recuerdo de Assunta Giovagnini y en el de sus amigas, también en el de sus hijos y, con un poco de suerte, en los hijos de sus hijos; no puedes quejarte, tienes asegurada otra breve inmortalidad...

Si a Assunta le sorprende escuchar estas extrañas palabras no lo demuestra. Ni siquiera ensaya un «¿Nos sentimos bien, madame?» o un «¿No deberíamos tomarnos una aspirinita para apaciguar esa cabeza suya tan fantasiosa?». Y a mí comienza a asombrarme tanto silencio.

—¿En qué piensa, querida? —le digo—. ¿No le parece increíble lo que le he contado? ¿Ha oído usted otra historia igual de extraordinaria, igual de escandalosa?

Y al decir «escandalosa» me alegra ver que la sombra de Émilienne D'Alençon comienza a difuminarse, ya no es tan corpórea como hace unos minutos. (Vete, vete, ma belle, descansa en paz, pienso, y ella, como si me obedeciera, al fin se desvanece.) Es una gran suerte, no sólo porque me atormentaba su presencia, sino porque estoy segura de que, de haber oído el próximo comentario de Assunta Giovagnini, no habría podido librarme de ella tan fácilmente. Giovagnini se ha quedado pensativa durante un rato y, cuando al fin contesta a mi pregunta sobre qué le ha parecido lo que acaba de oír, esto es lo que dice:

—Entiendo, madame, eran ustedes tan veneradas (o tan consentidas, no sé) que se permitían hacer desplantes hasta a los reyes. La historia es curiosa, pero existe en todo lo que ha dicho algo que me interesa mucho más. —Entonces es cuando a Assunta se le encienden los ojos negros y duros como dos piedras de escándalo para indagar—: Dígame, madame, ¿es cierto que en aquellos tiempos todas ustedes eran lesbianas? Eso sí que me gustaría saberlo.

Esquivando a Liane de Pougy

Niza, 9 de abril de 1965, 8 de la tarde.

¿Qué hace una cuando, después de muchas dificultades y astucias, logra librarse de un espíritu indeseado, cuando ha tenido que rebajarse a recurrir a una joven e ignorante vecina por miedo a quedarse sola o por pánico a enfrentarse a algo que se anuncia como la antesala de la muerte a pesar, qué ironía, de haberla deseado desde hace años? ¿Qué hace una, digo, después de exorcizar con éxito un recuerdo y darse cuenta de que la propia táctica del conjuro se ha encargado de invocar a otro espectro aún más indeseable? No es que en esta ocasión me haya llamado —como sucedió con la llegada de Mimí— una voz extraña. Tampoco noto esa lisura en el aire que, ahora sé, anticipa la llegada de un visitante. No, no hay ningún presagio, salvo la desconfianza de una vieja que teme que este desfile de fantasmas esté a punto de maldecirla con la presencia de la tercera de las «Gracias»... «Oh, no, no es posible que ella venga a visitarme», pienso, y por unos segundos me tranquilizo. Parece increíble imaginar que mi eterna rival, la orgullosa Liane de Pougy —alias princesa Ghika, alias sor Anne Marie de la Penitencia, hermana terciaria de las dominicas, escritora mística y poetisa sáfica (Dios mío, qué vida tan errática la suya)— se rebaje a venir a casa de la Bella Otero para asegurarse un trozo de inmortalidad como la pobre Mimí, y sin embargo...

—Cuente, madame, no crea que se lo pido por curiosidad malsana, pero es que es muy sorprendente. ¿De veras tenían relaciones amorosas entre ustedes? ¿Es cierto lo que ha insinuado antes de que en la Belle Époque estaba de moda ser lesbiana? —dice Assunta, pero con una voz en la que resuena un timbre bretón que reconozco con suma facilidad, y el tintineo de una risa que siempre me sonó falsa.

Moriré esta noche. Ahora estoy segura. ¿No es acaso la voz de Liane de Pougy la que oigo hablar a través de Assunta? Supongo que a la Providencia, que siempre ha tenido un peculiar sentido del humor, le parecerá muy ingenioso enviar al espíritu de mi mayor enemiga a buscarme en mi último día. Dios mío, qué golpe de efecto, es la voz de la presuntuosa Liane la que oigo, o peor aún la de sor Anne Marie de la Penitencia muerta bajo la protección de la Iglesia. Pero aguarda, hipócrita, aún no estoy muerta del todo. Me conoces bien y sabes que moriré peleando. No me iré de este mundo sin contarle a Assunta quién fuiste. Voy a regalarte unos años más de inmortalidad en boca de los vivos. Ésta será sólo una pequeña venganza, pero espero que sirva para desenmascararte a ti, Liane, la peor de las farsantes.

—Está bien, querida —le digo entonces a Assunta—, ¿quiere usted oír la historia de una lesbiana? Había muchas en aquella época y el hecho no tenía mayor trascendencia, c'était très chic, pero la vida de la mujer de la que voy a hablarle transgredió todo y sobre ella se han contado muchas fábulas, muchas hermosas mentiras. Yo, en cambio, le relataré la verdad.

Las anfibias

Una de las cosas que más me sorprendió al realizar la investigación para la Bella Otero fue, ignorante de mí, enterarme de cómo era la moral de la época. Mezcla de pacatería decimonónica y osadía pagana, la Belle Époque se escandalizaba ante algunas cosas y aceptaba impertérrita actitudes que aún hoy se consideran tabú, el lesbianismo, por ejemplo. En realidad, para entender el fenómeno habría que decir que *fays ce que veulx* o «haz lo que quieras», que fue el lema de aquellos años, tenía una limitación muy clara: los compartimientos estancos que separaban a las clases sociales. En realidad, y según esta extraña moral, una persona podía hacer lo que quisiera salvo desclasarse. Podía tener amantes o amigos de cualquier extracción, mantener relaciones homosexuales o lésbicas con quien quisiera, incluido uno o una de sus criados, cambiar de sexo, ser extravagante hasta la náusea; todo esto estaba permitido e incluso aplaudido ya que el hecho de desclasarse no se relacionaba con el quinto mandamiento de la ley de Dios sino más bien con el cuarto sacramento de la madre Iglesia. De este modo, uno sólo cambiaba de estrato social si se casaba «por debajo del suyo» y también si cometía el error de romper el vínculo, que aunque estaba perfectamente permitido por la ley (en Francia, con interrupciones, el divorcio fue legal desde la Revolución de 1789) se consideraba sagrado. Pecado social era casar mal y pecado mortal divorciarse, sobre todo para las mujeres, quienes, a menos que pertenecieran a una familia muy rica, automáticamente perdían todo respeto... Así lo habría de comprobar, por ejemplo, la escritora Colette, que, a pesar de ser una intelectual de reconocido éxito (y también una declarada hija de Lesbos desde hacía años), perdió todo su ascendente al divorciarse de Henry Gauthier-Villars, alias Willy. A partir de ese momento, Colette tuvo que dedicarse a la escena para subsistir. La vida había cambiado incluso para una mujer tan libre e independiente como ella, porque así como la buena sociedad aplaudió durante años su relación lésbica con la marquesa de Belbeuf, más conocida como «el tío Max», que tenía la costumbre de vestirse de varón y pasearse con un loro sobre el hombro, al que a menudo le decía: *«Viens avec papa»*, resultaba imperdonable que Colette abandonara a su marido y mucho peor que se convirtiese en una cómica para poder subsistir después del divorcio. Y es que «subsistir» era una fea palabra.

Una mujer liberada podía (y debía) tener amantes, podía también subirse a un escenario y coquetear con el arte, siempre que lo hiciera desde el cómodo estatus de esposa excéntrica o, si era rica, desde la aún más confortable plataforma de una extravagante millonaria. Trabajar para vivir, en cambio, era imperdonable, era «desclasarse», y eso constituía el peor de los pecados. Porque una época tan brillante que se vanagloriaba de bendecir una *fraternité* entre ricos y pobres, en realidad ésta no afectaba más que a las formas, nunca al fondo. Príncipes y vagabundos podían coincidir en los mismos lugares de entretenimiento y emborracharse con una misma botella de absenta, pero una vez disipados los vapores del alcohol la *fraternité* desaparecía junto con la resaca y el dolor de cabeza.

Francia era clasista como lo era el resto del mundo. La única diferencia estribaba en la existencia de un mundo intermedio, no en vano llamado *demi-monde*, en el que, ahí sí, los caballeros y también algunas damas más curiosas, o intelectuales u osadas confraternizaban con actores, *cocottes* y lo que en España podía considerarse «gente de mal vivir». Era en este limbo y no fuera de él donde todo realmente estaba permitido. El amor loco, el intercambio de parejas (ya hemos oído contar a Carolina cómo Leopoldo de Bélgica y el príncipe de Gales compartían amigablemente las atenciones de *Las Tres Gracias*) y también los matrimonios desiguales. Por tanto, ¿cómo no iban a tolerarse las tan refinadas y a la moda relaciones sáficas? Si eran casi un símbolo de libertad femenina admitida por los hombres a los que, como bien se sabe, les produce un curioso placer ver a dos mujeres juntas. «Siempre he pensado que una mujer no es una mujer completa hasta que no ha probado los frutos de Gomorra», proclamaba el duque de Morney, orgulloso padre del «tío Max».

La Bella Otero declaró en más de una ocasión que las relaciones con mujeres, aunque las había probado, no eran de su gusto. Pero a la mayoría de las *demi-mondaines* les agradaban. A esas cortesanas que ponían precio a sus cuerpos cuando se acostaban con un hombre y que lo ofrecían graciosamente a las mujeres se las llamaba «anfibias» y contaban entre sus filas con Mata Hari, Valtesse de Bigne y las rivales de la Otero en el célebre grupo de *Las Tres Gracias*: Émilienne D'Alençon y Liane de Pougy. Esta última era la más sensual de todas a la hora de entregarse a los placeres sáficos, o al menos la más experta en puestas en escena. Cuentan que recibía a sus bellas «alumnas» en un gran baño de espuma donde dos doncellas con cofia se ocupaban de que todo fuera perfecto durante la «cópula» anfibia. Estas escenas se hicieron legendarias en muy poco tiempo, y muchos fueron los caballeros que suplicaron poder presenciar tan artístico espectáculo. No obstante nunca les fue permitido, ni siquiera por un precio elevado. Liane sabía preservar su misterio aun a costa de que la negativa le restara un dinero fácil de adquirir.

Liane de Pougy, una breve biografía

Creo que vale la pena detenerse unos minutos en retratar a Liane de Pougy. Sin duda a la Bella Otero le disgustaría enormemente saber que voy a ocuparme de ella, otorgándole así un «retazo de inmortalidad», pero pienso que es útil hacerlo; no sólo porque fue la antítesis de la Bella, sino porque entre ambas protagonizaron varios de los escándalos más sonados de su tiempo. Para empezar, habría que apuntar que no es extraño que se odiaran; resulta difícil imaginar a dos mujeres más distintas en todo, empezando por el aspecto físico. Si Carolina era exuberante y sensual, Liane era refinada e incluso magra, dueña de una belleza mucho más acorde con los cánones actuales hasta el punto de que, si comparan ustedes las fotos de ambas, sin duda les parecerá mucho más bella la de Pougy. Para aquella época, en cambio, no lo era. Ella misma se consideraba fea, «nunca tuve la belleza de la Otero ni la simpatía de la D'Alençon», confiesa en sus *Cahiers bleues*, una recopilación un tanto farisaica de sus andanzas recogidas en su diario privado escrito entre 1919 y 1941.

La vida de Liane es tan curiosa que no sorprende el toque farisaico. Empezó como alumna del Sagrado Corazón, luego fue esposa y madre. De ahí pasó a ser prostituta de lujo, más tarde princesa húngara y de princesa llegó a monja, manteniendo a lo largo de su dilatada vida una actitud bisexual que no parecía interferir con ninguna de sus personalidades.

Brevemente ésta es su historia:

Nacida en una familia de militares, casó a los dieciséis años con un teniente llamado Armand. Durante un par de años es feliz, tiene un hijo, pero Armand viaja mucho y un día, al regresar a casa antes de lo previsto, encuentra a la joven Anne Marie en la cama con uno de sus colegas. De acuerdo con el sentido del honor de la época, el teniente disparó sobre la adúltera, que desde entonces llevaría como recuerdo la marca de un tiro en su bello trasero. Posiblemente al príncipe de Gales aquella cicatriz de guerra le resultara irresistible, pero a Liane la avergonzaba y siempre intentó taparla con distintos adornos y maquillajes. Bertie fue su primer amante real y también la persona a la que debía su contacto con el gran mundo. Con la osadía que era común a todas las cortesanas, recién llegada a París y sin conocer al príncipe, le envió una carta invitándolo a su debut teatral: «Monseñor, hago mi debut pasado mañana en el Folies Bergère. Sería para mí la más bella consagración si usted se digna apadrinar estos primeros pasos con su presencia.» Estas breves palabras hicieron gracia al príncipe y no sólo acudió al debut sino que la invitó a cenar esa noche. Al salir juntos de Maxim's, Liane de Pougy ya tenía un puesto entre las *demi-mondaines* más solicitadas.

Al igual que Carolina y Émilienne, Liane no tenía lo que se dice un talento extraordinario. «Enseña tus nalgas que son muy bellas», le recomendó un día Sarah Bernhardt, «pero no te lances a la comedia. Tu boca habla menos bien que tu culo». Y Liane, que era inteligente, hizo caso al cruel consejo. Muy pronto era dueña de una gran fortuna ganada no precisamente gracias a sus dotes de actriz sino a una colección de amantes que incluía a nuestros ya conocidos William Vanderbilt, Leopoldo de Bélgica, Alberto de Mónaco, amén de una larga lista de admiradores que la proveían de (casi) tantas joyas como a la Bella Otero. Liane de Pougy era lesbiana, pero esta inclinación nunca le impidió ser una gran *cocotte*; al contrario, Pougy, a lo largo de toda su vida de cortesana, tuvo muy presente el consejo de su primera amiga en el mundo galante: «Una buena puta —le había dicho su maestra— debe dedicarse a contar las moscas del techo mientras finge disfrutar. Una ganadora debe aburrirse debajo de su cliente, eso no humedece más que la saliva.»

Y el consejo lo siguió hasta el fin, incluso cuando decidió casarse con el príncipe rumano George Ghika. Ella tenía entonces cuarenta años y él veinticinco; lo único que les unía era su mutuo amor por las jovencitas y el deseo de ella de convertirse en una respetable mujer casada mientras que a él lo movían motivos igualmente pragmáticos. Colette, que adoraba la ruda naturalidad de la Otero pero no sentía simpatía ninguna por el etéreo pragmatismo de la Pougy, escribió un artículo del que Liane se duele en sus memorias: «Colette cacareó sobre todos los tejados que mi matrimonio con Ghika no iba a durar, que él se casaba por mi dinero y que me arruinaría, me abandonaría miserable, vieja y sin esperanza. Afortunadamente sus maldades no han sido más que un fallido augurio.»

En efecto, lo fueron durante bastante tiempo, pero al fin el matrimonio se rompió. No porque el joven Ghika la arruinara (algo bastante difícil, dado que Liane le dosificaba el dinero con implacable cuentagotas); se rompió por una mujer. El buen padre franciscano Alex Ceslas Rzewunski, amigo de Pougy en su vejez marcada por la religiosidad, explica lo siguiente en el samaritano prólogo que escribió a su diario llamado *Mis cuadernos azules*:

«[...] Tal como habría de saber yo más tarde, el horizonte (conyugal) se ensombreció definitivamente por una deslealtad terrible del esposo cometida al robarle un día a Liane una joven amiga muy querida.»

En ninguna parte, ni del prólogo ni de los diarios, se relata si Liane, tras esta desilusión amorosa, intentó suicidarse (durante sus años de juventud y siguiendo la estética de la época habría de ensayarlo más de cuatro veces), pero lo que sí se sabe es que a partir de ese momento Liane se distanció de su marido al tiempo que se acercaba a la religión.

En 1943 se convertiría en Ana María de la Penitencia mientras el príncipe Ghika malvivía víctima de la sífilis hasta morir en 1948. Ana María de la Penitencia le seguiría dos años más tarde, tenía 81 años y aún mucho dinero y joyas que legó a la Orden de las Dominicas.

El duelo de las bellas

Es muy posible que algunas de estas joyas fueran las protagonistas de la famosa anécdota que tuvo lugar entre Liane y Carolina Otero. Un escándalo, un enfrentamiento entre dos mujeres que ya no sabían qué hacer para anularse la una a la otra. Los cronistas de la época lo llamaron «El duelo de las bellas» y sobre este episodio existen dos versiones completamente contradictorias. Para empezar, veamos la versión de los entusiastas de la princesa Ghika. Sus biógrafos la cuentan así:

«En febrero de 1897 una multitud cosmopolita se encontraba reunida frente al casino de Montecarlo esperando, con la impaciencia habitual, la llegada de las reinas del mundo galante que en todas las ocasiones señaladas se dedicaban a eclipsarse la una a la otra luciendo joyas cada vez más caras y abundantes. La Otero ya había llegado triunfal bajo una deslumbrante cascada de esmeraldas frescas aún de su última conquista. ¿Cómo iba a contraatacar Liane? ¿Elegiría ausentarse para no desmerecer ante tal despliegue de poderío? ¡Oh, no, aquí llega! Bellísima en su sobriedad, lucía un maravilloso vestido de muselina blanca de corte sencillo y en vez de joyas una única rosa natural le adornaba el pecho. Unos metros detrás de ella, los sorprendidos admiradores vieron avanzar a la doncella de Liane con su vestido negro de criada literalmente cuajado de diamantes, esmeraldas, rubíes y joyas de todo tipo. Loca de furia, la Otero se retira y, para consagrar su victoria, Pougy le roba a su amante berlinés: un banquero, gran proveedor de perlas, llamado el barón de Ollstreder.»

La hora de irse a la cama

Niza, 9 de abril, 8.30 de la tarde.

—Para que vea qué tipo de mujer era esta Pougy, Assunta, le voy a contar mi gran triunfo sobre ella, una de esas satisfacciones que nada tienen que ver con el amor, sino más bien con el juego, el intenso placer de un lance imbatible. Pero escuche bien, querida, porque es lo último que voy a confiarle, ésta es la primera y única vez desde hace muchos años que hablo sobre mi pasado y comienzo a estar cansada. Lo entiende, supongo...

Mi vecina asiente y yo comienzo la narración del siguiente episodio. No lo hago para vanagloriarme, sería estúpido a estas alturas, sino para que —en la minúscula inmortalidad que Assunta procurará a Liane de Pougy a partir de ahora— se incluya su más comentada derrota. Una muy merecida, por presuntuosa.

—Verá usted, querida, la historia fue así. Resulta que, una noche de la primavera de 1896, Liane de Pougy llegó a Maxim's cubierta de los pies a la cabeza en alhajas en una terrible exhibición de mal gusto. Llevaba el pelo cuajado de rubíes, el pecho oculto tras una cascada de brillantes y perlas, las muñecas, el cuello, qué sé yo, hasta en los dedos de los pies lucía dos cabochons más grandes que refinados: me gustaría que la hubiera visto, parecía el gran chandelier del Crillon. Llevaba del brazo, a modo de otros dos trofeos, a un par de caballeros, pero en ellos ni me fijé porque estaba planeando una pequeña jugarreta con la intención de sacarle los colores. En el fondo le estaba haciendo un favor; Liane era una de esas rosas muy pálidas que a cada momento parece que van a desmayarse. Pero le aseguro que la rosa se volvió roja, púrpura sería más propio, pues no creo que ni una gota de su engreída sangre haya dejado de acudir a sus mejillas al ver lo que le tenía preparado. El caso es que, a la noche siguiente a su patética exhibición en Maxim's, yo aparecí ataviada con un vestido largo y negro de línea sencilla, desnuda de hombros y sin una sola joya. Todos se volvieron a mirarme con asombro: tanto Liane como uno de sus acompañantes, el barón de Ollstreder, un rico heredero alemán feo como un sapo que, muy pronto, para demostrarme su rendido amor me regalaría una de mis piezas más emblemáticas, el collar de la reina María Antonieta.

»Pero volvamos a aquella noche, querida, porque el asombro de Olli y el de todos los presentes pasó muy rápido a admiración y luego al cuchicheo hasta explotar en carcajadas al ver lo sucedido a continuación. Y es que, una vez que me hube sentado, hizo su entrada Betty, mi doncella, con un vestido idéntico al lucido por Liane la noche anterior y cargada de piedras preciosas desde la punta del pelo hasta la punta del pie[1]. Naturalmente, después de aquella gaffe, Liane se vio obligada a suicidarse.

—¿A suicidarse, madame?

—Sí, Assunta.

1. Los biógrafos de Liane de Pougy atribuyen el éxito del «duelo de las bellas» a su biografiada y los de la Otero a la suya. A. Fouquiers, autor de uno de los mejores libros sobre la época, también se lo atribuye a la Otero. Yo, por mi parte, dejo al criterio del lector que decida cuál de las dos versiones tiene más visos de realidad, mientras que no deja de sorprenderme cómo hechos tan recientes, presenciados por varios testigos, pueden contarse de modo tan dispar. Pero tal vez tuviera razón el fantasma de Mimí D'Alençon al volver a la tierra para procurarse un testigo directo de sus andanzas. Si no, todo corre peligro de convertirse en leyenda o caer en el olvido.

—¡No lo estará diciendo en serio!

—Yo sí, querida, pero en cambio Liane no. Era uno de sus muchos encantos con los hombres, a cada rato intentaba acabar con su vida. Una manera muy eficaz de llamar la atención y procurarse, de paso, alguna bonita pieza de joyería para celebrar su regreso al mundo de los vivos. A mí el método me parecía muy poco deportivo. No es que yo no haya fingido quitarme la vida en alguna ocasión como todas nosotras en aquel entonces, pero lo hice para alimentar mi fama de mujer apasionada, no para nutrir mi joyero.

—Madame, después de lo que le pasó a su amiga precisamente por ir tan recamada de alhajas parece muy poco coherente que usted...

—Calle, Assunta, puede marcharse si no me cree. Ha sido usted la que ha suplicado durante años que le cuente alguna vieja historia, y creo que con estas dos ha tenido suficiente. Lo único que añadiré —y eso sólo porque no me gusta dejar nada a medias— es que, mientras los periódicos se hacían eco de mi triunfo, Pougy abandonaba su hermosa casa en la Rue Victor Hugo dejando atrás todas sus joyas, todos sus bellos vestidos. En realidad, sólo se llevó consigo a su perrita Belka y... una gran botella de láudano. También dejó una emotiva carta de suicidio, pero la treta no engañó a nadie. Nunca olvidaré lo que publicó el Paris-Soir al respecto. Durante años guardé este delicioso recorte testigo de mi éxito total. A ver, querida, déjeme recordar cómo empezaba...

Tengo sueño y no deseo alargar más mi conversación con Assunta. Al fin y al cabo mi objetivo está cumplido: al desvelar los peores secretos de Pougy he evitado, Dieu merci, que venga a visitarme a este meublé miserable. ¡Cuánta pena hipócrita habría desplegado al verme en tan triste situación! ¡Los comentarios tan cristianos y los ofrecimientos de socorrerme con sus plegarias! Pero intuyo que ya he conjurado el peligro, esa santa que siempre se creyó la Magdalena estará furiosa conmigo y no se dignará a aparecer por aquí. Ya puedo irme a dormir. Adiós, Liane; adiós, princesa Ghika; adiós, sor Anne Marie de la Penitencia, ojalá te pudras en el infierno. Pero... a pesar del sueño (bendita tregua para alguien como yo, condenada a tantos insomnios) me doy cuenta de que no quiero privarme de contar a Assunta algunas maldades publicadas por el Paris-Soir sobre Liane y su intento de suicidio, de modo que, mientras tomo a mi buena vecina por los hombros para dirigirla sutilmente hacia la puerta, comienzo el chismorreo. En tantos años de vida mundana he aprendido esta discreta manera de acabar una conversación que se alarga demasiado. Con cariño se van dirigiendo los pasos de nuestra visita hacia la salida, muy despacio, pero con mucha firmeza. Tengo comprobado que siempre que lo que se cuente sea lo suficientemente interesante, el interlocutor apenas repara en que lo estamos echando. Para cuando termine la historia, él o ella (en este caso mi buena Assunta) estará al otro lado de la puerta con una sonrisa pánfila y la pequeña gloria de haber conocido una historia malvada.

—Mire, querida —comencé, mientras iniciaba la operación adieu—, escuche atentamente lo que publicó Paris-Soir sobre aquel episodio, y comprenderá cómo nos reíamos todos de los suicidios de madame Pougy:

«Esperamos que la encantadora bailarina De Pougy se recupere pronto de su intento de huir tan apresuradamente del deprimente mundo en que vive», decía el cronista. «¡Cuán afortunado ha sido para todos nosotros, incluyendo a la mamá de la Pougy dondequiera que se encuentre, el que un médico estuviera casualmente a mano para rescatarla de la muerte! ¡Oh, lo que hay que sufrir por el arte!»

Clac. Le he cerrado la puerta en plena cara a mi vecina y confidente y aunque ahora estoy segura de que no llegaré a ver la luz del nuevo día, despido a Assunta con la naturalidad de aquellos que van a morir pero detestan los adioses. «Au revoir, querida», le digo a través de la puerta ya cerrada. Y Assunta, al otro lado de la hoja de madera, estoy segura de que ha aceptado mi abrupto mutis sin mucha sorpresa, pues nada que tenga que ver conmigo le sorprende ya.

En pocos segundos bajará las escaleras para volver a sus comadres con la cabeza llena de historias impúdicas, de lesbianas que se abrazan en perfumados baños ante la vigilancia profesional de sus doncellas y con el relato de mi triunfo sobre la Pougy. Bostezo y el bostezo se amplía hasta formar una sonrisa: recordar antiguos odios es mil veces más reconfortante que rememorar viejos amores, ambas son pasiones igualmente intensas y ambas languidecen con el correr de los años, pero el amor teme al tiempo porque deja tras de sí el regusto amargo de lo que ya terminó. El odio, en cambio, con cualquier propina se frota las manos: para él el tiempo es el gran vengador.

Bostezo una vez más y entonces me doy cuenta de que gracias a ma petite vengeance, por primera vez en muchísimo tiempo apenas puedo mantener los ojos abiertos. Soñar... no pensar... no sentir ni vivir. Bendita seas, Liane de Pougy. Esta noche dormiré sin sobresaltos: igual que cuando era niña y había robado más naranjas que mis amigas en el pueblo... igual también que cuando una racha especialmente afortunada en la ruleta me hacía recobrar, durante unas horas, todo lo que había perdido en una semana. ¿Quién dijo que el sueño es el producto de una conciencia tranquila? Lo es de estar satisfecho con uno mismo, y eso, lamentablemente, no siempre tiene que ver con una conciencia tranquila. Me pregunto qué pasará ahora que el sueño me vence. ¿Tendré pesadillas? ¿Vendrán más rostros del pasado para continuar su imparable desfile, aprovechando que el sueño no me permitirá replicarles ni defenderme? ¿O será quizá cierto, como he pensado algunas veces, que ya estoy muerta y que esto es el infierno, un eterno encuentro con el pasado para recordar lo que uno fue y lamentarse de lo que pudo haber sido? Ojalá aún esté viva y lo que ahora padezco no sea más que una manera de extender el sueño mortal hasta unirlo con el eterno. Nunca hemos sido amigas la Providencia y yo, pero reconozco su sentido del humor: si tuviera ahora dos luises los apostaría a que ésta es la forma que ha elegido para llevarse a una gran pecadora, con la cabeza vuelta hacia el pasado como diciéndole: «Mira, ya has tenido tu paraíso, no esperes nada más.» ¿Duermes tú también, Garibaldi? Pues descansa sin reparo, tesoro. Ha sido un día terrible pero creo que ya pasó todo. Qué hermosa sensación es alcanzar el sueño cuando una esperaba que el miedo la obsequiara con otra noche en blanco, la más terrible de todas. Tranquilo, Garibaldi. Mientras tú das vueltas y vueltas en tu jaula buscando el mejor acomodo, yo voy a hacer mi toilette de nuit antes de hundirme en esa inconsciencia que ahora intuyo y a la que imagino como un ensayo general de la Nada que me aguarda en el próximo recodo del camino.

Entonces me acerco un espejito de aumento que tengo colgando del pomo de la ventana y con el que cada noche me desmaquillo cuidadosamente para mantener ese cutis «Bella Otero» que aún —sí, sí, aún— admiran todos. Lo primero que me sorprende es ver que, pese a la hora tan tardía y a todo lo sucedido en la jornada, aún se conserva mi maquillaje; estoy guapa incluso, diría yo, con los ojos perfilados de khol marrón oscuro, las cejas altas y suaves las mejillas gracias a los polvos del doctor Payot. Todo intacto. O casi. Porque los labios decididamente desentonan con ese color rosa marchito que adquiere cualquier rouge, por muy caro que sea, al cabo de las horas. Los muerdo para devolverles un toque de vida y es entonces cuando decido que, en vez de hacerme la toilette de nuit y borrar de mis facciones esos destellos fugaces que, a veces, como un suspiro, me permiten ver tras las arrugas un minúsculo vestigio de la que fui, los voy a acentuar, voy a maquillarme más aún. «Despierta, Garibaldi; mírame sólo un minuto para que observes mi toilette de luxe. Admira el modo en que tu ama se acicala para recibir visitas mientras una nube de doctor Payot inunda el ambiente, igual que si estuviera preparándome para salir con Willy o con Bertie. No, paxariño, me has entendido mal, no creo que ellos tengan el mal gusto de venir a buscarme a este último refugio indigno hasta del más humilde de sus mozos de cuadra. No es para recibir a fantasmas que me preparo; viene el sueño, se acabaron las visitas de los muertos: he apostado y sé que ganaré el lance. Caroline Otero no llegará a ver el amanecer del próximo día.»

Trabajo con toda la precisión que permiten mis dedos temblones y mis ojos casi apagados. Primero el fond de teint, de un rosa vivo que más tarde matizaré con los polvos; luego los párpados, las pestañas; y al añadir sobre los labios una buena capa de «Les Fleurs du Mal», un carmín que guardo para las ocasiones, creo que el espejo me regala otro destello fugacísimo de la que fui: bella, Bella Otero. «¿Te acicalas para recibir la visita de la muerte, Lina?», me pregunta el espejo. Y yo, a quien una difícil cordura ganada en mil batallas tiene terminantemente prohibido hablar con los objetos domésticos ni parlamentar con los muebles, detengo en vilo la borla de polvos del doctor Payot ante la pregunta. «Tú, espejo», le digo haciendo una extraña concesión a mi costumbre, «sabes mejor que nadie que nunca me ha gustado la coquetería estéril. ¿Acicalarme yo para recibir a la muerte? ¿De veras crees que la Bella Otero perdería un minuto de su tiempo, ya muy escaso, en endomingarse para una vieja amiga a la que espera desde hace años y que por fin anuncia su llegada? Son otros para los que me arreglo: para el señor juez, que levantará mi cuerpo muerto; para el mozo de la funeraria, que cruzará mis manos sobre el pecho; incluso pienso en la empleada de la casa de pompas fúnebres que lava y amortaja los cadáveres mientras escucha la radio. Quiero estar guapa para ellos, serán mis últimos admiradores».

«Tú deberías saberlo, espejo —añado—: ante la muerte renacen las leyendas de las viejas olvidadas como yo, es nuestro último momento de gloria, nuestra última salida a escena. Por eso necesito que unos y otros digan: "¿La Otero? ¡Oh!, espléndida realmente. La vi en su caja. Incluso muerta era una mujer muy bella."[1].»

1. Tal vez les alegre saber, o al menos les sorprenda, que así sucedió. El cónsul de España en Niza, el señor Mendiguren, que se ocupó de levantar el cadáver, al ser Carolina Otero española, afirma que ése fue el comentario más repetido entre los profesionales allí presentes.

La reina de París

El 4 de noviembre de 1898, es decir, el día de su treinta cumpleaños, Carolina Otero entró en Maxim's posiblemente luciendo una bien elegida selección de las joyas que dos años antes su doncella Betty llevara sobre su uniforme de tafetán negro para escarnio de Liane de Pougy. Unos amigos le habían preparado una fiesta sorpresa para agasajarla en su aniversario y éstos eran Alberto de Mónaco, Leopoldo II de Bélgica, el príncipe de Gales, el káiser Guillermo, el zar Nicolás II y, según algunos cronistas, también el jovencísimo Alfonso XIII de quien, a decir de la Otero, ella habría de ser su primera maestra en el amor[1]. *L'Omnibus*, como los habituales llamaban al comedor principal de Maxim's, estaba cerrado al público esa noche para evitar indiscreciones y el dueño acompañó a sus clientes directamente a un pequeño reservado que era el preferido de la señorita. Se cuenta que esa noche se estrellaron vasos de vodka contra la pared al estilo ruso, que se bailó una *highland dance* a petición de Bertie de Gales (éste no lucía falda escocesa, aclaremos por las dudas, sino frac, como el resto

1. Aun suponiendo que fuera cierta la afirmación de Carolina de que a ella le había cabido el honor de iniciar sexualmente al joven rey, es más que dudosa la presencia de Alfonso XIII en esta fiesta, ya que en esa fecha él apenas tenía trece años.

de los invitados). Se cantaron canciones folclóricas germanas a cargo del Káiser, que era muy conocedor de la poesía popular de su país, pero no hay noticias de lo que hicieran ni Leopoldo de Bélgica ni Alberto ni tampoco el niño Alfonso XIII, en caso de que estuviera presente.

Conociendo la naturalidad con la que los reyes aceptaban compartir los favores de sus amantes, es de suponer que la velada resultó muy agradable y que a los postres, fiel a su tradición, Carolina bailó descalza sobre la mesa de Maxim's esquivando candelabros y saleros. Más tarde llegaría otro de los momentos más esperados de la velada: el de abrir los regalos especiales que habían traído para la ocasión sus «más reales súbditos», como gustaba firmar a uno de ellos sus cartas de amor.

Es posible que esta cena sea el ejemplo más gráfico de lo que significó el enorme éxito social cosechado por Agustina Otero Iglesias en el mundo galante. Reunir a seis reyes en una fiesta de cumpleaños parece algo bastante poco usual pero, con serlo, no puede decirse que se trate de la anécdota más curiosa ni siquiera más interesante de las que se le atribuyen. Otras muchas cosas le habían ocurrido hasta llegar ese 4 de noviembre. Por eso, antes de que Bertie de Gales baile otra *highland dance* en honor de su buena amiga Lina, antes de que se apaguen las velas de su treinta cumpleaños y se extinga el año 1898, para entender la presencia de tanta testa coronada, habría que volver atrás unos años, a 1894, cuando ella regresa de su «gira mundial» bajo la vigilancia de su enérgico agente húngaro, el señor Kun. Allí la dejó nuestro relato cronológico en capítulos anteriores y con sólo un príncipe reinante en su lista de enamorados, Alberto de Mónaco. He aquí cómo conoció a los otros cinco anfitriones de su fiesta de cumpleaños.

Los cinco reyes de Carolina Otero

Al regreso de aquella gira, la señorita echó a Kun, su perro guardián, al que acusaba de «espantarle los clientes», y reanudó de inmediato su relación con Alberto de Mónaco. Fue a través de él que muy pronto conocería a su segundo amante real, Leopoldo II, rey de los belgas. Carolina llegó de su gira por Australia y Egipto con la aureola de artista admirada mundialmente, pero no es probable que esto fuera lo que interesase al rey Léopold o *mon cher Léo* como lo llamaban sus amantes.

Siempre que se habla de este segundo rey de la dinastía Sajonia-Coburgo Gotha (además de enumerar los datos biográficos) se hace mención de que su nombre ha quedado unido a dos temas: uno amoroso y otro político. El amoroso es su relación con la bailarina austrobelga Cléo de Mérode, una de las más bellas cortesanas de entonces que impuso en París la *coiffure* a lo Mérode, símbolo de la Belle Époque. Esta muchacha, además de poseer todas las cualidades de las *cocottes,* contaba con otro atractivo añadido: pertenecía a una familia aristocrática o remotamente aristocrática al menos. De Mérode era su verdadero apellido y no uno inventado como en el caso de Liane de Pougy o el de Émilienne D'Alençon. Resultaba muy común, en aquellos tiempos, que las *demi-mondaines* se adjudicaran un apellido ilustre, con la partícula «de», que les permitiera contar todo tipo de historias tan emocionantes como falsas. Algunas de estas damas decían ser viudas o divorciadas de un cruel príncipe o, al menos, conde, mientras que otras juraban ser hijas naturales de un importante personaje, cuyo nombre no podían revelar para no generar un escándalo de proporciones incalculables. Cléo de Mérode, en cambio, era lo que decía ser y estaba tan orgullosa de sus orígenes como de su diferencia con las otras cortesanas. Hasta tal punto le molestaba que la relacionaran con esas «truchas» que en 1950, con ochenta y cinco años, emprendió acciones legales contra Simone de Beauvoir, que en uno de sus libros la había calificado de *demimondaine.*

Cortesana o aristócrata, como se prefiera, Cléo de Mérode fue quien alegró los últimos años del rey de los belgas, tras la muerte de su primera esposa. Tan inseparables eran, y tan notorio fue el romance, que a él se le conoce en la pequeña historia y tal como ya se ha dicho, como «Cleopoldo» de Bélgica.

El otro dato que suele recordarse siempre al hablar de Leopoldo II es que, mucho antes de que la joven bailarina austrobelga (que por cierto tenía tan poco talento artístico como sus rivales en la vida galante) entrara en su vida, era uno de los tres hombres más ricos de su tiempo. Este soberano, como ya mencioné, fue el propietario del Congo Belga al haber financiado con su propio dinero las expediciones del explorador Henry Morton Stanley que llevaron a la conquista de este descomunal territorio, ochenta veces más grande que Bélgica y que perteneció al rey hasta que, por presiones, lo legó al Estado.

Carolina Otero conoció a Leopoldo II cuando él tenía ya sesenta años. «Fue en las carreras de Longchamps. Su Majestad envió a mi acompañante, el barón de Ollstreder, una invitación para el palco real. Ollstreder, tan fatuo como todos los hombres, naturalmente creyó que el rey quería conocerlo a él y yo le dejé creerlo. Muy pronto se dio cuenta de que ni siquiera se interesaba por saber su nombre pero, para entonces, Léo y yo estábamos demasiado enfrascados en una agradable conversación. Así me enteré de que su curiosidad por mí estaba originada por comentarios que le había hecho su primo Albert de Mónaco. Yo era nueva en los modos del gran mundo, y sólo entonces me enteré de que los príncipes y nobles no sólo compartían sus amores sino que también se llamaban "primos" entre ellos. Después de las carreras llevé al rey a mi casa, en la calle Fortuny.»

En otras declaraciones, Otero contó que, si bien sus relaciones más intensas duraron cuatro años, continuaron siempre amigos. Ésta era una de las más notables habilidades de la Bella: no romper nunca del todo con ninguno de sus amantes generosos. Su otra habilidad, aún más meritoria, era convertir en dadivoso a cualquier hombre que se interesara por ella sin distinción de rango, poder económico o talante. «La cualidad que más admiro en un hombre es su generosidad», solía decir y, en ese sentido, no deja de ser notable que todos los que se suicidaron por ella lo hicieron precisamente por no poder proporcionarle lo que deseaba. Recuérdese, sin ir más lejos, el caso de ese explorador que se pegó un tiro en el Pabellón Chino del Bois de Boulogne alegando que lo hacía porque, después de ofrecerle a la señorita 10.000 francos por pasar una noche con ella, había recibido una nota en la que decía: «Yo no recibo limosnas.» Como hemos visto, casi todas las notas de suicidio dirigidas a la Bella se expresaban en los mismos términos. También la dejada por un aristócrata francés al que los periódicos identificaban discretamente como monsieur H. en los lavabos del casino de Montecarlo: «Me mato porque no puedo ofrecerte lo que tú mereces.» Lo mismo ocurrió con el muchacho que se tiró bajo las ruedas de su carruaje en el Bois de Boulogne, y naturalmente con Ernest Jurgens... En la actualidad, en Valga, su pueblo natal, donde la Bella comienza a ser un personaje a reivindicar, se venden unas camisetas turísticas con esta frase que llegó a hacerse célebre en las gacetillas y revistas mundanas de la época: «Arruíname, Ninoshka, pero no me dejes.»

Aun así, tal vez el mejor testimonio de ese rasgo materialista que le valió el apodo de «devoradora de diamantes» sea una escena que relata Colette en *Mis aprendizajes*. Sidonie Gabrielle Colette tuvo una vida tan prototípica de la Belle Époque que bien vale dedicarle dos líneas antes de contar la anécdota. En pocas palabras podríamos decir que su vida es casi más insólita que la de la Otero.

Siendo una señorita de provincias de escaso atractivo físico, Colette se casó con un escritor mucho mayor que ella a quien adoraba. Durante años él firmó con su nombre las novelas que Colette escribía, las famosas y escandalosas «Claudines» y le fue infiel desde el comienzo del matrimonio. A pesar de todo, Colette tardó bastante en optar por el divorcio. Cuando por fin se atrevió a dar el paso, el destino y la necesidad la llevaron a aparecer totalmente desnuda y a besarse sobre un escenario con la marquesa de Belbeuf, Missy de Morney, más renombrada como «el tío Max», que hacía de galán en la obra que ambas representaban. El escándalo fue mayúsculo pero ella continuó escribiendo y, tras vivir mucho y muy intensamente, su talento literario logró que la reconocieran como una de las grandes figuras intelectuales del siglo pasado.

A lo largo de su dilatada vida, Gabrielle Colette hizo de todo: fue mimo, bailarina, fabricó cosméticos y se casó tres veces al tiempo que disfrutaba de varios amores lésbicos que la marcaron profundamente. Su vejez fue plácida. Era rica, reconocida mundialmente y alcanzó a ver cómo sus obras eran llevadas al cine por Hollywood. La que más se recuerde quizá sea *Gigi,* con Leslie Caron, en la que se recrea precisamente ese mundo de las *demi-mondaines* al que pertenecía la Bella Otero. Colette era aproximadamente cinco años menor que la Otero y admiraba su franqueza iconoclasta a la vez que su independencia. Fueron amigas a lo largo de mucho tiempo, y aunque Colette no la convenció para tener amores con ella volverían a encontrarse en múltiples ocasiones, la última cuando Lina contaba ya ochenta años y hacía grandes esfuerzos por ocultar a sus amigos que estaba arruinada. En cambio, la anécdota que voy a referir tuvo lugar casi cuarenta años antes, en el comienzo del declive:

Colette pasaba por una de sus rachas complicadas, no sabía qué hacer con su vida y Carolina la invitó una mañana a su casa a comer un puchero (*«Tu viens manger le puchero chamedi»*[1], anunció con ese particular e impostado acento que siempre utilizaba), y esa tarde la recibió en enaguas y camisa, tocada solamente con un peinador. «Tenía», recuerda Colette, «la cintura aún fina debajo de una grupa que era su orgullo. [...] Estaba en esa edad difícil de los cuarenta y cinco años, pero madame O no parecía hacer sacrificios por su belleza. Después de hacer gala de un apetito voluptuoso y vaciar cinco veces *(sic)* el plato», cuenta Colette, «avisó con una seña a su dama de compañía para que le acercara una botella de anís y una baraja con la que poder jugar un rato. El juego se calentaba y ella dejaba con indiferencia que su peinador se abriera y se le resbalara la camisa hasta el valle de sombras profundo entre dos senos

1. Colette escribe imitando el extraño acento de la señorita. Recuérdese que toda su vida fingió hablar mal el francés porque resultaba más *andalou.*

con una forma singular que recordaban la forma de un limón alargado[1], firmes y enhiestos».

Durante esta escena, Colette describe la casa de la Bella con todo detalle y su dormitorio Luis XV lleno de festones y gasas «hechas para el amor». A continuación explica cómo la conversación derivó hacia el tema de los hombres. Es ahí donde la escritora recoge el consejo que le dio la Bella para conseguir todo lo que deseara del sexo masculino:

«—Pareces un poco verde, muchacha. No olvides que siempre hay un momento en el que un hombre, aunque sea un tacaño, abre la mano del todo.

»—¿El momento de la pasión? —pregunté yo.

»—No, el momento en que se le retuerce el brazo —respondió la Bella y luego añadió—: Así —mientras imitaba un movimiento veloz con sus puños cerrados. Uno creía ver el manar de la sangre, los jugos de una fruta, el oro y Dios sabe qué más: podía oírse el crujir de huesos.»

Así era la Bella con respecto a los hombres. Casi da la sensación de que los calibraba no por su atractivo y ni siquiera por su rango sino por el valor de sus regalos, pero no es del todo cierto y veremos por qué. Sin embargo, volviendo a su colección de reyes, en lo que concierne al primero de ellos, Leopoldo de Bélgica, da la sensación de que con Léo, la Bella tuvo que utilizar este peculiar sistema de «retorcerle el brazo» porque, según declararía más adelante: «El rey no era muy generoso aunque yo muy pronto

1. Se dice que el arquitecto Charles Delmas, al construir el Carlton de Cannes, se inspiró en esta curiosa forma de los senos de la Bella para diseñar las cúpulas que adornan las dos torres del establecimiento. Hasta el día de hoy mucha gente los llama *«les boîtes au lait»* de la Bella Otero (las cajas de leche de la Bella Otero).

le enseñé a dar. Afortunadamente resultó ser un alumno muy apto en este terreno...»

En los primeros años de su amistad, Léo le regaló —aparte de varias piezas de joyería— una villa junto al mar en Ostende con todas las comodidades, incluidos dos cuartos de baño, una verdadera rareza en la época. Esta playa del norte de Bélgica formaba parte del «circuito internacional», un recorrido elegante al que se apuntaban todos los miembros de lo que ahora podríamos denominar *jet set*. A dicho recorrido lo llamaban «hacer la *saison*» y el peregrinaje tenía un lugar de encuentro para cada época del año. Ostende, por ejemplo, sólo se frecuentaba en el último mes de verano, hasta que la llegada del otoño empujaba a ese grupo de privilegiados holgazanes a la Costa Azul, a Niza, o Montecarlo. La villa de la Otero en Ostende estaba situada en la zona más solicitada de la costa y a Carolina le gustaba mucho visitarla. A pesar de todo, esta casa, junto con cierta isla en el océano Pacífico que le regalara el emperador de Japón, serían las primeras propiedades que vendería para convertirlas en fichas de casino en el comienzo de su declinar.

Pero, de momento tenemos a Carolina cómodamente instalada mirando al mar en su nueva casa y paseándose con sus amigos hasta que sus compromisos profesionales la obligan, a mediados del año 1895, a volver a París para debutar en el Folies Bergère. No he conseguido averiguar detalles sobre esta primera actuación que habría de reportarle un éxito inmediato. No puedo decir en qué consistió el *show*, aunque es de suponer que tendría el mismo corte andaluz de todo su repertorio. Desconozco con qué vestuario y con qué cascada de joyas deslumbró a los espectadores, pero lo que sí puedo afirmar es que entre los deslumbrados estaba un viejo (y rico) amigo.

William K. Vanderbilt, que acababa de divorciarse de su esposa Alva, había llegado a Europa a bordo de su nuevo yate, el *Valliant*, de setenta metros de eslora. Fue durante el reencuentro de los dos antiguos amantes cuando pasó a manos de la Bella el famoso collar de Eugenia de Montijo que, casi como un presagio, la ahora ex señora Vanderbilt había lucido en la presentación de Carolina Otero en el Eden Musée de Nueva York años antes. Extraño destino el de esta joya que, de manos de una española volvió a manos de otra tras un pequeño paseo por la garganta de la reina de los ferrocarriles americanos. El regalo se consideró tan extraordinario que el corresponsal de *The Sun* de Nueva York en París habló de una entrada de la Otero en Maxim's con dicha joya y un millón de dólares en otras joyas de todos los tamaños.

A partir de ese momento, cada vez que la Bella se desplazara fuera de París la seguiría un maestro joyero, «perfecto conocedor de los gustos de la dama», con el fin de aconsejar a los enamorados en la elección del regalo que sería mejor recibido.

Empieza hacia 1895 la época más ajetreada de la señorita como figura mundial. Empresarios de todo el mundo reclaman la presencia de la Otero en sus establecimientos y el primer contrato la llevó a Italia. Pero más le hubiera valido elegir otro de los muchos destinos que le proponían porque Italia iba a resultar un desastre para la artista. Hay que decir que, aparte de enamorar rendidamente al poeta y héroe militar Gabriele d'Annunzio, el resto de su estadía puede considerarse un fiasco. Las críticas que recibieron sus actuaciones tenían toda la admiración que los italianos rinden a lo que es hermoso con frases como: «La belleza apareció deslumbrante bajo un magnífico vestido que ponía de relieve su cuerpo perfecto»; pero aparte de alabar sus encantos, los periodistas fueron implacables. *Il Opinione* afirmaba: «La Otero no sabe actuar ni cantar y sus ordinarias contorsiones, que difícilmente pueden calificarse de baile, fueron una afrenta para el público.»

En general, Carolina Otero no solía disgustarse con las críticas adversas. Las había recibido ya en París, en Viena, en Londres e incluso algunas en Nueva York, pero hasta entonces siempre había contado con el beneplácito del público. En este caso, en cambio, fueron los espectadores los que se sintieron defraudados, y el fracaso se repitió en cada una de las ciudades que visitó.

Al llegar a Roma, como compensación o, quizá, con el ánimo de mejorar su consideración frente al público, intentó concertar una audiencia con el papa que en ese momento era León XIII. Pero la Otero tuvo que guardar entre naftalina la larguísima mantilla negra que había preparado para la ocasión. El papa no consideró oportuno recibirla y la señorita Otero tuvo que conformarse con una amable carta de disculpa del secretario papal. Sin embargo, su pesadilla italiana aún no había terminado. A pesar de la incondicional devoción de D'Annunzio que quedó plasmada en una dedicatoria que rezaba «A la belleza viviente, religiosamente, Gabriele d'Annunzio», y fue de los pocos recuerdos que se encontraron en la Rue d'Angleterre después de su muerte, lo peor la esperaba en un teatro de Bolonia.

Al enterarse el público de que, tras una fallida actuación, la Bella se había retirado a su camerino encogiéndose de hombros y riendo a carcajadas, como hacía siempre para intentar restar importancia a los sinsabores, el público se sintió ofendido y decidió esperarla a la salida del teatro. Su aparición fue recibida con un concierto de pitos y silbidos a los que la Bella, maravillosamente ataviada como siempre, contestó remangándose la falda y gritando: «Maldita la madre que os parió», «Que se callen los italianos mugrientos», y una retahíla tal de improperios y juramentos en gallego que casi hacen estallar en aplausos a los boloñeses al ver, esta vez sí, un verdadero número artístico... Aunque éste fuera más del género circense que otra cosa.

Desde ese día y hasta el de su muerte, la palabra «Bolonia» estuvo vetada para cualquier amigo de la Bella que no deseara presenciar uno de sus famosos ataques de ira.

Una noche en la Ópera

Antes de conocer a otros amantes reales que la obsequiarían con más piezas para su colección de joyas y casas, Carolina, para curar su maltrecho amor propio, se dedicó a desplumar a un caballero sumamente feo pero muy generoso al que ya conocía. Se trataba del barón de Ollstreder, su acompañante a las carreras de Longchamps el día en que Leopoldo de Bélgica la invitó a su palco. Ollstreder era un hombre zafio que sólo buscaba en las *demi-mondaines* de París sexo sofisticado y la posibilidad de mostrarlas en público como una posesión más. Había sido amante de Liane de Pougy, pero al ver a la señorita y los buenos amigos que ésta tenía, pensó que sería más provechoso para su reputación que lo vieran del brazo de Carolina.

Y Carolina le hizo pagar bien caro su capricho. Una noche en la Ópera durante la representación de *I Pagliacci* el barón se alejó unos minutos para saludar a otra dama, tal vez Liane de Pougy, y al volver se encontró a Carolina en uno de sus ataques de furia andaluza. Haciéndole una escena de celos enloquecida, se arrancó uno de los pendientes que él acababa de regalarle y mientras se ponía el abrigo de martas (cortesía también de nuestro amigo) enfiló hacia el restaurante en el que se cenaba habitualmente después de la Ópera, no sin antes gritar por los pasillos al consternado caballero: «¡Cuando uno

La mayor rival de Carolina Otero fue Liane de Pougy. De esposa de militar pasó a ser gran cortesana de París, luego se convirtió en princesa y acabó sus días como monja terciaria. Siempre le disputó a Carolina los amantes, las joyas y la fama.

La belleza de Carolina Otero quizá no sea tan notable para los cánones de hoy día, pero causaba estragos en su época. Además de su colección de amantes, la llamaban la Sirena de los Suicidios. Siete hombres eligieron morir al no conseguir sus favores.

Boni de Castellane, el hombre más deseado de su época, fue el único que llegó a engañar y a costarle dinero a la Bella Otero.

El heredero americano William Vanderbilt inaugura la larga lista de amantes de Carolina.

Maurice Chevalier la conoció cuando él tenía veinte años y ella cuarenta.

Carolina Otero vestida de húsar en una de sus más exitosas actuaciones.

En aquella época resultaba elegante tener un chófer de color. Carolina da instrucciones al suyo en el Bois de Boulogne.

Rasputín reunido con influyentes damas de la sociedad rusa. Sus dones sobrenaturales no le defendieron de las mentiras de la Bella Otero.

El arquitecto Charles Delmas se inspiró en la extraña forma de los senos de la Bella para realizar las cúpulas del Carlton de Cannes

MADRID DIA 7 DE ABRIL DE 1908. NÚMERO SUELTO 5 CENTS.

ABC

DIARIO ILUSTRADO. AÑO CUARTO NUMERO 1.037. 2.ª ÉPOCA.

MADRID: UN MES, 1,50 PTAS. PROVINCIAS, TRES MESES, 5. EXTRANJERO, SEIS MESES, 15 FRANCOS
REDACCIÓN: SERRANO, 55. ADMINISTRACIÓN: SEVILLA, 12 Y 14

LA BELLA OTERO
CÉLEBRE ARTISTA ESPAÑOLA DEL TEATRO «FOLIES BERGERE», DE PARIS

En plena madurez, Carolina Otero aún mantenía su legendario atractivo.

Carolina y María Félix fotografiadas en 1954 poco antes del comienzo del rodaje de la película basada en la vida de la Bella Otero.

La Otero en uno de sus últimos papeles «La gitana Gyska», con George Wague (tenía más de cuarenta años). Wague descubrió su talento para la pantomima.

Cuentan que los últimos años de su vida, Carolina Otero recibía del casino de Montecarlo una invitación para pasar dos días en una modesta habitación y un puñado de fichas como consolación a las fortunas que se había dejado en los tapetes. Fue allí donde conoció a Harpo Marx, también gran aficionado al juego.

Carolina Otero vivió sus últimos veinte años en una modesta habitación amueblada de Niza. Siempre intentó mantener un aire digno y no confesar que estaba arruinada. Sólo perdía la compostura y volvía a ser la terrible Bella Otero para amenazar a los fotógrafos que, curiosos, se le acercaban.

Última foto de la Bella Otero con 96 años, tomada poco antes de su muerte.

Ser mal fotógrafo tiene algunas ventajas. Aquí, frente a la tumba de la Bella Otero en el cementerio del Este, aparece mi silueta como una sombra más de todas las que desfilaron a lo largo de este libro.

tiene el honor de pasear a la Bella Otero, no existe nadie más!»

Minutos más tarde el barón se reunía con ella en el restaurante y Carolina, más gélida que champagne *frappé*, le echó la culpa de la pérdida de su pendiente, que, por cierto, descansaba a buen recaudo en el escote de su dueña. Ollstreder se deshizo en excusas y prometió reponer la joya perdida, pero eso ya no era suficiente para reparar la ultrajada sensibilidad de la señorita que no se mostró amable hasta que el barón le prometió, como compensación, una de las joyas más codiciadas de la época, cierta *rivière* de diamantes que había pertenecido a la reina María Antonieta.

Días más tarde, bajo una foto del muy poco agraciado barón de Ollstreder, uno de los cáusticos periódicos de la época publicaba un comentario que la Bella hizo en privado sobre su amante: «¿Feo el barón? Una no puede llamar feo a un hombre que hace regalos tan buenos.»

Como todo tiene su compensación en esta vida, desde ese día la cotización del barón de Ollstreder creció enormemente. Años más tarde, en las memorias dictadas a madame Valmont, y tras mencionar sensatamente que ella ya no era esa reina de belleza que levantara tantas pasiones y por tanto podía hablar de sus éxitos como si se trataran de los de otra persona, Carolina Otero decía: «Hay que entenderlo así: para los hombres yo resultaba una patente de riqueza [...] Se sabía que para pasear a la Bella Otero había que ser muy influyente, muy rico... o las dos cosas a la vez.»

Sólo hubo una ocasión en la que la Bella no cumplió esta premisa. Hacia el año 96 se fugó con un hombre casado que no era especialmente rico aunque contaba con otros muchos encantos masculinos a los que la Bella hasta entonces nunca había sido sensible. La forma en que se desarrollaron los acontecimientos hay que leerla entre líneas en sus memorias y completarla con algunas habladurías de la época. Si incluyo aquí este episodio con tan dudosa base es porque creo que puede ser verdad. Carolina Otero cambió todos los nombres de los personajes que aparecen en sus memorias para hacerlos irreconocibles y evitar posibles escándalos, pero aun así pienso que bajo el falso nombre de André Fibromarchant se puede descubrir con bastante facilidad al protagonista de esta historia de amor.

¿La Bella Otero enamorada?

A los más románticos de mis lectores seguramente les parecerá frustrante e incluso poco atractivo pensar que la Bella Otero pasó por este mundo conquistando hombres pero sin haberse enamorado nunca. Para esquivar este trazo poco romántico de su carácter y hacerla más atractiva a los lectores, la mayoría de mis colegas biógrafos decidieron torcer un poco la verdad y atribuirle al menos un amor que la hiciera más humana y vulnerable. Algunos apostaron por decir que era Paco Coll, su novio de adolescencia, justificando así, con un primer desengaño, su frialdad posterior. Otros, haciendo caso a «confesiones» hechas en su libro de memorias, retratan una historia de amor y pasión que acaba en suicidio con nuestro ya conocido príncipe Pirievski. Tampoco falta quien elige atribuirle un amor otoñal con el primer ministro francés Aristide Briand, al que conoceremos más adelante y al que presentan como el único hombre capaz de hacerle sentar cabeza. Pero me temo que todo ello no son más que medias verdades, por no decir «licencias literarias» destinadas a satisfacer al lector. Incluso Carolina Otero era consciente de cuánto pierde una heroína que no se enamora; de ahí que en sus memorias habla a menudo de irrefrenables pasiones, de sus terribles celos y de lo mucho que la hicieron sufrir los hombres.

Al menos se confiesa enamorada de tres, todos de escasos medios (excepto Pirievski, que acaba arruinándose más tarde), como queriendo demostrar (ella siempre tan cuidadosa con su imagen de andaluza apasionada) que, en sus «verdaderos» sentimientos, nunca se fijó en el dinero. Los tres hombres son Paco Coll, Jurgens y ese misterioso Pirievski cuya existencia resulta imposible de probar y que, según sus memorias, la indujo a intentar pegarse un tiro y a llorar mucho antes de acabar tan tristemente como ya les he contando en el capítulo dedicado a «La Sirena de los Suicidios». En cada uno de estos amores, la razón que aduce para la ruptura es «mis terribles celos de mujer andaluza que no me dejaban vivir»; un método que, como ya hemos comentado, le iba a servir en multitud de ocasiones para librarse de indeseados (y consternados) amantes que le ofrecían el cielo con tal de que los perdonara. Pero ahí era donde Carolina se mostraba inflexible y no había joya ni palacio que la hiciera cambiar de opinión.

Es sumamente extraño que en la vida de una persona no haya amor, pero ya sabemos cuál fue la única pasión de la Otero y, según dicen, una pasión anula otra. Es más que probable, por tanto, que su corazón estuviera demasiado ocupado latiendo por un rey de tréboles como para hacerlo, ni siquiera, por un soberano de carne y hueso. Sin embargo, yo creo que entre plebeyos y aristócratas, industriales, multimillonarios o testas coronadas, si la Bella nunca llegó a perder la cabeza por un hombre de los centenares que pasaron por su vida fue debido también a las circunstancias y la edad tan temprana en que fue violada. Y no porque piense que aquel episodio la volviera frígida tal como se ha dicho a menudo: son muchos los testimonios que apuntan a que no hacía el amor más que por dinero, es cierto. Pero Paul Franck o Maurice Chevalier, compañeros de escena, han contado que también ellos, artistas sin excesivos recursos, fueron requeridos por la Bella, y una mujer frígida difícilmente hace horas extras, digamos. En cuanto a su filosofía general sobre el amor existe una frase suya que la resume en una docena de palabras: «Mire usted», le confesó un día a un periodista con una de esas sonrisas que derretían témpanos, «en general, yo fornico útil pero, cuando es posible, trato de que me produzca placer».

Es posible que su violación la hiciera desconfiar de los hombres y al mismo tiempo descubrir el enorme ascendente que tenía sobre ellos. Un poder ilimitado que se acentuaba con el hecho de que la violación la había dejado estéril y era, por tanto, como una mujer de nuestro tiempo, dueña de su cuerpo sin miedo a embarazos no deseados. Opino además que lo que Carolina Otero buscó siempre fue la libertad. La libertad que da el dinero, la libertad que da el poder; hasta tal punto que no se casó jamás, ni siquiera para «acabar bien su vida» como procuraron hacer sus rivales. Para ella, el juego lo suplía todo: el amor, la soledad, la incertidumbre... Es posible que al lector estas frías revelaciones lo desilusionen y lo alejen del personaje; a mí, en cambio, me lo hacen más admirable, tal vez porque siempre me he sentido atraída por las personas valientes que eligen su vida sin hacer concesiones, ya sean éstas amorosas o románticas y que luego, cuando se equivocan, están dispuestas a pagar el precio. Con dignidad, sin un pestañeo ni un mal gesto, como un buen jugador de póquer. Porque eso es, en realidad, lo que fue la Bella Otero toda su vida: una jugadora tanto en la vida como en los casinos.

Sin embargo, acabado este frío discurso, en el que los peores rasgos y tretas de la Bella quedan en evidencia, tengo que desdecirme. Hubo al menos una vez en que Carolina Otero perdió la cabeza por un hombre. Quizá se tratara sólo de un espejismo pasajero, pero se enamoró y, tal como ocurre siempre con las verdaderas pasiones, lo hizo de la persona menos indicada.

La historia de Boni de Castellane

Cuando un conquistador se encuentra con otro de su misma destreza resulta muy fácil confundir el amor con el amor propio, y así debió de ocurrirle a la señorita en una ocasión. Porque, en mi opinión, durante unos meses, los ojos de la Bella, en vez de estar iluminados por martingalas y sistemas matemáticos para ganar al *blackjack,* cambiaron ese brillo desafiante que tanto gustaba a los hombres por esa sonrisa pánfila que a todos se nos pone en el comienzo de un enamoramiento.

Él se llamaba Boni de Castellane y era «como un dios griego»; pertenecía a una antigua familia y fue pieza clave en una época en la que lo que más se admiraba era la brillantez, la belleza, los encantos de dormitorio y... el dinero. Las tres primeras cualidades las tenía el conde de Castellane por nacimiento y la cuarta habría de procurársela una millonaria americana de nombre Anna Gould, que se contentaba con vivir en una casa espléndida, recibir de vez en cuando a los amigotes de su marido que la trataban con mucho aprecio (no en vano era la que financiaba sus calaveradas) y adorar a Boni. Porque todos adoraban a Boni. Era lo que se conoce por un *charmeur,* ese tipo de hombre al que se le perdona todo, hasta lo imperdonable. Con todos, incluso con su mujer, era cariñoso y también generoso a su manera, aunque, quizá, sus comentarios sobre las delicias del matrimonio no fueran todo lo caballerosos que habría de esperarse de semejante perfección de hombre. Al acto de cumplir con el débito conyugal, por ejemplo, lo llamaba «entrar un rato en la cámara de los horrores»; pero, a su modo, quería a su mujer por el bienestar que le había proporcionado y no perdía ocasión para que Anna se sintiera feliz y no se inquietara por el vertiginoso uso que hacía de su fortuna, la cual desaparecía al ritmo de un millón por año.

Otero y Boni tuvieron sus amoríos. Era lógico, el más deseado de los hombres tenía que encontrarse con la más deseada de las mujeres y así ocurrió, pero lo que nadie podía prever es que la atracción entre dos expertos en el amor iba a llegar tan lejos. El caso es que después de unos meses de coqueteo se fugaron abandonándolo todo (especialmente Boni, que perdía así su fuente de ingresos). Comenzaron entonces días de idilio y pasión que Carolina revive en sus memorias años más tarde pero quitándole toda importancia tal como hace siempre con lo que realmente la afecta o duele:

«... André Fibromarchant (éste es el nombre que elige para ocultar el de Boni) comenzó a hacerme la corte de modo decidido», explica la Bella a través de la pluma de madame Valmont. «Según él era una pasión tan repentina como ardiente la que sentía por mí. Yo no hacía mucho caso de sus discursos, pero le oía complacida. Hasta que un día me dijo que estaba dispuesto a suicidarse si yo no le escuchaba y eso ya no me dejó insensible. Vino a buscarme, me raptó para llevarme hasta el fin del mundo y me llevó... al hotel des Reservoirs de Versalles. Fue sin embargo encantadora aquella fuga a países lejanos que se terminaba en la primera estación. Pasamos una noche muy agradable: mi amigo sabía hacer frases muy bonitas y pintar su amor con palabras calurosas. Yo no me lo tomaba demasiado en serio, pero él hablaba con voz tan cálida que yo, mujer apasionada siempre, fui muy sensible.

»Todo se desarrolló bien hasta el momento en que hubo que pagar la primera "dolorosa" *(sic)*; el señor no tenía dinero encima y me pidió prestado. Me dijo que tenía el carnet de cheques guardado en un mueble del que su mujer se había llevado la llave, me rogó que le prestara unos cientos de francos que, ¡desde luego!, me devolvería y me pidió que, como se había marchado de su casa sin tiempo para atreverse a coger nada, le diese otro tanto para comprar ropa blanca, corbatas y botines. Pagué pues la cuenta del zapatero, también la de Charvet y, por más esfuerzos que hacía para creerme lo que me contaba el bello André, no podía lograrlo. Al día siguiente me propuso comprar un automóvil para continuar nuestra fuga; le dije que me lo pensaría, pero mientras me decidía convinimos en volver a París. Dos días más tarde recibí una llamada de teléfono desde Marsella: era André que se excusaba de no haberme podido llamar antes, estaba con su mujer a la que había pedido el dinero para devolver el de nuestra infructuosa "fuga". Pensaba devolverme hasta el último centavo. Sería inútil añadir que no vi jamás un céntimo.»

Fin de la historia del guapo André Fibromarchant, o, mejor dicho, Boni de Castellane.

Como se ve, a pesar del tono humorístico que emplea la Bella para contarla, esta «fuga hasta el fin del mundo» debió de ser bastante humillante para una mujer acostumbrada a ganar siempre. Ésa es la razón por la que he decidido incluir esta anécdota; no sólo porque creo que retrata la forma que tenía la Bella de perder a pesar de ser una mujer tan orgullosa, sino porque tengo la sospecha de que, si por un momento creyó haber estado enamorada de Boni, el fiasco final la habrá reafirmado en su idea de cómo tratar a los hombres: no hay que enamorarse nunca. El poder total implica no amar; en realidad se trata de la conocida maldición del Don Juan: quien conquista no ama, le resulta imposible... está demasiado inmerso en la impostura de la seducción como para fijarse en el objeto deseado.

La maldición de Jurgens

Seguimos en 1896 y otras cosas poco agradables habrían de sucederle a la señorita antes de que terminara el año. En diciembre tenía contrato en Nueva York para actuar en el Koster & Bial's, rival del Eden Musée, donde había iniciado su carrera gracias a las artes de André Jurgens, su enamorado agente. Como se recordará, Jurgens se había separado de la Bella a principios de los años 90, en mitad de una gira europea, tras una disputa sobre las costumbres extra artísticas de Carolina. Pasarían seis años y, como si de un augurio se tratara, Jurgens reapareció dos días antes de que la señorita iniciara su segunda visita a Estados Unidos. Jurgens estaba completamente arruinado. Estuvo rondando la casa de Carolina y tras la breve y patética entrevista de la que ya hemos hablado en páginas anteriores decidió abrir la espita del gas y abandonar este mundo. Ella no se enteró hasta que el barco tocó puerto en Nueva York y fue asediada por los periodistas. La artista dijo estar muy afectada y se preparó para tener tanto éxito en la ciudad como lo había tenido de la mano de Jurgens. Pero ya nada fue igual. Sin contar con el apoyo de los críticos amigos o sobornados por Jurgens, la prensa dijo cosas terribles de su actuación y también de su persona.

Alan Dale, reputado crítico teatral y amigo de Jurgens que sabía cuánto había sufrido éste por culpa de su pupila, escribió: «La Otero, que solía zapatear y avanzar orgullosamente por el escenario del Eden Musée hace unos pocos años, ha quedado olvidada. Ha surgido una nueva Otero, una que ha sido capaz de lograr que se hablara de ella en Alemania, Rusia y Francia. Si se hubiera quedado en América ensayando durante doce de las veinticuatro horas que tiene el día, posiblemente ahora estaría luciendo bisutería y sedas de 49 centavos el metro. Pero lo que la Otero ha estado haciendo en este tiempo es coquetear con duques y príncipes extranjeros. Y ellos son un curso preparatorio mucho más rápido para alcanzar un contrato millonario en un Music Hall de Nueva York.»

Otra periodista, la ácida Jessie Woods, después de deplorar la degeneración que estaba sufriendo el teatro con la presencia de «cortesanas» en la escena, describía así parte de la actuación: «Sobre su pecho y trasero... exhibe todo un tratado de minerales que resulta muy vulgar [...] A mitad de la danza se despoja de este museo de diamantes y de él se hacen cargo ¡seis! hombres armados, que están entre bastidores.»

Como siempre ocurrió durante su carrera, excepción hecha de Italia, el público americano no le falló. La sala estuvo llena durante los treinta días que duraba el contrato, y aunque no se lo renovaron, los espectadores aplaudieron cada noche con verdadera admiración. Entre ellos, unos decían asistir para contemplar a la que ya para entonces llamaban «La Sirena de los Suicidios», otros para asegurarse de que era tan bella como se contaba, los terceros venían para admirar la increíble colección de joyas que lucía en cada ocasión incluido el famoso bolero de diamantes al que un crítico describía de este modo: «Parece un corpiño escotado pero su propietaria podría meterse en un huracán sin coger un constipado gracias a los enormes diamantes de su pecho.»

Por último, muchos espectadores acudían atraídos por el morboso deseo de conocer a alguien capaz de enamorar a tantos hombres importantes. Sin embargo, contrariamente a lo ocurrido en su primera visita, la sociedad neoyorquina ignoró la gira de la Otero; no fue bien recibida por las mujeres, que son las que siempre marcan la aceptación social de las personas, en cambio los hombres...

Los hombres, además de asistir al espectáculo, si podían permitirse el lujo, se apuntaban gustosos a pagar los 10.000 dólares que cobraba la señorita por compartir una noche. De todos modos, cuando un mes más tarde la Bella partió para Londres una vez cumplido su contrato, no se mostraba demasiado contenta: «Los críticos se portaron muy mal», le dijo al dueño del Koster, «le juro que no volveré a poner los pies en este país». Y cumplió su promesa; la señorita no volvió más a Estados Unidos.

Londres, el Alhambra y Bertie

Al regresar a París, lo primero que hizo Carolina para desquitarse del mal trato que le había dispensado Nueva York fue pedirle a su nuevo agente, Robert T. Grau, que le gestionara un contrato para el Alhambra de Londres. Este teatro, muy al gusto de la época ya que parecía una tarta morisca, era el escenario más importante del momento en Europa y toda gran artista de *music hall* debía actuar allí al menos una vez en la vida. El señor Grau informó a su representada que, lamentablemente, el Alhambra tenía sus programas completos hasta el año próximo y que habría que esperar, pero contratiempos de esta índole nunca descorazonaron a la Bella. Averiguó el nombre del gerente general del teatro, viajó a Londres y, después de alojarse en el mejor hotel, invitó al caballero a cenar. «Estaba segura de que si pasaba una hora conmigo podría persuadirlo de que cambiara de idea», comentó en una entrevista publicada muchos años después. «Pero ante mi sorpresa, dos días más tarde recibí una carta muy amable en la que el caballero se excusaba de no poder cenar conmigo. Alegaba que estaba demasiado ocupado con citas profesionales como para aceptar una de carácter social.»

El periodista anota que la señorita sonrió al recordar el hecho y luego comentó: «Yo había hecho cuanto estaba en mi mano, así que tuve que aceptarlo. No estaba en racha.»

A continuación el articulista afirma que sin perder tiempo la Bella había llamado a Grau para que le organizara un contrato con el teatro Imperial, de Moscú, y luego, como si el traspié del Alhambra no hubiera existido nunca, dijo: «Mi mayor deseo era volver a Moscú; ahí me esperaba mi buen amigo el gran duque Nikolai Nikolaevich que me había prometido presentarme a su primo, el zar.»

Sin embargo, como habrán notado ustedes, este capítulo se llama «Londres, el Alhambra y Bertie», de modo que no es a Rusia adonde nos vamos de momento, sino que permaneceremos aún unos días en Londres para dar cuenta de un interesante episodio amoroso que tiene como protagonista al príncipe de Gales.

El futuro Eduardo VII no se llamaba precisamente Eduardo, sino Alberto, en honor a su padre, Alberto de Sajonia-Coburgo, y su círculo más próximo lo llamaba Bertie, empezando por su madre, la reina Victoria, que no tenía de «*poor* Bertie» una opinión muy elevada e incluso lo culpaba indirectamente de la temprana muerte de su esposo. Lo consideraba un vividor (y lo era), un frívolo rodeado siempre de amantes y amigotes inútiles (también esto era cierto), pero sobre todo estimaba que no poseía la talla intelectual de su padre, al que ella adoraba y por el que guardó un luto riguroso durante cuarenta años. Si Bertie o, mejor dicho, Eduardo estaba o no a la altura de la misión que el destino le reservaba, apenas tuvo tiempo para demostrarlo. La reina, pese a su muy avanzada edad, se negó a abdicar en su favor, de modo que cuando por fin subió al trono tenía sesenta años y sólo sobrevivió nueve años a su longeva madre. En lo que concierne a sus obligaciones como príncipe de Gales, la reina trató de que interviniera lo menos posible en asuntos de Estado, de modo que Bertie pasaría a la historia como el príncipe diletante por excelencia, el que marcaba la moda, el que estaba presente en todos los acontecimientos sociales: hoy en las carreras de Longchamps, mañana en Montecarlo, luego en Nueva York... un vividor, como decía su madre, pero también «un inútil a la fuerza», como decía él cuando la reina le negaba por enésima vez algún papel más importante que ser «el embajador de la elegancia británica».

Cuando la Bella y Bertie se conocieron en un restaurante de Maiden Lane, durante el infructuoso viaje de Carolina para conseguir un contrato en el Alhambra, el príncipe de Gales tenía unos cincuenta y seis años, era de baja estatura, barbudo y medio calvo pero aún conservaba buena parte de su atractivo. Estaba casado con la princesa Alejandra de Dinamarca, que fue muy bella en su juventud pero que nunca consiguió frenar las innumerables infidelidades de su real marido. Y es que la reina Victoria, para que el príncipe no se metiera en sus asuntos, le había asignado un presupuesto anual de cincuenta mil libras netas. De este modo podía viajar todo lo que quisiese, disfrutar de su propio yate con tripulación de la Royal Navy, de varias residencias reales, cotos de caza y demás refugios, pues todo dispendio le parecía poco a su augusta madre con tal de mantenerlo entretenido y lejos de Londres.

Como era habitual en aquella época, el príncipe tuvo multitud de amantes. La relación amorosa más larga y la que más lo marcó fue con Émilie Le Breton, más conocida como Lillie Langtry, una belleza prerrafaelista, hija de un deán de Jersey, que encandiló al Londres elegante del siglo XIX por su sola belleza. Cuenta la historia que, al instalarse en la ciudad junto a su marido, el insignificante señor Langtry, el matrimonio apenas tenía dinero. Además Lillie estaba de luto por la muerte de su hermano, por lo que solía asistir, junto a su esposo, a las cada vez más frecuentes invitaciones que recibía la pareja, siempre con el mismo y humilde vestido negro. En una de estas ocasiones fue cuando la conoció Bertie, y ya no habrían de separarse jamás. En la Inglaterra victoriana, la fidelidad en las capas altas de la sociedad era algo más bien simbólico: no importaban los hechos, bastaba con guardar las formas. El señor Langtry, por ejemplo, salía « a tomar un poco el aire» cada vez que lord Renfrew —nombre secreto del príncipe de Gales que todo el mundo conocía— expresaba su deseo de tomar el té con Lillie. Tal como ocurría en Francia, no era el adulterio lo que se consideraba escandaloso, sino el divorcio. Una mujer podía ser perfectamente respetable teniendo dos o tres amantes (incluso femeninas, como era el caso de Colette) siempre que no se separara de su marido. Es por eso que, tanto en el caso de Colette como en el de Lillie, el ostracismo social sólo les llegó cuando ambas decidieron separarse de sus maridos. El único recurso entonces para una mujer en esa situación era dedicarse a la escena. Y así lo hicieron tanto la una como la otra: Colette con más talento y Lillie con menos, aunque luego ambas habrían de pasar a la historia por razones ajenas a sus aptitudes teatrales.

En el caso de la Langtry, el divorcio vino acompañado de otra dificultad añadida. Quedó embarazada. El padre no era, como se podría pensar, el príncipe de Gales (o al menos él prefirió creerlo así), sino el primo de éste, el príncipe Luis de Battenberg. Una vez más sorprende la amigable tolerancia con la que estos personajes aceptaban que sus amantes lo fueran a la vez de alguno de sus «primos». En el caso de Lillie, y dado que ella estaba separada y sin recursos, fue el príncipe de Gales quien le procuró una agradable casa campestre para ocultarse mientras durara el embarazo y se alternaba con Battenberg en el placer de alegrar la maternal espera. Una vez nacida la criatura, ésta quedó, como era costumbre, al cuidado de la familia de Lillie, mientras ella reanudaba su relación con Bertie. Se había tratado sólo de un pequeño paréntesis de nueve meses.

Pero volvamos al restaurante de Maiden Lane en el que coincidieron, tal vez por pura casualidad, Carolina y Bertie. Este restaurante, llamado Rules y que aún existe, era entonces un establecimiento frecuentado por gentes del teatro. Ruidoso y muy alegre, estaba decorado con fotos dedicadas de artistas, programas antiguos de pretéritas galas, separatas, entradas... Era fácil ver, entre los camareros que iban y venían con jarras de cerveza y fuentes de ostras frescas, a *play boys* de moda o caballeros casados que preferían una cierta privacidad. Para ello, en el primer piso, había una serie de reservados de pequeño tamaño. Al ser Rules uno de los lugares favoritos del futuro Eduardo VII, cuando sus encuentros con Lillie Langtry eran casi diarios, los dueños amablemente tiraron una pared para adosar al muro exterior una escalera que condujera directamente a los reservados sin pasar por el comedor de abajo. En más de una ocasión, esta escalera iba a servir o bien para que Lillie escapara precipitadamente en alguna emergencia, o bien para que desapareciera Bertie, y —al menos en una ocasión— para que la Bella hiciera un discreto mutis antes de que una inesperada y furiosa Lillie comenzara a estrellar botellas de champagne en el piso de abajo, alegando que «sabía que el príncipe estaba arriba con alguna de esas truchas francesas».

A pesar de usar siempre su reservado, a Bertie le gustaba dejar durante un rato sus *tête-à-tête* para saludar a los comensales de abajo, y fue en una de estas excursiones al piso inferior cuando vio a la señorita y admiró su belleza. Ella, por su parte, debió de pensar que valía la pena intentar seducirle y que la conquista la haría sentir mejor después de su fracaso con el recalcitrante gerente general del Alhambra, de modo que puso en marcha un plan.

Niza, 10 de abril de 1965, al amanecer.

Me despierto, el día apenas clarea, comienzan a cantar los pájaros y aún no estoy muerta. Dicen que justo antes del amanecer, durante ese período espectral que alguien llamó L'heure dangereuse du petit matin, es cuando con más frecuencia dejan de latir los corazones cansados. Escucho el mío: ¿aún no ha llegado el momento?, sin duda no puede tardar mucho más en callar para siempre. No recuerdo haber soñado durante las últimas horas, tampoco noto la sombra de ningún espíritu cerca de mi cama, debe de haberse acabado el cortejo de fantasmas y, sin embargo, al abrir los ojos, y a pesar de la ínfima claridad, tuve por un instante la fantasía de haber visto la silueta de Bertie darling. Pero sin duda me equivoqué, es fácil confundirse, las manchas de humedad en la pared se parecen mucho a las barbas reales.

De todos modos, ahora que el sueño se aleja y entra la luz de la aurora, juraría haber visto su barba rubia enfrentada a la de René Webb. Hace añares que no recordaba a mister Webb. Miro el reloj, son cómodos estos modernos aparatos de números grandes y fosforescentes. Sólo son las seis menos diez de la mañana, la muerte se retrasa y yo detesto la impuntualidad. Ella tenía que haber venido durante la noche, ése fue mi envite. Habría sido un gesto de sutil elegancia por su parte el sorprenderme en mi cama del hotel Novelty como un homenaje a tantas otras camas en las que me he ganado la vida, pero siempre he sospechado que la muerte no es elegante. Los pájaros comienzan a cantar con más insistencia, pronto se hará de día y perderé mi apuesta. La mancha de la pared se hace más viva con el primer rayo y ya no es la barba de Bertie la que veo, sino que la fantasía se ha concentrado en otra cara; espero que no se le ocurra a la vieja da gadaña negra presentarse ahora. Por nada del mundo me gustaría morir pensando en él. ¿En él? ¿En mi marido? Por amor al cielo, sería completamente estúpido, pero eso es lo malo de haber contado tantas mentiras, supongo, hasta mi último suspiro vendrán a molestarme.

Bertie y el señor Webb

«La Bella Otero no sabe si reír o llorar en la víspera de su matrimonio con René Webb, un inglés enormemente rico. Ella misma así lo dice. Asegura que le desconcierta el espectáculo de verse como una respetable matrona británica». (*The World*, Nueva York, 16 de noviembre de 1906.)

En 1906 los periódicos de todo el mundo publicaron la inminente boda de Carolina Otero con un caballero inglés de nombre René Webb. En realidad ésta nunca tuvo lugar. El único papel importante que este hombre jugó en la vida de la Bella fue seis años antes, hacia finales de siglo, cuando Carolina se encontraba en Londres tras el disgusto por no haber conseguido su contrato en el Alhambra pero al mismo tiempo entusiasmada por el breve encuentro casual que había tenido con el príncipe de Gales en el restaurante Rules. Desgraciadamente, como un saludo y una sonrisa no habían sido suficientes para entablar relación con el heredero de la Corona británica, Carolina necesitó ayuda suplementaria y es ahí donde entra en juego el servicial señor Webb.

«Resultaba muy difícil para una dama extranjera», recordaría en alguna ocasión la Bella, a la que le gustaba mucho contar sus estratagemas para conquistar a los hombres, «intimar con el príncipe de Gales en su propio país, donde estaba monopolizado por mistress Langtry y bajo la estricta mirada de mamá. Pero pensé que si alguien me presentaba al príncipe ya me las arreglaría más tarde para conocernos mejor en París». Lamentablemente, la Bella tampoco disponía de mucho tiempo en aquel viaje ya que la esperaban en Rusia. Se le ocurrió entonces que lo más sencillo para lograr su objetivo sería llamar a su viejo amigo, el señor Webb. René Webb y la Bella se habían conocido brevemente en Nueva York a finales de siglo y más adelante, en 1906, es decir casi diez años después, iba a ser el elegido por la Bella para causar uno de esos revuelos periodísticos a los que era tan aficionada. Gracias a una «indiscreción» la prensa supo que la señorita (que en aquel momento tenía ya 38 años, una edad considerable en una mujer según los cánones del siglo pasado) por fin deseaba romper su soltería y que el afortunado era un multimillonario dueño de varias siderurgias en Inglaterra. Lo único cierto de toda la historia era que el señor Webb y la Bella eran viejos amigos. Él siempre había estado enamorado de Carolina, hasta el punto de que sin conocerla y después de asistir a su actuación noche tras noche durante quince días en Nueva York, le había propuesto matrimonio jurándole que si no aceptaba se suicidaría. La contestación a tal propuesta fue muy al estilo Bella Otero: «Ya que, según dice usted, hace tiempo que venera mi retrato, yo le aconsejaría que continuase amándome en fotografía. Cásese usted con mi retrato; de ese modo no tendrá historias ni arrepentimientos, mientras que casándose conmigo yo no le garantizo nada, nada...»

No se habían visto durante mucho tiempo cuando Carolina, al encontrarse sola en Londres, llamó a Webb para que le sirviera de acompañante y le presentara al príncipe de Gales; y él aceptó encantado puesto que, como ya se ha visto, la Bella Otero siempre lograba mantener el rendido amor de sus admiradores, incluso hasta el extremo de que éstos le sirvieran de alcahuetes. En este caso la misión no era fácil. Carolina tenía el compromiso de estar en Moscú el 20 de marzo y debía dejar Londres a más tardar el día 10, pero Webb fue muy eficaz: logró una entrevista con «lord Renfrew» la tarde antes de la partida. Esto sería suficiente para iniciar una amistad que también habría de durar años. A partir de entonces, cuando el príncipe de Gales visitara París no dejaría nunca de telefonear a «Liiinah», que era como sonaba el nombre de la Bella en labios tan egregios (y poco dotados para los idiomas, como todos los labios ingleses). Por su lado, Webb seguiría intentando casarse con la Bella durante años hasta que logró, al menos, ser el protagonista de ese simulacro de boda del que les hablé hace un momento.

Y ahora no estaría mal terminar este capítulo con unos comentarios de la señorita sobre el príncipe de Gales; aquí y allá he encontrado los siguientes:

«Bertie era buen amante y le gustaban los chistes picantes, nos reíamos mucho», decía «Liiinah» con respecto a él; pero a continuación, siempre práctica, comentaba: «De todos los príncipes que conocí era, ¡con diferencia!, el menos generoso, nada comparable con Nicky, ni siquiera con Willy.»

Willy y Nicky

En nuestros días, y con el título de *Las cartas de Willy y Nicky,* se ha hecho lamentablemente famosa la correspondencia mantenida entre el zar Nicolás II de Rusia y el káiser Guillermo de Alemania. En ella, los dos soberanos comentaban problemas de Estado, sobre todo los surgidos antes de la guerra ruso-japonesa. Willy quería empujar a Nicky a atacar a sus vecinos del Oriente con la secreta esperanza de que, en recompensa por el apoyo alemán, «el zar consintiera en que Alemania, por su parte, pudiese anexionarse un puerto en alguna parte». La firma de estas cartas, algunas veladamente amenazadoras, otras engañosas y llenas de zalamerías (sobre todo las dirigidas por el káiser al zar), invariablemente iban firmadas así: tu primo Willy o tu primo Nicky. Ambos soberanos, además de esta «fraternal» correspondencia habrían de compartir más cosas a lo largo de sus vidas, como los favores de varias señoritas de París, entre ellas Carolina Otero.

Situémonos a finales del XIX y principios del XX (que iba a traer la derrota de uno y el asesinato del otro), para ver cómo Willy y Nicky, a pesar de sus diferencias, asistían a las mismas fiestas privadas y disfrutaban juntos de encuentros tan distendidos como el cumpleaños de la Bella. Carolina y Willy se habían conocido a través de lord Lawson, otro rico y generoso admirador que era, además, íntimo amigo del Káiser. La Bella, en sus memorias describe al cuarto de sus amantes reales con las siguientes palabras: «Era muy amable y siempre mostró conmigo una cortesía perfecta. Pero su amabilidad parecía superficial y, bajo su máscara mundana, se le veía muy duro y autoritario.» Guillermo, que la llamaba *Meine Kleine Wilde* —«mi pequeña salvaje»—, disfrutaba mucho de esos arranques de furia caprichosa que la hacían romper vasos de cristal de Bohemia o, en una ocasión, echar a un marinero por la borda del yate imperial. En su madurez, al Káiser, que tenía pretensiones de autor teatral, se le ocurrió capitalizar tanto *caractère colérique* escribiendo para ella *La modelo*, una pantomima que llegó a estrenarse.

Carolina siempre sintió más respeto por otros muchos amantes antes que por el Káiser, pero él fue generoso: además de la consabida colección de joyas que la Bella lograba de todos los hombres por el método de «retorcerles el brazo», él, para tener siempre presente la imagen de la Otero, mandó pintar un gran retrato con Carolina en elegante atavío de calle. Este cuadro, que luego regaló a su modelo, fue una de las posesiones que ella subastó en 1948. Alcanzó muy bajo precio.

Rusia, el Zar y Rasputín

Llega ahora el momento de retratar al quinto comensal presente aquel 4 de noviembre de 1898 en la fiesta de cumpleaños de Carolina Otero. Un año antes, después de conocer fugazmente al príncipe de Gales, gracias a su futuro «marido» el señor Webb, Carolina había partido hacia Rusia para cumplir sus compromisos artísticos y visitar a otro buen amigo: el gran duque Nikolai Nikolaevich que le tenía prometido presentarle al Zar.

Nikolai Nikolaevich cumplió su promesa. «Nuestro encuentro no tuvo lugar en el palacio imperial como yo esperaba —cuenta Carolina—, sino en una *dacha* de caza que el Zar tenía a tres o cuatro horas de San Petersburgo. Fue una reunión sin protocolo y pronto Nikolai me dejó a solas con el Zar. Cuando lo miré debo decir que no me sentí favorablemente impresionada aunque luego fui apreciándole más.»

Al ser uno de los personajes más trágicos del siglo XX, la imagen del último Zar de todas las Rusias es más que conocida. La historia lo retrata como un hombre guapo dotado de una inteligencia y habilidad limitadas, posiblemente débil de carácter pero muy enamorado de su esposa, la zarina Alejandra de Hesse. También lo presenta como un monarca valiente, o al menos digno, que supo mantener la compostura ante los terribles hechos que le tocaron vivir. Sin embargo, según los comentarios privados de la Bella Otero, tanto el marido enamorado como el hombre guapo y también el monarca digno no existieron nunca. Cuando se conocieron, el Zar llevaba tres años en el trono y Carolina y él tenían la misma edad, 29 años.

«Era muy delgado y hundido de hombros, no se había recuperado del todo de su acné adolescente y necesitaba casi siempre un baño. A veces realmente apestaba. Tenía además unos puntos de vista muy extraños sobre el sexo; yo desconocía de dónde los había adquirido, pero mucho más tarde un amigo me dio un libro escrito por el barón alemán Krafft Ebing y entonces supe que Nicky debía de haberse leído a Ebing de principio a fin.»

Cuenta más adelante la señorita que Nicolás II vivía aterrorizado por el recuerdo de un atentado que sufrió en Japón cuando un fanático estuvo a punto de decapitarlo en plena vía pública. El Zar escapó tan sólo con una herida en la cara pero desde entonces «siempre había media docena de guardias barbudos y armados delante de nuestra puerta y otros en las ventanas, lo cual hacía nuestros encuentros muy poco íntimos; y si yo movía una silla o dejaba caer un frasco de perfume, Nicky saltaba chillando de terror».

«Otra causa de nerviosismo del Zar —continúa relatando Carolina— era su dominante consorte, la zarina Alejandra, que creía en brujerías y confiaba en el monje Raspoutine *(sic)*[1] tanto para consejo espiritual como personal. Así,

1. Creo que en esta afirmación la Bella mezcla datos correspondientes a años futuros. Rasputín entra en la vida de la zarina a raíz del nacimiento y enfermedad de su hijo Alexis, hacia el año 1905; por tanto, el Zar no pudo haberle hablado de dicho personaje sino mucho más tarde. También el episodio que vivió Carolina con Rasputín y que aquí se relata hubo de tener lugar después de esa fecha.

su vida doméstica era muy desgraciada, a juzgar por las cosas que me contó. Su mujer vagaba por el palacio a todas horas celebrando conferencias con los monjes negros y quemando incienso para espantar los malos espíritus. Algunas veces, según decía Nicky, se despertaba y la encontraba de pie sobre su cama con una vela en la mano y haciéndola oscilar sobre el rostro de él mientras murmuraba palabras de encantamiento.»

En cuanto a Rasputín, en las memorias de Carolina Otero hay una deliciosa anécdota que si *non è vero* desde luego merecería serlo. Cuenta cómo, en el momento de mayor delirio colectivo por la figura del monje negro, cuando todas las damas de la sociedad rusa visitaban a Rasputín con veneración mística, a ella se le ocurrió presentarse en su casa disfrazada de mendiga. Carolina recuerda que le impresionó notablemente aquella cara escuálida y, en especial, sus extrañísimos ojos. «Me acerqué humilde y le conté que era una miserable, juré que no había comido desde la víspera y que tenía hambre. El monje entonces me indicó una silla a su izquierda al tiempo que me decía: "Espera aquí, *gornichnaia,* que la primera limosna que me traigan será para ti." Puede que Rasputín tuviera el don de hacer milagros —comenta la señorita con sarcasmo—, pero, como todos los demás hombres, carecía del don de distinguir, en las palabras de las mujeres, lo que era verdad y lo que era mentira.» El monje nunca descubrió el engaño y minutos más tarde Carolina Otero, una de las mujeres más famosas de su tiempo, tenía en sus manos los quinientos rublos que Rasputín acababa de recibir como limosna de una adinerada dama moscovita.

Antes de acabar con el relato de cómo conoció la Bella a su penúltimo admirador real, habría que añadir que siempre que actuó en Rusia cosechó tanto éxito como en su primera gira. Dejando atrás nuevos admiradores, regresó a París a mediados de 1897 después de pasar un verano en una bonita villa del mar Negro, regalo de su buen amigo Nicky quien también le obsequiaría una magnífica colección de joyas.

Alfonso XIII, el último comensal

Entre los anfitriones del cumpleaños de la Bella celebrado *chez* Maxim's es poco probable que estuviera un joven rey de doce o trece años, tal como sostienen las crónicas mundanas de la época. Pero, en todo caso, aprovecharé la minúscula probabilidad de que así fuera para contar lo que he averiguado sobre la relación entre Alfonso XIII y su bella compatriota dieciocho años mayor que él. La primera noticia que se tiene es de un encuentro muy fugaz en el que apenas cruzaron palabra. Según la Bella, entre la multitud de caballeros que se colaban entre bastidores después de una función para congratularla con flores o joyas y al mismo tiempo con la esperanza de verla en *déshabillé* o, quién sabe, tal vez en corpiño, distinguió un día a un muchacho muy joven. Con esa intuición suya para detectar sangre real, inmediatamente descubrió que se trataba del rey de España y a partir entonces, *sotto vocce* y más tarde un poco menos *sotto vocce,* impulsado por el eficaz sistema de rumores que tan bien controlaba, empezó a comentarse por París que el rey adolescente había tenido la suerte de ser iniciado en el arte del amor por una de sus mayores sacerdotisas, que no era otra que Carolina Otero.

Cierto o inventado el episodio, existe otro posterior ocurrido cuando don Alfonso ya pasaba de los veinte, que indica que la señorita y el rey continuaron siendo amigos después de aquel íntimo y delicado trámite.

La anécdota que voy a contar es posterior a la famosa fiesta de cumpleaños y tuvo lugar hacia 1906, cuando Carolina estaba en el máximo esplendor y «por tanto presta a declinar», que diría Shakespeare por boca de Marco Bruto. Tenía treinta y ocho años mientras que el rey era aún veinteañero. La transcripción de la escena que reproduzco está recogida del libro de Arthur Lewis que a su vez cita a un confidente de la Bella, el señor Sigurd, y debe de ser verídica pues la historia es tan repugnante que no creo que se trate de una de las tantas invenciones de Carolina para dar lustre a su personaje.

«Estábamos cenando en Weber's —le contó ella a su amigo—, un discreto restaurante situado cerca de Maxim's. Allí acudía la gente a la salida de los teatros: todos los parisienses de primera fila y también mucha gente de la farándula, incluyendo a la Bernhardt y la Duse. No era el tipo de lugar donde se encontraría uno con la D'Alençon u otras cortesanas, de ninguna manera, se trataba de un lugar tranquilo y elegante.»

El camarero que los atendió era español y, según el relato de Carolina, casi se desmaya al ver a su inocente y joven monarca en compañía de la cortesana más famosa del mundo.

«Puso mala cara desde el primer momento —explicó la Otero—. Se inclinó ante Alfonso y casi le besó el trasero, cosa que supongo le habría gustado hacer. A mí, en cambio, me miró como si deseara escupirme a la cara. Había mucha gente importante sentada a las mesas a nuestro alrededor, y si tales personas no ponían reparos a mi presencia, ¿qué derecho tenía aquel desgraciado a ponerme mala cara? Por supuesto yo prefería champagne y el rey también, pero sólo por molestar y escandalizar aún más a aquel imbécil pedí cerveza. Tenía usted que haber visto la cara que puso otra vez. Alzó las cejas y me pidió que le repitiera la orden. "Cerve-za", dije con voz más alta. Ya puede usted imaginar lo que hubiese sucedido si mi acompañante llega a ser el gran duque Nikolai, por ejemplo, pero Alfonso era casi un niño y supongo que no estaba muy seguro de lo que tenía que hacer. En consecuencia no hizo nada.

»Un poco más tarde regresó el camarero con una botella de champagne para el rey y un vaso de líquido ambarino y espumoso que colocó delante de mí —continúa la Bella—. Yo debía de haber sospechado que allí había algo raro, pero no lo hice. Me llevé el vaso a los labios y probé. Luego me puse de pie de un salto. Todo el mundo me miraba. "¡Esto no es cerveza, cerdo!", grité al tiempo que arrojaba el líquido sobre el rostro del camarero. "¡Son orines!" Y efectivamente, eran orines. Todavía me vuelvo loca cuando me acuerdo.»

Niza, 10 de abril de 1965, al amanecer.

Juro que mi viejo insomnio y las miles de noches de vigilia que he sufrido a lo largo de los años de ruina han sido mucho más dulces que este sueño lleno de sobresaltos y recuerdos en el que me debato desde que, tonta de mí, me acosté pensando que las horas iban a conducirme inexorables hasta el Gran Sueño. Pero el caso es que no llega la muerte ni tampoco amanece el día. El tiempo se arrastra como uno de esos gusanos que aguardan a mi cuerpo en el Cimetière de l'Est, donde tuve la precaución hace ya años de comprarme una tumba con una bonita vista sobre el valle[1]. Lento, lento el tiempo y, aunque parezca que fue hace pocos minutos cuando oí cantar a los primeros pájaros, desde entonces han desfilado por mi duermevela lo menos cinco pesadillas de gloria con mis cinco reyes a la cabeza, sonriendo, besándome, acariciándome el pelo, haciéndome recordar escenas que no deseo: Ni-

1. En contraste con la prodigalidad suicida que demostró la Bella Otero a lo largo de su vida y su total despreocupación por el futuro, es curioso reseñar que tuviera la idea de prever, casi con sus últimos recursos económicos, la compra de una sepultura en el sitio más caro y con mejores vistas del cementerio de Niza. Sin apartarse, quizá, de atávicas costumbres arraigadas en el pueblo, y como hubiera hecho una campesina gallega, Carolina Otero pagó en vida su tumba, la lápida y un entierro de primera.

noshka..., Meine Kleine Wilde..., Lina Chérie..., Darling Liiinah... Carolina... hasta que mis ojos vuelven a abrirse y todo sigue igual sin que progrese la luz del día. ¿Qué hora es? El mes de abril trae amaneceres tempranos y esta luz recién nacida me impide ver los números del reloj que tan bien brillan en la noche. ¿Las seis y media? ¿Las siete? ¡Dios mío, y yo aún viva! «La Bella no verá el amanecer de mañana» había apostado y me molesta haber perdido. Me molesta estar aquí maquillada como una novia esperando a una vieja dama tan impuntual. Me molesta que la Muerte juegue conmigo como el lobo en esa ronda infantil que tantas veces parodié con mis amantes para espolear su deseo. ¿Cómo era? Algo así como... Juguemos en el bosque mientras el lobo no está.

—¿Lobo, estás?
—Nooo, me pongo los pantalones.
—¿Lobo, estás?
—Nooo, plancho mi camisa.
—¿Muerte, estás?
—Nooo, preparo mis uñas.
—¿Muerte, estás?
—Nooo, afilo mis dientes...

Y mientras Ella afila y se prepara, la Bella Otero sueña con viejos amantes y con la belleza que perdió, con la fortuna que dilapidó, y con todo lo que fue.

—¿Muerte, estás?
—Nooo, preparo mis labios para por fin besarte.

Fantasma de boca grande

Si lo que veo ahora es otro sueño del pasado, se trata de una más de esas crueles bromas que tanto gustan a la Providencia. Son unos labios carnosos los que vienen a visitarme, esconden unos dientes de comediante; es una boca de artista que se ha comido el mundo y sin embargo pasará a la historia por pertenecer a un mudo. Sí, he dicho un mudo, el más famoso de este siglo. Pero no se molesten en hacer cábalas, nunca adivinarán de quién se trata, jamás fuimos amantes, nunca besé sus labios, y ni siquiera se los conocí tiernos sino cuando los míos tenían ya ochenta y tantos años y a los suyos les faltaba poco para cerrarse definitivamente. Pertenecían a un hombre más joven que yo, pero su desaparición no me dolió; para entonces ya estaba acostumbrada a que la muerte me arrebatase a todos mis amigos, incluso los de edad suficiente como para ser mis hijos o mis nietos. «Ha muerto Harpo Marx», pensé al oír la noticia en la radio y luego quizá haya añadido: Dommage!, lástima, pues desde muchos años antes la muerte de los amigos ya no me traía esa punzada de soledad ante la muerte ajena, sino una minúscula alegría de jugadora. Negro, impar y pasa..., la rueda de la vida acaba de elegir a otra víctima que no soy yo. ¿Y quién será el próximo? Se admiten apuestas. ¿Le tocará el turno a la presuntuosa Cléo de Mérode o le habrá llegado la hora (Dios no lo quiera) a mi buen amigo George Wague, aún más arruinado que yo, al que aún veo y con el que a veces comparto una copita de pastís en memoria de los viejos tiempos?

«Ha muerto Harpo Marx», me dije y puse la radio a todo volumen para escuchar los detalles a pesar de las protestas de mi vecina. Estuvieron muy elogiosos como siempre que se habla de una gloria difunta. Hablaron del Harpo estrella de Hollywood, del Harpo músico, de Harpo el mudo, pero yo no había conocido a ninguno de éstos sino a un caballero de grandes y expresivas cejas rizadas que fue mi último compinche de ruleta y que, al vernos, solía dedicarme un guiño acompañado del sonido de una voz que el mundo nunca escuchó: «Ah la Belle Oterrro», saludaba con un impostado acento alemán. Coincidimos un verano, no recuerdo bien de qué año, en una mesa de juego y desde entonces nos volvimos a encontrar varias veces. Me resultaba extraño pasearme con un hombre tan famoso y que nadie nos mirara a ninguno de los dos, pero para entonces ya éramos reliquias a las que nadie besaba porque nos faltaba la bendición final que sólo da la muerte.

—¿A qué has venido, Harpo? —le pregunto—. Te has equivocado de velatorio. Hasta este instante, el cortejo de fantasmas que me acompaña desde ayer ha servido para esa piadosa tarea de dar un repaso final a mi vida con intención, supongo, de ver si me arrepiento de algo; pero de momento no lo ha logrado. Y eso que mi desfile es más lento, más dolorosamente minucioso que el de otras personas, estoy segura. ¿Con qué me vas a confrontar tú? Realmente no entiendo qué haces aquí. No te ofendas, darling, pero tú no conoces mi vida, no has sido testigo de nada, salvo de una cosa: de la minúscula caridad del casino de Montecarlo que, allá por los años en que nos conocimos, tenía la samaritana idea de invitar a les grands joueurs, los grandes jugadores arruinados, a pasar un par de días a mesa y mantel alojados en los cuartos de criadas del Hôtel de Paris, al tiempo que les... nos limosneaban unas cuantas fichas en compensación a los millones que habíamos dejado sobre sus mesas.

Todavía sonrío al recordar mi contestación a la pregunta que me hiciste el primer día: «¿De veras es usted la Bella Oterrro como chismorrean los croupiers?» Y yo te contesté que no, que no era la

Otero sino una pieza de decorado del casino como otros dos residuos del pasado que vagabundeaban por las mesas con un puñadito de fichas en las manos. ¿Ve usted? Aquel de allí es el príncipe XX, y aquella vieja desdentada que esconde sus años tras un velito gris es la gran madame YY... «¿Usted siempre omite dar nombres?», me preguntaste al ver cómo preservaba el anonimato de aquellos compañeros de desastre. Y yo mentí con toda naturalidad, desde luego: sólo cuando algo me importa mucho y más aún cuando hablo... con un caballero (sonrisa de antaño dedicada a sus labios carnosos). Después, estirando la sonrisa hasta convertirla en una proposición, te dije: «¿Por qué no hacemos un pool, amigo mío? Me gusta usted.»

Una pequeña nota aclaratoria

Todo lo que se va a relatar a continuación me lo confió un testigo de primera mano, el señor William Caruchet, abogado de Carolina Otero y entonces ferviente comunista, al que la señorita recurrió hacia los años cincuenta para que le ayudara a lograr que las autoridades soviéticas le canjearan unos bonos rusos por valor de siete millones de francos que había comprado por indicación de Aristide Briand, y que era todo su patrimonio. Como era de esperar, el gobierno revolucionario jamás hizo caso a las súplicas de una *cocotte* francesa y ella murió con una pequeña fortuna en papel inservible. Éste es el «tesoro» que se encontró intacto e inútil tras su muerte. De todos modos, Caruchet y la anciana se hicieron amigos y confidentes. Es a través de él que se sabe que Carolina y Harpo Marx se conocieron en Montecarlo al final de sus vidas. Al contrario de su hermano Groucho, Harpo no conservó su fortuna y pasaba temporadas en la Costa Azul a principios de los sesenta invitado por Elsa Maxwell, periodista que la historia recordará como una de las más temibles y viperinas cotillas de sociedad. Harpo aprovechaba estas estadías para visitar el casino. También él había sido en tiempos un gran jugador, sobre todo de póquer junto a su hermano, Chico, pero para cuando conoció a la Bella ya estaba, según él, «muy reformado».

En cuanto a lo que la Bella llama el «impostado» acento alemán de su amigo, hay que aclarar que el propio Harpo en sus memorias confiesa que siempre conservó un fuerte acento de la calle 93 de Nueva York, donde vivían los emigrantes alemanes. Incluso llega a afirmar: «Pronunciado por mí, mi nombre suena algo así como "Hoppo" y cuando contesto el teléfono no digo *Hello* sino *Yah?*»

¡Habla, Harpo!

«Realmente no sé quién me ha dado vela en este entierro. Es poco lo que puedo contar de Carolina Otero y lo que sé no se lo debo a sus confidencias, desde luego. Nosotros los jugadores nos limitamos a cambiar información sobre secuencias o —si la intimidad es muy grande— confesarnos alguna martingala, pero jamás hablamos de nada que esté a más de un palmo de una mesa de bacarrá. Lo que conozco de su vida se lo debo a comentarios de mi anfitriona, mi casera debería decir, dada la cantidad de meses que pasé en su villa en la Costa Azul. Supongo que no cometo ninguna indiscreción si digo que Elsa tenía bigote pero desde luego ni un solo pelo en la lengua (¿qué tal como frase? Nunca he tenido la facilidad de mi hermano Groucho para decir genialidades y non sequiturs, pero aquí no se trata de hacer frases sino de explicar cuál es la fuente de información de ciertas aventuras relacionadas con la Bella Otero). Elsa Maxwell, ése es el nombre completo de mi anfitriona, Elsy para los amigos y los aduladores. ¿La conocen? Tienen suerte de que esté muerta porque de lo contrario ella conocería sus vidas, sus "cubos de basura" como diría Minnie (mi madre) o sus infravidas como las llamo yo. Hay algo especial en los rebuscadores de basura; se les acaba por alargar el hocico como el de una rata, y la querida Elsa lo tenía ya muy deformado cuando me invitaba a pasar temporadas con ella cerca de Montecarlo, muy poco antes de mi muerte; la querida Elsa... supongo que disfrutará en el infierno, con tanto material para viviseccionar...

»Pero volviendo a la Bella, no pongo ni quito una coma en lo que voy a decir. Desconozco si es cierto o falso (Elsa trabajaba tanto un material como el otro), pero he aquí las cosas que ella me contó de la vieja Otero mientras los dos disfrutábamos de la vista de la Gran Corniche y de unos bloodymaries. Esta información jamás llegó a transcribirla en sus artículos o en sus memorias, tengo entendido; la Bella era en los años sesenta una diosa muerta y a Elsy siempre le gustó la carne fresca. Sin embargo, las tardes de verano son largas en el sur de Francia y una vez dichas todas las pestes posibles sobre Grace Kelly, sobre Jean Cocteau y después de compensar tanta bilis con unos desmesurados elogios a Aristóteles Onassis ("te aseguro que nunca se casará con María, sweetie; el amor es como un soufflé, ¿me comprendes?, y al de la Callas se le pasó el tiempo de cocción, está muy claro"), después de este ejercicio de maxwellismo, a veces se entretenía contando maldades de otros tiempos ya muy lejanos. Elsy bebía su cóctel mientras masticaba todos estos chismes y los ojos le titilaban con un brillo rojo al relatar infundios, ¿o quizá fuera sólo el reflejo del bloody Mary? No sé, pero según ella todo lo que decía estaba documentado en periódicos de principios de siglo que nunca me enseñó. "Si la actualidad me dejara tiempo para ocuparme de los chismorreos del pasado, goddamit, ¡la de trapos sucios que sacaría yo a ventilar!", repetía antes de hundir otra vez el hocico en el vaso, "¡cuántos trapos mugrientos!".

»La querida Elsy; nunca he conocido un olfato tan fino para desenterrar infamias, pero en honor a la verdad debo decir que también tenía sus virtudes. Era una espléndida anfitriona; por ejemplo, en ninguna parte se comía un Sauerbraten que se pareciera tanto al de Mutti Minnie, lo juro... o al de Frenchie, mi padre, debería decir, pues era él quien se ocupaba de la cocina en casa de Marx.»

Chismes dignos de Elsa Maxwell

Elsa Maxwell tenía una forma particular de retratar a las personas valiéndose únicamente de anécdotas. Hasta ahora he tratado de combinar las de la Bella Otero con datos cronológicos y reflexiones sobre su vida pero, a partir de ahora, voy a prescindir de estos dos últimos recursos. De otro modo los años que van desde 1898 —la cima de su gloria— hasta la primera vez que le gritaron «abuela» en escena (tenía 35 años) y luego su decadencia no serían más que una retahíla de fechas y actuaciones artísticas (en París, en Londres, en Dinamarca, en América del Sur) entreveradas con una relación de nuevos amores cada vez más ricos pero menos brillantes (entre estos últimos se cuentan, por ejemplo, su aventura con un fabricante de salchichas que se decía pariente de los Rockefeller, dos falsos duques rusos y una relación de varios años con el sha de Persia, «un viejo muy sucio y maloliente con extrañas peticiones sexuales», según Carolina, «que tras cada cita me regalaba una única y magnífica piedra de más de veinticinco mil francos oro, a veces una gran esmeralda, otras un rubí, en una ocasión una perla negra... pero me hacía devolverle los estuches».

Para completar la cronología de su vida durante estos años, habría que añadir, cómo no, una lista de sus perpetuos peregrinajes a Montecarlo para gastarse en el juego lo recaudado con el arte y con los hombres, una verdadera fortuna. Pienso, por tanto, que, en vez de pormenorizar esta esta vida casi rutinaria en su esquema: actuaciones teatrales-amantes-juego, voy a elegir, como haría Elsa Maxwell, una historia insólita que simbolice cada etapa de estos años, aún de gloria pero que ya auspiciaban la decadencia. Todas llevan su fecha. Algunas quizá sean falsas pero, a cambio, atestiguan lo que la sociedad pensaba de la Bella y las fantasías que provocaba su persona. Antes de empezar con el relato habría que hacer una puntualización: Carolina Otero mantuvo su atractivo físico hasta mucho después de lo que era normal en aquella época. Cualquier mujer de treinta años ya se habría convertido en una oronda matrona con doble papada y muchos huecos donde antes había dientes y muelas. Sin embargo existen testimonios de que en su caso no fue así. Max Aghion, en 1913, durante su última actuación en el Olympia, la describe así: «Su cabellera espesa, ondulada y de un negro azulado enmarca de forma admirable su cara, que tiene la pureza de una estatua de Fidias; los ojos son brillantes, la boca sangrante, la nariz fina y recta y todo ello está tapizado en una nívea piel sin una arruga.» Galanterías decimonónicas aparte, los cronistas que la conocieron coinciden en afirmar que continuó siendo una mujer muy bella hasta bien entrada la madurez, lo cual tiene su mérito, dada la vida tan ajetreada que llevó en la que sobraban champagne y absenta y faltaban horas de sueño.

Y ahora sí, vamos con las anécdotas. Ésta es la curiosa vida de la Bella Otero hasta el comienzo de su ruina.

1899: La venganza de una esposa

Era de esperar que, con la cantidad de hombres que se enamoraron de la señorita, de los suicidios que provocó y de los hogares que acabaron arruinados, alguna vez hubiera de sufrir algún desagradable altercado con una esposa desesperada. En aquella época las escenas de celos solían ser públicas y tremendistas. Un ambiente tan romántico como el de la Belle Époque invitaba a dirimir conflictos de un modo trágico. A pesar de todo, Carolina Otero en su larga vida de devoradora de hombres sólo protagonizó un episodio de este tipo que, más que a la tragedia o a la comedia, pertenece al sainete, podríamos decir. Tuvo lugar pocos meses después de su famoso cumpleaños. La Bella, que por fin había conseguido su tan deseado contrato para actuar en el Alhambra de Londres, tuvo que cancelar su actuación por motivos médicos. Los periódicos de la época publicaron el certificado de un prestigioso otorrinolaringólogo de la Rue Milan de París en el que explicaba que la señorita no podría actuar esa noche en Londres porque su garganta y su laringe eran «presas de una muy viva inflamación». La verdad era otra. Si no pudo debutar en el Alhambra fue porque una esposa enfurecida casi la había desfigurado la noche anterior. El relato que Carolina hizo a la policía fue el siguiente:

«Me hallaba de viaje del casino de Montecarlo a Londres para cumplir mi compromiso artístico y tuve que hacer una parada en París. Caminaba por el vestíbulo de un hotel cuando, de detrás de una columna saltó una mujer que me golpeó rasgándome también el vestido y a continuación me arrojó una botella de vitriolo a la cara. Por suerte, falló por unos centímetros y la botella se rompió contra el suelo salpicándome apenas. Entonces reaccioné dándole un fuerte empujón y la señora aterrizó en el suelo; a continuación la golpeé tan fuerte que a punto estuvo de no poder personarse ante el juez, ya que tenía la cabeza llena de vendajes. La pobre se llamaba madame Fernac.»

A la señora Fernac se la acusó de asalto, agresión e intento de asesinato, pero lo curioso de la historia es que, la única esposa despechada que atacó a la Bella durante su larga vida, no tenía ninguna razón para hacerlo. Entre los cientos de amantes que tuvo Carolina Otero nunca figuró el señor Fernac, revisor de tren de la línea París-Lyon por más datos, y marido de la atacante. La historia causó tal hilaridad en su tiempo que fue motivo de varias caricaturas satíricas: ¿La Bella Otero amante de un revisor de tren y desfigurada por la celosa madame Fernac vecina de Lyon? Era una bomba periodística demasiado buena para ser verdad, y en efecto no lo era; o mejor dicho se trataba de una verdad a medias.

Lo sucedido fue que, en una ocasión, la señorita se había subido a un tren muy concurrido sin billete. No quedaba ningún compartimiento de primera libre, ni siquiera uno en segunda, y el revisor, el señor Fernac, le explicó que sólo podía ofrecerle uno de tercera, algo que desde luego resultaba inaceptable para la señorita. «Sonreí», explicó Otero durante el juicio, «al fin y al cabo el revisor era un hombre, y él me miró durante unos instantes antes de decir que, quizá, podría solucionar mi problema. Yo le pellizqué la mejilla y le dije que se lo agradecería mucho. "Espero que así sea", dijo él y me colocó en un excelente compartimiento no sin antes intentar palmearme las nalgas prometiendo regresar muy pronto. Como es natural yo inmediatamente cerré con llave y me dormí. Me temo que monsieur Fernac estaba furioso a la mañana siguiente, pero yo le dije que le había estado esperando y, al no venir, pensé que había encontrado otra cosa que hacer».

«Eso es todo», afirmó la señorita antes de añadir que nunca más había vuelto a ver al revisor. A pesar de la amplia fama de mentirosa de la que ya gozaba por entonces, todos, incluidos el juez y los periodistas, le creyeron. El engaño al pobre revisor de tren cuadraba perfectamente con la personalidad de la dama. A continuación, por si quedaba alguna duda, las explicaciones de un abochornado señor Fernac no pudieron ser más claras y cómicas. Después del incidente, el revisor había contado el encuentro con la señorita a su manera y la historia, mucho más... adornada, había llegado a oídos de la decidida señora Fernac que resolvió vengarse. Al escuchar esta parte del relato, la agresora había mirado a la señorita con consternación y a su marido con furia para gran regocijo de Carolina y de los periodistas presentes. «Más tarde, a la salida», cuenta la Bella con buen humor, «le dije a la contrita señora Fernac que tenía mucha suerte de estar casada con un hombre tan atractivo, pero que sería mejor que lo guardara bien porque a lo mejor, en otra ocasión yo no podría resistirme».

1901: Otero encuentra en Buenos Aires al hombre que la violó de niña

Elsa Maxwell, esta fea dama que posiblemente se haya cruzado más de una vez, sin reconocerla, con Carolina Otero paseando por la Promenade des Anglais, a veces recurría a crónicas «sentimentales» destinadas a tocar la fibra sensible de sus chismosos lectores. Para este propósito le podría haber resultado muy útil el siguiente episodio. Antes de cumplir 33 años y en su época de mayor belleza, Carolina Otero realizó una gira por América del Sur y México. Ya por entonces, a sus representantes artísticos les resultaba difícil mantenerla apartada durante más de quince días de las mesas de juego, por eso el señor Grau, su representante en aquella época, la tentó con los buenos casinos que había a bordo de los trasatlánticos para llevar la fama de la señorita al Nuevo Continente. Ella sólo puso como condición el no pisar Estados Unidos, país que desdeñaba desde su último y tibio recibimiento, pero aceptó la gira. Fue en Buenos Aires donde ocurrió el incidente que ahora voy a contar, y debe de ser cierto porque, además de que la noticia fue recogida por la prensa con las ambiguas explicaciones de la artista, más adelante ella intentó borrar completamente este episodio: se negaba a hablar de él como solía hacer siempre con los temas que le resultaban dolorosos. Así, en el futuro y según la Bella, el encuentro con cierta figura del pasado en un teatro de Buenos Aires nunca tuvo lugar.

Hay que tener en cuenta que, hasta el año 1955, cuando ya contaba más de ochenta años, Carolina Otero se negó a reconocer que era gallega; siempre afirmó ser andaluza y como tal se presentó con su espectáculo de castañuelas y olés en Buenos Aires. Pero sucedió entonces que un emigrado valgués que había entre el público llamado Pepe Simón, en medio del espectáculo comenzó a vitorear a su paisana usando para ello el nombre de «Cordeirana»[1], que era como la conocían las gentes en Valga.

Al oír estos vivas, y ver de quién procedían, la Bella palideció al tiempo que detenía la función para gritar desde el escenario: «¡Detengan a ese hombre, deténganlo por Dios!» Sobrevino tal escándalo que tuvo que intervenir la policía, puesto que Carolina muy alterada abandonó el teatro y desapareció de la capital jurando no regresar a las tablas hasta que aquel hombre fuera detenido por alborotador público.

Nadie sabe exactamente qué es lo que la asustó de ese modo. Es posible que, simplemente, temiera que su paisano fuera a delatar sus orígenes galaicos, pero incluso para la Otero parece una reacción desmesurada. Sus biógrafos gallegos apuntan a que debió de confundir al pobre Pepe Simón con otra persona, y si es así, ese hombre no puede ser otro que *el Conainas*, o, lo que es lo mismo, Venancio Romero, el hombre que la violó en su infancia y que, para

1. Es frecuente en Galicia llamar a las personas con apelativos de este tipo que remiten a sus orígenes. En el caso de «Cordeirana», el nombre viene de la presunción de que el desconocido padre de la Bella era un guapo remendón de paraguas nacido en la parroquia de Cordeiro.

evitar la cárcel, huyó al Cono Sur. Dejo al lector que elija la explicación que más le guste, y sólo añadiré que Pepe Simón permaneció detenido varios días hasta que fue puesto en libertad con la condición de que no se acercara bajo ningún concepto ni al teatro ni al hotel de la señorita hasta que ésta hubiera puesto otra vez rumbo a Europa.

1902: Amor a 1.200 metros de altura

Otro chisme que seguramente habría hecho las delicias de la Maxwell describe tanto la audacia de la señorita como su afán de eclipsar al grupo de sus rivales, que para entonces —en 1902— se había reforzado con la irrupción de Cléo de Mérode y de la señorita Presle mientras que, lejana aún en el horizonte, apuntaba ya la extraña belleza de Mata Hari.

Esta aventura..., espacial podríamos decir, le dio una gran publicidad, algo tan del gusto de la señorita y fue recogida por la prensa del mundo entero. Se trataba de realizar una ascensión en globo aerostático, algo novedoso y arriesgado, símbolo, cómo no, del tan traído y llevado «progreso» de principios de siglo. «La Bella Otero como Aeronauta» rezaban los titulares de periódico antes de apostillar que, desde que los hermanos Montgolfier habían lanzado al aire su globo provisto de una precaria cestilla en la que los valerosos viajeros debían acomodarse, pocos habían sido los intrépidos viajeros para este tipo de inseguro transporte. Periódicos tan serios como *The World* de Nueva York y el *Paris-Soir* recogieron la noticia no en una sino en dos ocasiones en las que Carolina hizo de aeronauta. En la primera se limitó a compartir cestilla con otros dos caballeros y reunir a una nutrida corte de periodistas para que dieran fe de cómo «la Bella Otero nos dejaba ayer ascendiendo en un globo hasta 1.200 metros de altura. Fue un espectáculo inolvidable». La segunda ascensión fue más completa. Realizada cerca de Rueil eligió hacerlo con tan sólo un acompañante, el guapo barón de Lepic y ambos se mantuvieron a un kilómetro de la tierra durante unas cuatro horas. «Me siento muy conmovida», fue el comentario de la aeronauta a los periodistas que la esperaban abajo. «Es una emoción que me proporciona gran placer porque ¡tenía miedo de no sentir nada!» Años más tarde confesaría otras cosas que habían ocurrido en viaje tan singular: «Lepic y yo miramos por encima de los bordes de la barquilla y vimos cómo los hombres iban haciéndose más y más pequeños. [...] Desaparecía el mundo de nuestra vista y entonces, sin que se cruzara una palabra entre nosotros, el barón y yo nos amamos apasionadamente» (suspiro nostálgico). Y luego: «Pienso —añadió la señorita— que es una experiencia que toda mujer debería disfrutar.»

1903: El escándalo de la Comédie Française

Es muy posible que Elsa Maxwell le haya contado a Harpo Marx este episodio que viene a continuación, pues fue uno de los más comentados por la prensa. En 1903, a pesar de que la Otero continuaba siendo una mujer muy guapa de tan sólo treinta y cinco años, empezaron a sisear las primeras lenguas maledicentes. En *La Petite Bleue* apareció un artículo que sugería la necesidad de hacer una colecta para internar a «la vieja Otero» en un asilo de ancianos que había cerca de Montmartre. Además la describía cruelmente como un monumento vetusto y cargado de joyas «que debería refugiarse tiernamente en su edad y no correr el riesgo de coger un constipado en las entradas a los escenarios, donde siempre hay muchas corrientes de aire». Como ocurre a menudo, esto bastó para que poco después algunos espectadores hicieran suyo el chiste y recibieran a Carolina al grito de «¡Hola, abuela!» mientras le lanzaban moneditas para internarla en Montmartre. Al principio la reacción de la Bella fue acorde con su carácter: juró, amenazó, cursó incluso demandas judiciales, pero, afortunadamente, esto era tan sólo una puesta en escena. Luego con más calma se dedicó a pergeñar una venganza más sofisticada, la preferida de cualquier artista: demostrar con un gran éxito que aún seguía siendo la mejor de su clase. Para ello tuvo que renunciar a unos meses de casino, pero si había en la vida de la Bella una pulsión casi tan arrasadora como el juego, era el orgullo. Y el orgullo logró la vuelta triunfal con un espectáculo de gran calidad. La «jugada», como la llamó la artista, fue pleno al diez. Y la prensa más reticente, ante su reaparición en el Cirque d'Été, en marzo, la recogió de esta forma:

«Carolina bailó un tango gaditano licenciosamente, haciendo oscilar su trasero andaluz, presentando los senos y luego volviéndose nuevamente, al tiempo que hacía girar unos ojos que eran sencillamente embrujadores.»

Salvado el bache y repuesta su foto en miles de tarjetas postales, cajas de cerillas en las que puede verse sonreír triunfante a la Otero, se preparó para ser protagonista de otro escándalo; éste, por cierto, muy a su pesar. Sucedió que en el mes de mayo de ese año Bertie, ahora ya Eduardo VII de Inglaterra, llegó a París pero no precisamente para ver a su gran amiga sino en visita oficial al presidente de la República, Émile Loubet. Para agasajarlo, se organizó una gala especial en la Comédie Française a la que asistirían no sólo embajadores, políticos e invitados especiales, sino también todo aquel que pudiera pagar el elevado precio que se exigía. La entrada, por tanto, era abierta al público y Carolina —siempre en busca de una ocasión brillante— mandó comprar una buena localidad de platea que le asegurara estar a corta distancia del gran duque Nikolai Nikolaevich y a escasos metros de su amigo Bertie, quien (según declaraciones de la señorita que no desentonan en nada con la forma de ser del rey) guiñó furtivamente un ojo al verla. Se alzó el telón, la orquesta ensayaba sus primeros acordes, cuando un caballero proveniente del palco presidencial hizo «una imperiosa seña al director de orquesta; luego miró hacia la platea y se acercó a una mujer fantásticamente enjoyada para murmurarle algo al oído. La mujer se sobresaltó, enrojeció de cólera y luego, caminando apresuradamente por el pasillo central bajo los asombrados ojos del público que la conocía, abandonó el teatro. La dama era la Bella Otero».

Hasta aquí la historia según la contó *The World* de Nueva York. Según la protagonista, no se sintió humillada sino más bien muy sorprendida. «Hice una mueca de burla, me eché a reír y luego fui hasta la taquilla para que me devolvieran el dinero.» Pero algunos de los presentes afirmaron que se la veía muy humillada. Por suerte para la Bella este episodio iba a despertar las iras de muchos y al día siguiente tenía a toda la prensa francesa apoyándola. Se censuraba al presidente Loubet y hasta se sugería la caída del gobierno porque: «Tal insulto a una ciudadana cuyo único delito es su belleza, resulta realmente bochornoso. Si aquellos que estaban a cargo de la organización hubieran advertido por adelantado que no podían adquirirse entradas libremente, la situación habría sido comprensible. Pero expulsarla cuando ya estaba sentada fue una verdadera desgracia, aun cuando su belleza ofreciera un penoso contraste con la de la esposa del diputado radical que se hallaba junto a ella.»

El incidente fue motivo de gran polémica, dimes y diretes, hasta el extremo de que esta galante defensa de una dama por los franceses sirvió para acallar durante algún tiempo el gran escándalo de aquellos años, el largo y penoso *affaire* Dreyfus. Huelga decir que todo lo ocurrido hizo crecer aún más la popularidad de la Bella, máxime cuando se supo lo que Bertie contestó a un periodista de *Le Provençal* a propósito de lo sucedido. «El castigo fue demasiado grave», dijo, y luego con una gran carcajada añadió: «Todo el mundo sabe que no me disgustan las bailarinas.»

1907: Maurice Chevalier: un fracaso amoroso

A Carolina Otero siempre le gustó contar algunas andanzas amorosas extravagantes que sirvieran para contrarrestar su imagen de mujer fría y su predilección por millonarios y testas coronadas. De este modo han llegado hasta la chismografía popular algunas aventuras tan divertidas como la que dice haber tenido con los gemelos Marco, una pareja de artistas de cabaret formada por James, de dos metros de altura, y Dietrich, que sólo medía ciento veinte centímetros. Según ella, pasó la primera noche con Dietrich, «que se portó admirablemente a pesar de su diminuta estatura», y, como no quería herir los sentimientos del otro hermano, la noche siguiente invitó a James. «Entonces supe que no eran gemelos, ni siquiera hermanos, sino esposa y marido. El más alto era la mujer y ambos engañaban al público desde hacía veinte años. La señora Marx[1] era una dama muy tolerante y se sentía orgullosa de su marido», concluía diciendo Carolina, satisfecha de dotar a su propio personaje de una excentricidad más. «No la censuré por eso, Dietrich era en verdad todo un hombre.»

1. Aquí la Bella comete un interesante lapsus, o quién sabe si uno de esos presagios inconscientes que a veces ocurren en la vida, pues confunde a los hermanos Marco con los hermanos Marx.

Huelga decir que a pesar de que a ella no le costaba reírse de sus «fiascos amorosos» siempre que fueran intrascendentes, no estaba acostumbrada a que los hombres la rechazaran. Por tanto, debió de ser humillante que quien lo hiciera fuese un jovencísimo actor llamado Maurice Chevalier que hacía su debut en el Folies Bergère. Estamos en 1907, y la historia ha llegado hasta nosotros contada, yo diría que con poca galantería, por *cher* Maurice.

«Cierta noche caminaba yo con la cabeza baja entre bastidores, cuando de pronto alcé la mirada. Allí estaba la Bella en compañía de otra mujer y ambas caminaban hacia mí. La Otero tenía casi cuarenta años y yo aún no había cumplido los veinte pero era, ¡ah!, una mujer tan bella [...] había algo de fatal encanto en la Otero. Los tres permanecimos durante un momento sin decir una sola palabra. Yo mirándola a ella y ella a mí y luego se volvió a su acompañante y le habló en inglés, idioma que ella supuso que no entendería, pero yo comprendí perfectamente lo que decían. "¿Quién es este encantador joven?", preguntó ella, y la otra mujer respondió: "Es Chevalier." "Tiene unos ojos muy bonitos", dijo la Bella mirándome de arriba abajo y a continuación, casi violentándome con su terrible franqueza, afirmó estar preguntándose si yo querría acostarme con ella y aseguró que estaba a punto de pedírmelo, sólo que todo este ofrecimiento solapado lo hizo no con estas palabras sino yendo más directamente al grano. Fue en ese momento cuando tuve que decidirme. La Otero avanzaba hacia mí y yo, en vez de sucumbir, pretendí no entender lo que me decía, murmuré un cumplido en francés y me alejé. Al cruzarnos pude verla sonreír como una tigresa a la que se le ha escapado la comida y por un momento imaginé que podría seguirme. No lo hizo.»

Muerte de sus amigos y últimos triunfos

Elsa Maxwell, experta en necrológicas y fechas luctuosas, jamás dejaría de señalar en este punto de la historia de una decadencia, la muerte o retiro de los grandes amantes de la Bella Otero. Su fiel protector Nikolai Nikolaevich sufriría hacia 1908 una operación quirúrgica que le iba a hacer perder todo interés por el amor. Leopoldo de Bélgica, por su parte, murió en 1909 a los setenta y cuatro años. Bertie habría de seguirlo meses más tarde, en mayo de 1910. Mientras que Alberto desaparecía después de abandonar los placeres románticos por la oceanografía, a Willy y a Nicky los esperaban problemas mucho menos agradables que los que plantean las corrientes marinas: las primeras décadas del siglo XX significarían el comienzo del fin para ambos. La guerra mundial provocada por el Káiser y la Revolución bolchevique de la que fue víctima Nicolás II. A pesar de todo, en el período que va desde 1907 a la guerra del catorce, es decir, desde que cumple cuarenta y uno hasta llegar a los cuarenta y seis cuando se retira, Carolina vive un último momento de esplendor artístico. Es cierto que para entonces su pasión por el juego superaba todo lo imaginable y que a este período pertenecen esas escenas patéticas relatadas anteriormente por *croupiers* indiscretos que aseguraban haberla visto abandonar las mesas de juego hasta once veces en una noche, siempre con distintos caballeros, para volver a la media hora

—imperturbable como antes— y lanzar sobre el tapete un nuevo puñado de francos. O esa otra anécdota que la retrata subida a una silla enseñando su trasero. Sin embargo, obviando todos los excesos, dos grandes artistas de la época, George Wague y Paul Franck, le proponen hacer teatro serio y olvidarse del baile. Ambos opinaban que podía haber sido la mejor actriz cómica de su generación a poco que se hubiera dedicado a ello. Tanto Wague —el más grande actor francés de su tiempo, pionero del cine mudo y profesor del Conservatorio Nacional— como Franck, autor teatral y director artístico del Folies Bergère, supieron descubrir en la Bella una vena artística completamente inexplorada a causa de su frivolidad. «Carolina Otero tenía un fantástico don para fingir toda posible sensación humana, desde la felicidad exuberante hasta el horror, pasando por la pasión amorosa», afirmó George Wague, y lo cierto es que, de la mano de estos grandes artistas llegarían los últimos triunfos de la Otero antes de retirarse. Estrenó con Paul Franck *La noche de Navidad* y con Wague *La gitana Gyska*, una pantomima, género muy a la moda que le valió los mejores elogios de toda su vida artística. En aquella ocasión el crítico de *Le Journal*, por ejemplo, que la había ridiculizado durante años, escribió: «La Bella Otero desempeña su papel con soberbio realismo expresando los diferentes estados de ánimo de una mujer. Es emocionante ver lo que esta admirable artista lleva a cabo. [...] La Otero, en vez de presentarse como la esplendente diva cubierta de joyas a la que nos tiene acostumbrados, apareció anoche ataviada con harapos y mil veces más radiante.» Pero, tanto Wague como Franck, pese a toda su admiración, no lograron mantenerla separada por mucho tiempo de las mesas de juego y cada vez tenían mayores dificultades para que los empresarios de los grandes teatros confiaran en ella temiendo que faltara a sus compromisos.

Por esas fechas comenzó a ser acusada cada vez con más

frecuencia de incumplimiento de contrato hasta que, después del estreno con mucho éxito de la tragicomedia llamada *La Mejicana*, la función tuvo que interrumpirse a las pocas semanas por un «accidente» ocurrido a la señorita. Las versiones son disímiles. La oficial hablaba de «un percance sufrido mientras se lavaba la cabeza a consecuencia de la explosión de una estufa de alcohol que utilizaba para secarse el cabello», pero, como era tan mentirosa, la fantasía popular prefirió imaginar que el accidente no se debía al alcohol sino al vitriolo y que la artista, una vez más, había sido víctima de una mujer celosa que según la leyenda llegó a quemarle los brazos y el pecho. La verdad no llegó a saberse nunca. A partir de entonces empieza una época de contratos y cancelaciones. Se la anuncia en Nueva York, pero no va; lo mismo ocurre en París y otras capitales. Se habla de una corta estancia en Madrid, hacia 1913, y se marcha rápidamente: ya no volverá nunca a España. Su vida sólo tiene un horizonte: Montecarlo, donde sigue perdiendo fortunas. Aun así, hacia 1912, vuelve a París para ser protagonista de uno de sus últimos éxitos. Con el fin de retirarse *en beauté,* como a ella le gustaba decir, se le ocurrió reaparecer como cantante de ópera, interpretando nada menos que *Carmen.* Como siempre que afrontaba un reto, Carolina dedicó meses a aprender bel canto e, increíble o no, después de varias lecciones y un ensayo con orquesta, debutó con éxito, cosechando buenas críticas. Tenía cuarenta y cuatro años.

Villa Carolina

A partir de entonces comenzó a pasar largas temporadas en una casa que poseía en la Costa Azul. Al estallar la Gran Guerra, aún conservaba en los bancos el equivalente a un millón y medio de dólares de la época y joyas que valían unos tres millones de dólares. En cuanto a la villa, la compró después de una de sus muy raras buenas rachas en el juego: tenía quince habitaciones, dos lacayos de calzón corto que se ocupaban de una gran calesa señorial, media docena de sirvientes y una dama que era una grande de España arruinada que actuaba como señorita de compañía. Según sus memorias, a esta señora, llamada María de Mendoza, la había contratado por lástima, después de arrancarla de las garras de una de las más notorias lesbianas de París a la que ella llama en sus memorias *Lysi*, condesa de Jovinal. No caben muchas dudas de que tras este pseudónimo se oculte otra mujer de nombre similar y amante de Colette, mencionada en capítulos anteriores. Me refiero a *Missy*, marquesa de Morney, más conocida como «el tío Max». Cuando Carolina conoció a María de Mendoza, la pobre señora llevaba «los cabellos en mechas cortas y desiguales teñidas de un rojo intenso». Era poco menos que un bufón, una figura risible que servía de divertimento cruel en las veladas anfibias del «tío Max».

Rodeada de esta corte de servidores vivió varios años.

Después de su retirada oficial en el catorce, protagoniza en 1918 una película dirigida por Gennaro Righelli llamada *El otoño del amor*, que supone un fracaso, pero en cambio disfruta de un nuevo e intenso romance con Aristide Briand, once veces primer ministro francés. Juntos pasarían muchas temporadas mientras su fortuna menguaba más y más. Hay quien opina que Briand debió de ser el verdadero amor de Carolina Otero. No era rico, tampoco guapo, muy a menudo llevaba la levita sucia, la barba entremezclada con algún resto de comida y las uñas roídas. Todos estos datos (sobre todo el hecho de que no tuviera dinero en un momento de la vida de la señorita en la que ésta lo necesitaba cada vez en cantidades mayores) hacen pensar a algunos que aquello debió de ser una verdadera pasión. «Me hubiera casado con él de no ser tan rematadamente feo», declaró Carolina, con esa costumbre de dar a las cosas siempre la explicación más insólita, pero lo cierto es que si no lo hizo tuvo que ser por razones más pragmáticas. Aristide Briand, además de ser un político sumamente ocupado, que protagonizó momentos claves de la historia francesa, tenía otra mujer. Se llamaba Berthe Cerny, trabajaba en la Comédie Française y, aunque nunca se casaron, mantuvieron una relación muy absorbente. Era en casa de Bertie y no en la de la señorita donde Aristide pasaba la mayor parte del tiempo y olvidaba los asuntos de Estado.

La historia de un tesoro ruso

Si Harpo Marx a estas alturas de los chismorreos aún mantiene la cabeza clara, después de los correspondientes *bloody-maries* con los que Elsa Maxwell solía acompañar sus relatos, seguramente la mención de un tesoro ruso le haya hecho amusgar la oreja. «¿Adónde pretendes llevarme ahora, Elsy?», le habrá dicho, y ella —a la que ni el vodka ni el tabasco hacían perder la férrea línea de un cotilleo—, comenzaría entonces a explicar el secreto de con qué dinero vivió la Bella los postreros años de su vida.

Esta vez no voy imitar el estilo de la Maxwell para contar el triste episodio. Si bien Elsy tenía la costumbre de darle un tinte irónico a todo, yo no creo que esta parte del relato merezca tal ironía. Comenzaré hablándoles de un «tesoro ruso» y acabaré relatando la ruina total. Pero esta ruina se retrasó gracias a la existencia de dos pilares de sustentación, uno real y otro imaginario. El real tiene que ver con una pensión de seiscientos veinticinco francos enviada mensualmente por una mano anónima. Sobre esta «mano anónima» existen varias versiones. Arthur Lewis opina que se trataba de la de un corso dueño de un casino clandestino parisiense, al que la Bella había prestado dinero una noche en que un jugador saltó la banca. Con lealtad corsa, al saber que estaba arruinada, este caballero le hizo llegar dicha cantidad mensual hasta que falleció en 1955. Otros apuntaban a que el benefactor era François André, emperador de los casinos de Francia y dueño del de Cannes, en el que, paradójicamente, la Bella nunca jugó. Las personas que la conocieron y a las que he podido consultar, el abogado William Caruchet y el señor Nucera, cajero entonces del banco en el que cobraba su pensión, apuntan al Casino de Montecarlo como bienhechor. «El Casino lo niega rotundamente», les argumenté yo, y ellos al unísono: «¿Y qué esperaba usted que hiciera? Los casinos no pueden parecer instituciones filantrópicas, aunque a veces tengan sus detalles de humanidad», me aseguraron. Y el otro pilar de sustentación, el imaginario, era la posesión de una gran cantidad de dinero en bonos rusos que quedaron convertidos en papel inútil después de la Revolución bolchevique y que la Bella conservó hasta el final de sus días con la esperanza de canjearlos. La procedencia y cantidad de este dinero que debía quemar los dedos a su dueña como un montón de fichas falsas, varía según las fuentes. De acuerdo a lo que publicó el *Nice Matin* el día después de su muerte, su valor era de unos siete millones de francos y se trataba de un regalo de un príncipe ruso. Otras publicaciones apuntan al propio zar Nicolás II como benefactor, pero al existir el testimonio de primera mano de Colette, quien la visitó poco antes de la Segunda Guerra Mundial, yo me inclino a creer que el de la escritora puede ser más fiable. Cuando Colette discretamente sondeó a su amiga sobre su situación económica, ésta sonrió encogiéndose de hombros como era su costumbre: «Tengo lo necesario y, ¿qué iba a hacer con lo superfluo?» Después, mostrándole un cofre, añadió: «Guardo aquí ocho *(sic)* millones en bonos rusos. Fue Aristide Briand quien me aconsejó comprarlos en 1913. Pero no se lo reprocho, estos ocho millones pensaba llevarlos a Cannes. Se hubieran perdido en cualquier caso (gran carcajada filosófica de la anciana).»

De este modo pintoresco Carolina durmió todas las noches de su decadencia junto a una gran fortuna inútil, hasta que decidió trasladar el cofre a un banco. «La misteriosa llave encontrada entre las pertenencias de la difunta» llevaría al cónsul español en Niza, señor Mendiguren, a abrirlo con la esperanza de poder cumplir otro deseo expresado por escrito en 1958 a través del embajador de España al alcalde de su pueblo natal, según el cual Carolina legaba todos sus bienes a los pobres de Valga[1].

La Otero siempre se debatió entre la fantasía (o la mentira como una de las bellas artes) y el más puro pragmatismo. Mientras cae, engaña a sus amigos, vende «Villa Carolina», hace subasta de sus bienes y se muda, por fin, a su última dirección en la habitación del hotel Novelty en la Rue d'Angleterre, sin confesar a nadie sus penurias. Este último paso hacia la ruina tuvo lugar en 1948. Existen fotos de la Bella Otero presenciando la subasta de sus bienes. Altiva, bien vestida, sentada en una silla y envuelta en un abrigo de paño, aún tiene ánimos para declarar al *Nice Matin*: «Es falso que tenga problemas económicos, lo único que he hecho es vender cosas que me sobran. Si hago estas declaraciones es para que mis amigos no se preocupen. Vivo de mis rentas, tal vez no pueda cenar con champagne todas las noches, pero no estoy necesitada.»

Lo cierto es que sí lo estaba. Desde 1948 hasta su muerte en 1965 la esperaban casi veinte años de total penuria, pero con el carácter pragmático que la caracterizaba y con otro rasgo muy destacado de su personalidad, su enorme orgullo, su reacción fue la siguiente: por un lado intentó conseguir del Estado francés una pensión de vejez.

1. Este documento, junto a todos los demás que se conservan de la Bella Otero, se encuentra en el Anexo.

Para ello necesitaba una partida de nacimiento y he aquí por qué, después de setenta años de impostura, en 1955 la «andaluza» Carolina Otero escribe una carta al alcalde de Valga, Pontevedra (véase el Anexo), para solicitar una partida de nacimiento «a nombre de Agustina Otero Iglesias» («Mi día de nacimiento es el 4 de noviembre de 1868; espero que no me equivoque»). Por otro lado, dejó de frecuentar a los pocos amigos que aún vivían (a todos excepto a George Wague, tan arruinado como ella) para que no la vieran en esa triste situación.

Su afán por desaparecer llegó tan lejos que tres veces se publicó su muerte en los periódicos, y luego existe una anécdota realmente cómica que me contó el hijo de Paul Franck. Al parecer, a la esposa del que fuera tantos años compañero de baile de la Bella le llegó el rumor de que a ésta le quedaba una gran fortuna que guardaba en su cuartito de la Rue d'Angleterre y decidió ir a verla con intención de «comprarle algunas joyas que la anciana ya no usara dada su avanzada edad». Tocó a la puerta y la desconfiada voz de Carolina preguntó quién era. «Soy la señora de Paul Franck», contestó la dama con la familiaridad que otorga haber sido durante años su vecina. Carolina respondió altiva que la Bella Otero no vivía ahí. Pero su antigua vecina, que conocía perfectamente la voz de la señorita, se atrevió a insistir: «¿Con quién hablo entonces?» «Con la hermana gemela de madame Otero», contestó impávida la Bella, «y haga el favor de no molestarme más».

María Felix

Cuando todo parecía perdido, Carolina Otero tuvo un inesperado golpe de suerte. A sus ochenta y seis años le propusieron hacer una película sobre su vida que interpretaría María Félix. Se trataba de una lacrimógena recreación de la vida de la artista en la que ésta se enamoraba de un señorito mientras triunfaba en los escenarios. El film, pese a los buenos augurios, no tiene más valor que el que puedan otorgarle los incondicionales de María Bonita. La Félix, a pesar de su belleza «andaluza», resultaba muy poco creíble en el papel y la película fue un fiasco. De haber tenido éxito el proyecto, le habría procurado una pequeña renta vitalicia a su inspiradora, pero en cambio la señorita sólo recibió un destello de publicidad (que sirvió a mucha gente para asombrarse de que aún siguiera viva) y una cantidad en concepto de derechos, según algunas fuentes 100.000 o 200.000 francos, que habrían de seguir el habitual camino del par, impar y pasa. A partir de entonces hubo de mantenerse gracias a esa pequeña pensión de unos seiscientos francos que recibía todos los meses[1] de la

1. Lewis opina que dejó de recibirla en 1955, fecha en que muere el corso al que él atribuye el regalo mensual, y para corroborar su teoría afirma que es en ese mismo año cuando escribe a Valga para pedir su partida de nacimiento y solicitar así una asignación del gobierno fran-

que hablábamos antes sin descartar que, alguna vez, como así lo atestiguara por ejemplo el dueño del colmado en el que compraba su comida, la señorita enseñara a sus vecinos un gran fajo de billetes que los dejaba confusos y lucubrando sobre fortunas escondidas. A los pocos días también estos billetes, que podían haberle dado alguna seguridad en su dilatada vejez, desaparecían porque hasta el final de sus días ella prefirió contentar a la suerte antes que a la muerte. Ese dinero, seguramente, era el producto de aquellas curiosas estadías a las que la invitaba de vez en cuando el casino de Montecarlo y donde conoció a Harpo Marx, que se hospedaba en casa de esa obesa cotilla profesional llamada Elsa Maxwell.

---

cés. Pero Louis Nucera, en aquel momento cajero del banco donde cobraba su cheque mensual, y a quien tuve la suerte de conocer pocos meses antes de su muerte, me dijo que hasta 1959, en que él dejó la entidad, la Bella pasaba todos los primeros de mes a cobrar su misteriosa pensión.

Las últimas palabras de un fantasma cotilla

—¿Te das cuenta, Arthur Adolf (a la Maxwell le gustaba llamar a las estrellas por sus verdaderos nombres, sobre todo cuando éstos eran largos y alemanes, como el de Harpo Marx), te das cuenta? Al lado de la vida de la Otero, la de Marlene o la de Greta parecen un picnic. ¡Maldita sea, pero si hasta Hedy Lamarr queda como una ursulina a su lado! Lástima que ya no le importen a nadie sus andanzas, ¡las cosas que hubiera escrito yo sobre ella! Pero te noto inquieto, Harpo, creo que lo que deseas no es seguir oyendo viejas historias de una anciana ludópata sino encontrártela en el casino para perder juntos unos cuantos francos. ¡Los hombres sois tan poco curiosos con la naturaleza humana! Y la curiosidad es la base de la sabiduría, por si lo has olvidado. Pero está bien, el chófer puede acercarte ahora, aunque tendrás que escuchar una última anécdota: ya sabes que no me gusta terminar mis crónicas abruptamente, Arthur Adolf; todo debe tener su broche final, así que ábrete de orejas porque te aseguro que a ti, que eres casi tan jugador como ella, te va a encantar dónde decía Carolina Otero que había que buscar la fortuna.

Una dama en apuros cosméticos

Niza, 10 de abril de 1965, 8.30 de la mañana.

Esta vez no puedo echarle la culpa a nadie. Tampoco a la penumbra, ni a la noche. Ni la persiana a medio cerrar, ni la voz de mis vecinas o los duermevelas de una vieja chocha son excusa a la que pueda atribuirse la presencia de estas dos sombras que ahora se alejan. Así es la vejez. Una no puede permitirse parlamentar con un recuerdo porque ése se encadena a otro y éste a un tercero hasta que una acaba viendo a una mujer fea y obesa a la que ni siquiera conoce tomando bloodymaries y hablando de mis asuntos más escandalosos. Me acuerdo bien cómo empezó este último disparate. Era el amanecer cuando apareció por aquí Harpo Marx con las cejas alborotadas como si acabara de levantarse de la tumba o —lo que es casi lo mismo— de una mala racha al póquer y yo le pregunté que qué hacía en mi alcoba. «Tú no sabes nada de mi vida, darling», dije, y debí quedarme de nuevo medio dormida mientras duraba la última tanda de recuerdos porque son la figura de Harpo y la de una gorda très laide con hocico de rata las que ahora veo desvanecerse y concluir su charla contándole la una al otro, como epílogo a mis andanzas, una de esas boutades mías que a los reporters les gustaba tanto reproducir: «¿La fortuna, dice usted? Oh, querido amigo, a la Bella Otero la fortuna le llegó durmiendo... pero no sola», repite la mujer gorda, ríe y Harpo bebe más bloody Mary mientras ambos se esfuman y yo, la grande joueuse, la más grande de todos los tiempos, la que tan bien sabía dónde encontrar la fortuna y dónde perderla, aquí estoy, precisamente en la cama y sola. No dormida ni muerta, por cierto, ni siquiera agonizante como había previsto anoche: «Apuesto dos luises a que la Bella no ve las luces de mañana, por fin llega mi hora», me dije, «era una corazonada, un pálpito infalible, infalible... y como tantas veces he perdido. Debí haberlo previsto. La vida juega con cartas marcadas, por eso gana siempre la muy tramposa, de modo que otra vez me toca soportar un nuevo día». «Vamos», me digo, «a levantarse toca, Lina, y sábete de una vez por todas que después de soportar todo un largo desfile de tus fantasmas no deseados debes continuar viviendo. Arriba, belleza viviente». Buenos días, Garibaldi.

«Para mantener un cutis de seda después de superar la tan temida treintena, la dama que se preocupa por agradarse a sí misma y agradar a otros utiliza siempre afeites de limpieza de primera calidad. Dándole a faltar dichos afeites (por un viaje imprevisto, por un imperdonable descuido de su doncella o cualquiera que sea la causa), se puede recurrir a ciertas tretas de emergencia. El aceite de oliva, por ejemplo, es un excelente manjar para la piel, un bálsamo limpiador perfecto para una dama en apuros cosméticos.»

Y bien, ya está. La vida vuelve a ser como antes de estas últimas y desagradables treinta y dos horas. La vieja Otero está frente al espejito de belleza (de aumento huelga decir, 12 francos con cincuenta en el Monoprix) ante el que pasa tantas horas mientras se entretiene recitando fragmentos de uno de esos deliciosos livres de beauté, libros de belleza, llenos de sabios consejos: «si por un imperdonable descuido de su doncella la dama no tiene sus afeites preferidos, siempre puede recurrir...»

Dura más de cincuenta años el «imperdonable descuido de mi doncella» y hace otros tantos que utilizo aceite de oliva para limpiarme la cara. «Tiene usted un cutis soberbio, madame», me dicen aún hoy algunos de mis vecinos más observadores, y yo suelo ponerme de cara al sol para que la luz, al igual que ocurre con los grandes focos de teatro, mate mis arrugas antes de contestar: «¿Ve usted? Una piel limpia es una piel sana, amigo mío, no hay más secreto que ése.» Pero no es verdad; naturalmente, yo tengo otras muchas tretas y además nunca salgo a la calle sin maquillarme excepto cuando voy al banco a cobrar la pensión. Entonces recurro a una mise en scène especial: me visto de negro, me ato un pañuelo discreto a la cabeza, añado un imperceptible toque de rouge en las mejillas, nada de khol, gran nube de polvos doctor Payot para difuminarlo todo y ya está... A monsieur Nucera, el hombre que me entrega el dinero, le gusta la sencillez y cuesta tan poco complacer a un caballero. Además, es muy posible que pronto tenga que pedirle un pequeño préstamo, la última vez que recibí el saldo de mi cuenta bancaria tenía seiscientos nueve francos nuevos con treinta y ocho céntimos; he ahí toda la fortuna de la Belle Otéro.

A pesar de todo, una no debe privarse de ciertos lujos. Por ejemplo la botellita de aceite de oliva virgen no puede faltar en la casa de una dama, cuando no sirve para cocinar un manjar especial nos saca de un apuro cosmético fun-da-men-tal. Bueno, creo que hoy también tendré que bajar a la calle. Es sábado y deseo acercarme hasta el Tout Est Là de monsieur Entressangle a comprar un civet de conejo para el almuerzo y de paso reponer la botellita de huile d'olive; esta mañana la limpieza de cutis acabará con lo que me queda. Oh, sí, no se puede cicatear en estas cosas y ayer la Bella se acostó maquillada como una cortesana para estar guapa. «Guapa no para la muerte», me dije anoche mientras me arreglaba, «sino para el señor juez... para el mozo de la funeraria... para la empleada de la casa de pompas fúnebres... Quiero estar guapa para ellos, serán mis últimos admiradores, tengo una corazonada...».

Tonta Lina, estúpida Lina. ¿Cómo puedes, a estas alturas, confiar aún en las corazonadas de juego? ¿Creíste que podías ganarle la mano nada menos que a la Muerte? ¿De veras pensaste que ella, como una niña obediente, vendría a buscarte durante la noche sólo porque a ti te dio por «jugar el sol antes de que salga?». Bon Dieu, ma belle...!

«Si la dama preocupada por su belleza alguna vez olvida retirar el maquillaje de la noche anterior, cosa que se recomienda vivamente no hacer, en cuanto se levante lo primero que hará será eliminar, con la ayuda de un paño suave, todos los vestigios de tal descuido masajeando la piel con abundante Cold cream o en su defecto un buen producto emoliente.»

El aceite virgen va borrando todo el maquillaje rancio para dejarme ver la piel que hay debajo. Dicen que la cara de una vieja luce mejor sin afeites, que como estamos casi ciegas se nos va la mano con el colorete y que temblequeamos al trazar una línea sobre los párpados hasta parecer mapaches. Que es mil veces preferible optar por la renuncia y presentar una cara lavada que muestre toda la dignidad de las arrugas. Eso también es falso. Lo decididamente preferible es que nosotras nos veamos guapas en el espejo aunque sea mentira, los ojos cansados son tan galantes, nada de detalles, nada de verdades crudas, yo adoro los espejos traidores porque lo que importa no es lo que ven los extraños que nos miran desde fuera sino lo que aprecian nuestras propias y ancianas pupilas. Regardez la vieille femme fardée, miren a esa vieja pintarrajeada, oigo comentar en la calle. ¿Bueno y qué? Del mismo modo que únicamente se ve una segura y digna ante los demás cuando se es digna y segura ante sí misma a solas, desnuda o en corsé, sólo se es bella cuando una se ve bella, al diablo con los demás... ¿O no? Desde luego que no. Tonta Lina, siempre contradiciéndote. ¿No decías hace sólo un momento que querías estar guapa para tu sepulturero?

«Un vestido de media estación debe complementarse siempre con algún adorno que aluda a la época del año por la que atraviesa la dama elegante. Así como en otoño es muy chic lucir plumas en los sombreros, la estación primaveral requiere un toque de muguet, un botón de jazmín, el pequeño tesoro de una rosa en flor.»

¡Zut!, Garibaldi, asómate al balcón a ver si mi desagradable vecina madame Dubois ha sacado a airear un rato ese tiesto de lavanda que es el orgullo de su cuartucho maloliente y puedo «tomar prestado» un ramito. Ni muguet, ni jazmín, ni el tesoro de una rosa en flor, la Bella Otero adornará su vestido primaveral esta hermosa mañana sólo con lavanda. ¿Estás seguro, paxariño, de que puedo asomarme a robar una flor sin que haya moros en la costa?

Niza, 10 de abril de 1965, 10 de la mañana.

Supongo que ahora que, por lo que se ve, estoy condenada a seguir en el mundo de los vivos por Dios sabe cuánto tiempo más, bien puedo volver a mis antiguos juegos. Como he dicho muchas veces, yo no vivo de recuerdos. Fueron ellos los que se impusieron ayer en contra de mi voluntad, por eso creí que era el cortejo que antecede a la muerte, pero ya pasó y no volverá a ocurrir; prohibido más que nunca mirar hacia atrás. A veces he pensado que si temo tanto a las remembranzas es porque una vez tuve el pálpito de que los recuerdos son como las horas: todos hieren y el último mata... Bah, tú y tus pálpitos, Lina, mira adónde te conducen. Has vuelto a perder la apuesta: negro, impar y falta, todos te han herido pero te toca seguir viva.

O seguir muerta, porque, ¿quién te dice, Lina, que no es cierta esa idea loca que has tenido tantas veces y que asegura que hace años, lo menos treinta, que falleciste, y que te encuentras en las calderas de Pedro Botero? Sí, es lo más probable. Estoy muerta y esto es el infierno. No se me ocurre castigo más sofisticadamente cruel por parte de una Providencia bufa que mantenerme aquí, en esta «vidita» en la que se ha convertido mi existencia. ¿Y por qué no se te ocurrió nunca suicidarte, Lina? Bah, un buen jugador siempre confía en que la próxima bola caerá en un pleno al siete y cambiará su fortuna.

Vamos a ver: hoy voy a ponerle un velito a mi sombrero, así ladeado y con la redecilla a media cara deja ver mi mejor perfil. ¿Has dado el último toque a tus labios con tu rouge preferido? ¿Y los polvos? ¿Llevas la bolsa del mercado y el bastón, Lina? ¿Has cerrado bien la puerta con cuádruple cerrojo antes de bajar a la calle y comenzar tu juego? Claro que sí y ahora, una vez recorridos con gran tiento los veintitrés escalones que me separan de la planta baja, y después de saludar a madame Depo, que barre como si su castigo eterno consistiera en lijar el hormigón de la acera con su escoba de bruja, he dado unos cuantos pasos. Los suficientes como para hacer la primera parada, la que me lleva a mirarme en el escaparate de Lionel Joffo, el peluquero de la esquina. Allí me detengo a ver qué tal estoy... Veamos... muy bien, no me brilla la nariz y me he acomodado el ramito de lavanda. Perfecto. Todo está en orden. Ya puedo empezar mi juego que consiste en hacer mi particular paseo por la Promenade des Anglais.

Una vieja timbera que no se engaña a sí misma es bien estúpida. La realidad es demasiado terrible, lo es para todo el mundo pero para nosotros, los que caminamos con el sol a la espalda, es insoportable. De acuerdo. Al destino no se le puede ganar la mano, es demasiado trilero, pero sí se le puede hacer trampas y eso es lo que yo hago todo el tiempo. Trampas a la Providencia que me ha dejado en la estacada, trampas a la muerte que se ha olvidado de mí y me castiga a caminar a pasito lento con ayuda de un bastón desde mi casa al colmado para comprar una botella de aceite y una ración de conejo en salsa como toda actividad. Pero yo finjo hacer otra cosa más digna. El que se resigna a su suerte y no intenta engañarse es, ya lo he dicho, un estúpido. Supongo que también en esto se parece la vejez a la infancia: en una y otra etapa jugamos, jugamos a vivir. «¿Finge usted caminar por el Bois de Boulogne del brazo de un caballero, de un rey tal vez?», preguntaría algún chambón al oírme decir estas cosas y yo le contestaría: «No sea necio, monsieur, nadie con dos dedos de frente se atrevería a fantasear con el pasado que no ha de volver; yo fantaseo con la fantasía, en concreto con mis paseos por la Promenade des Anglais cuando tenía apenas ochenta años y aún conservaba un bonito cuello de astracán y un bastón con mango de marfil.» Eran buenos tiempos aquellos, fue cuando supe que estaban muertos la mayoría de los que me habían admirado y, curiosamente, aquello que debería haber sido doloroso resultó una sorpresa: después de toda una vida de exhibicionista la Bella Otero descubrió los placeres del anonimato.

Cuando no se tiene nada que exhibir salvo los restos del naufragio, es mejor dejar de ser quienes somos para refugiarnos en alguna cómoda impostura muy lejana a la persona que fuimos. Nada más patético, pienso yo, que esas antiguas bellezas que aún intentan enseñar unos pechos ajados y se fajan el cuerpo para simular una esbeltez que se parece más a una mortaja que a un fino talle. La Bella en cambio decidió convertirse en el digno retrato de lo que podría haber sido de haberse conformado con menos. Al principio nadie conocía a esa dama de porte aristocrático que recorría la Promenade todas las tardes. Me tomaban por la anciana viuda de un émigré ruso o, más modestamente, de un magistrado, o por la matriarca de una familia de fortuna. Y yo me divertía adivinando en sus caras el veredicto, porque es tan reconfortante refugiarse en una impostura cuando ya no queda nadie que sepa la verdad. Mejor pasar por otra a que algún caminante metomentodo sospeche que aquella mujer no es una vieja duquesa rusa, ni la viuda de un magistrado, sino la solitaria sombra en la que se ha convertido la mujer más deseada del mundo. Lamentablemente, cuando se rodó la película de María Félix se acabó el engaño. Entonces todos descubrieron que aún estaba viva la «Belleza viviente» a la que aludía D'Annunzio en su billet doux. Tonta Lina, otra vez te equivocaste, ¿lo que buscabas entonces eran más fichas para jugar? Pagaste un alto precio por ellas, no valía la pena cambiar un decoroso anonimato por un centenar de francos y una foto en el Paris-Match.

Han pasado diez años de aquel faux-pas y todo ha vuelto al olvido, afortunadamente. Por eso, como otra vez soy la dueña de la baraja puedo permitirme ahora hacer este solitario: pasito a paso, pasito a paso vuelvo a pasear por la Promenade des Anglais como la digna viuda de un magistrado. No llego hasta allí, como es lógico, la costanera queda muy lejos para estas piernas cansadas, pero recorro el camino de mi casa a la tienda de comestibles con el mismo porte y la misma distinción de entonces. Ésta es ahora mi promenade. Naturalmente he tenido que añadir algunos detalles más al fingimiento para que todo encaje. Ahora, no sólo juego a que estoy paseando por allá sino que, como mis vecinos sí me conocen, he tenido que adoptar un aire de lejana displicencia para que ninguno se atreva a interrumpirme con un «Buenos días». Miro hacia adelante e imagino que todos los paseantes con los que me cruzo son turistas, gente de paso, ¿porque quién desea ser saludada en su paseo por un amable electricista o un encantador pescadero? Adelante, Lina. Hermoso día, ya ves. Hasta en el infierno brilla el sol en el mes de abril, es una mañana espléndida.

¡Zut, zut! Por todos los diablos, ahí viene la buena de Assunta y me va a retrasar mi pequeño divertimento. Con ella vuelvo a ser la vieja Otero, qué remedio. «Buenos días, madame, ¡qué historias tan interesantes relató usted ayer tarde! ¿Cómo se encuentra esta mañana?», inquiere sin recurrir, por una vez, a ese «nos» geriátrico (¿Estamos bien? ¿Qué tal hemos dormido esta noche?) con que me mortifica, y luego añade: «Debería haber visto la cara de madame Pitou anoche cuando le conté la increíble anécdota del rey de Bélgica y la señorita D'Alençon. ¡Nunca olvidaremos ese nombre tan famoso!», asegura, y yo sonrío. Me complace que la larga pesadilla de ayer haya servido, al menos, para que Mimí tenga la limosna de inmortalidad que tanto deseaba, pero en seguida frunzo las cejas porque no deseo que Assunta me siga reteniendo innecesariamente con su cháchara. «Adiós, Assunta, tengo cosas que hacer, no puedo detenerme a hablar con usted», le digo, pero antes de reanudar la marcha no resisto la tentación de mirarme brevemente en el escaparate de Lionel Joffo para comprobar qué tal luzco: es difícil abandonar ciertos rituales y el de mirarme en todas las lunas que encuentro es muy antiguo en mí. Juro que no tardo más que unos segundos, pero son suficientes para que ella, empleando ese tono que los niños usan al pedir algo muy deseado mientras cruzan los dedos a la espalda para que lo inoportuno del momento no estropee sus posibilidades de lograr el ansiado capricho, añade: «Me gustaría tanto que esta tarde cuando pase por su habitación para ayudarla a recoger la casa... (Assunta se detiene, se restriega las manos como quien anticipa un festín o como quien se prepara a apurar hasta los tuétanos los huesos de un buen escándalo...) me contara usted alguna otra de esas bellas historias como la de ayer (se detiene de nuevo, restriega, restriega); una que la tenga a usted como protagonista, madame...»

Le doy la espalda sin contestarle y creo que incluso añado un «ni hablar» bastante disuasorio pero sé muy bien que hacia las cinco oiré los cuatro chasquidos de cerrojo que anuncian su llegada. A Assunta nunca le han impresionado mis desplantes.

—Bonjour, madame. —Es ahora el joven Lichio, un admirador, fontanero por más señas, quien me saluda. Yo me yergo todo lo que permite mi espalda. La belleza comienza por un porte distinguido y Carolina Otero ahora cuida estos detalles para los fontaneros. Es encantador le petit Serge, en otro momento me habría detenido a hablar con él, pero hoy estoy en la Promenade y hago como si no lo oyera. Ya basta de irrupciones de la realidad en la mísera fantasía a la que aún aspiro. Se acabó. Debe de empezar el juego: el pequeño entretenimiento de la Bella Otero camino del Tout Est Là.

Como paseando por la Promenade des Anglais

Bendito Júpiter, el resto del paseo resulta delicioso y sin interrupciones. Los vecinos con los que me cruzo conocen mis manías (delirios de grandeza las llaman ellos, pero es lógico, la gente simple siempre confunde la introspección con la soberbia, ya se sabe) y me ignoran. Un pasito, dos, otro pasito, todo es perfecto porque si se piensa bien, ¿qué diferencia hay entre la Rue d'Angleterre y la Promenade des Anglais? Si hasta el nombre es casi el mismo.

Sopla el viento de abril y parece que trae agua de mar. (No mires, Lina, las minúsculas gotas provienen del balcón de monsieur Brugnon que está regando su mata de geranios.) También es agradable acompasar la marcha con el estruendo de las olas, qué bien suena. (Tampoco mires a la izquierda, ¿quién quiere saber que el estruendo lo provoca el volquete de un camión descargando grava?) Me encanta cuando la mar está así de inquieta, hay mucho oleaje esta mañana. Pronto llegaré a la cristalera de un restaurantito delicioso con una ventana al mar en la que siempre me detengo a mirarme y a observar a la clientela, gente très bien que a su vez me observa, envuelta en mi cuello de astracán, luchar contra el viento de la costanera. Cruzo la calle. (Ahora estoy frente al escaparate de la peletería André Furs. Cuando es invierno, logro encajar el abrigo que exhiben con el reflejo de mi cuerpo de modo que durante unos instantes visto un petit renard, modesto pero útil para la fantasía; hoy en cambio sólo me arreglo el sombrero.)

«Tendremos un día caluroso para esta época del año», me

digo, «en cuanto termine de comer voy a sacar a Garibaldi al balcón para que aproveche el sol de la tarde, le viene bien tomar el aire...» ¿Y ahora qué? Bon Dieu, creo que ese tipo de ahí es el Johnny Hallyday de ayer. Me detengo. Es como si el pavimento de la Promenade se compadeciera ante mis temores porque reverbera un poco, pero afortunadamente no se trata del Johnny Hallyday reporter que pretendió importunarme con sus preguntas, sino de otro muchacho de esos blouson et pantalon que descarga unos muebles baratos ante la pensión de la Rue Alsace Lorraine. «Todos los jóvenes de hoy parecen idénticos, en mis tiempos no pasaban estas cosas, ya no hay personalidad», me digo, porque esta reflexión no rompe el juego de la impostura, al contrario, la hice muchas veces caminando al borde del mar cuando jugaba a hacerme pasar por la viuda de un magistrado. «Nada es como antes», insisto mientras finjo mirar el Negresco que afortunadamente seguirá allí, en su eterno lugar, con ese aspecto de tarta de merengue tan suyo; qué alivio saber que ciertas cosas no cambiarán nunca. Tres o cuatro pasos más y tendré que volver de la Promenade a la realidad porque la vieja Otero está llegando frente a la tienda donde hace la compra. Voilà, le Tout Est Là, me digo en un estúpido chiste digno de alguna de mis vecinas. He aquí el Tout Est Là. Caramba, ¿y la bolsa de la compra?, ¿la he traído?, ¿seguro? Siempre temo habérmela olvidado, lo que significaría rehacer todo el camino con estas viejas piernas que tienen fuerzas para caminar una sola vez sobre las fantasías, no más. Qué alivio, aquí está, una tiene tendencia a perderlo todo con los años y no intento hacer frases de doble sentido; créanme, ahora no, estoy haciendo la compra.

«Madame», me dice el señor Marcel Entressangle, y luego: «Buenos días tenga usted.» Él adivina mi juego y sabe que prefiero el anonimato desde que una vez me hizo la manida y cada vez menos frecuente pregunta de: «¿Es usted la Bella Otero?» y yo le respondí sólo: «Es posible... Peut être.» Mentirosa Lina, ni siquiera en tus embustes puedes ser constante, acuérdate de esa vez que llegaste a su tienda y al ir a pagar abriste el bolso con toda deliberación para dejarle ver a tu tendero un gran fajo de billetes para demostrar que eras rica. Y recuerda también la vez que te detuviste a acariciarle el pelo a la nietecita de Marcel para suspirar: «Ah, monsieur, de lo único que se arrepiente una mujer como yo es de no haber tenido hijos», para luego añadir en un ataque de total exhibicionismo: «Oh, la gente se equivoca tanto conmigo, pero usted ha sido siempre amable, Marcel. Es muy triste no tener hijos; déjeme que le diga aquí y ahora una cosa muy importante: la pequeña Sylvie será mi heredera, vaya que sí. Tengo mucho dinero guardado.» Sí, me acuerdo muy bien, fue una mañana de mucho calor mientras él te despachaba unas salchichas y tú te irritabas espantando las moscas, y supongo que fue este enjambre de embajadoras de la pobreza la que te hizo añadir orgullosa: «Cuando muera se sabrá la verdad de la Bella Otero. Ya verá, amigo mío…»

Pero Marcel Entressangle es un profesional, casi un caballero, nunca deja de llevarle la corriente a sus clientes, sabe adivinar cuál es el estado de ánimo de todos por el tono de cada saludo. «Bonjour, Entressangle!», han sido mis primeras palabras, y él inmediatamente me trata como a la viuda de magistrado que me entretengo en jugar a ser: «Madame… Bonjour.»

—Necesito una botellita de aceite español, Entressangle, un par de zanahorias, algo de cilantro y dos raciones del plato del día.

Es falso lo que dicen por ahí. Aseguran que la anciana Otero pide siempre dos raciones para hacer creer que espera visita. Rara vez lo hago, sale demasiado caro. No obstante, la idea de pedir doble cantidad de civet de conejo justamente hoy me parece un acto de desafío, de rebeldía diría yo… ¿Así que el Destino quiere que siga aquí, en este barrio barato, malviviendo en un cuarto de pensión rodeada de fotografías inermes y calentándome la comida en un hornillo de gas? Muy bien, si no quieres caldo, ¡dos tazas!; así decía mi madre, que nunca tuvo dinero para tazas y apenas para caldo. Pero yo recuerdo muy bien qué significa ese dicho de mi tierra. Si hay que jugar a la vida lo haré a lo grande (aunque luego tenga que alimentarme de los restos de este maldito conejo durante días):

—Dos raciones de civet, Entressangle, si me hace el favor, y media botellita de champagne Montebello; hoy espero una visita.

—Me alegro mucho, madame; esta mañana nos ha quedado especialmente bien el guiso, su invitado disfrutará, se lo aseguro.

Tengo ganas de reír, pero no lo hago, los juegos hay que llevarlos hasta el final. Como hace monsieur Entressangle; los buenos tenderos se parecen mucho a los médicos de ancianos o a los enfermeros de manicomio, saben adaptarse a las chifladuras de cada uno.

«Recuerde, Marcel» estoy a punto de decirle... «su nieta Sylvie será la heredera de todo lo que tengo»; pero no hay que estropear los juegos con irrupciones de realidad y mucho menos con esa patraña de mi enorme fortuna que el buen Entressangle considera tan falsa y extravagante como mi afán de jugar a ser otra. Le doy las gracias. Él acomoda en mi bolsa el civet, la botella de aceite y todo lo demás de modo que asoman las hojas de las zanahorias:

—Siempre es un placer servirla, madame Otee… madame simplemente, quiero decir, un verdadero placer.

El paseo de vuelta a casa se hace más largo y a la vez mucho más tedioso. Ya no juego a que me paseo frente al mar, ¿cómo hacerlo? Al comprar dos raciones de conejo he roto el conjuro de fingir que finjo: he aquí de nuevo a la vieja Otero con su bastón y su bolsa de mercado que regresan a casa. Suena la campana de la iglesia.

No hace falta tener buen oído para saber que es mediodía. Un paso corto, uno que intenta ser largo… luego el reumatismo y otra vez un paso corto: así caminan las viejas que tienen la suerte de poder pasear a los noventa y siete años. Piernas de bailarina, piernas dignas de una joven de ochenta y pocos, un pasito largo, otro corto. ¿Quieres detenerte unos minutos en el banco de la plaza, Lina?, ¿deseas ensayar de nuevo ese otro juego, me refiero al de la baldosa irregular que abre el camino al pasado, que convierte el pie de una vieja lleno de juanetes en otro muy bello como hiciste ayer? ¡Carallo, no!, digo, y me sorprendo usando una expresión que tenía olvidada últimamente. Suena bien. La emplearé más a menudo de ahora en adelante, me gusta mucho. ¡Carallo!, y no me detengo. ¿Quién quiere tentar de nuevo a la suerte y que escapen de allí los fantasmas de Paco Coll, de Bellini, de mister Vanderbilt...? Hay lances que ni el más enviciado de los tahúres se atrevería a arriesgar. Se acabaron los juegos. La anciana Otero está cansada, sólo desea llegar arriba, a su habitación, pelar las zanahorias, despojarlas de sus penachos verdes que parecen hermosas plumas de music hall (no, no nada de recuerdos, prohibido incluso recordar que se recuerda), pelarlas, digo, cortarlas para enriquecer el guiso, añadir cilantro, un vaso de agua y ponerlo todo a hervir durante un ratito. Un guiso así resucita a un muerto.

El 11 de abril de 1965 en la portada del *Nice Matin*, coronando dos fotos de Carolina Otero, una en su juventud y otra asomada al balcón del hotel Novelty ya muy anciana, podía leerse lo siguiente:

LA «BELLA OTERO», QUE FUE LA REINA DE PARÍS
A COMIENZOS DEL SIGLO, MURIÓ AYER EN NIZA
A LOS NOVENTA Y SEIS AÑOS.

El titular remitía a un artículo en páginas interiores que estaba acompañado por otras dos fotos, ambas de su cuarto de pensión en el hotel Novelty. En la primera se ve la parte digna y ordenada de la habitación con un sofá cama sobre el que se observaban fotos y recuerdos pinchados en la pared. En la segunda se mostraba otro aspecto de la alcoba: un radiador, una chimenea oscurecida por los años pero adornada con un tapetito de croché y delante de ella una mesa funcional sobre la que se observa un infiernillo con una cacerola puesta encima. El texto no da más que una explicación de dos líneas sobre la causa de la muerte de Carolina Otero e inmediatamente pasa a hacer una síntesis de los éxitos de juventud de la artista en una columna, y en la otra recoge diversos testimonios de los vecinos sobre el carácter y la vida de la anciana señorita.

Vale la pena destacar también que este periódico que tanto agradaba a la Otero y sobre el que llegó a decir «uno no está muerto hasta que no lo publique el *Nice Matin* o *L'Espoir de Nice*», ofrecía a sus lectores junto al resumen de contenidos y el gran recuadro de la Bella otro mucho más pequeño en el que podía leerse: «La boda de Johnny Hallyday con Sylvie Vartan se celebrará mañana.» Como diría la señorita, «la vida continúa y son otros los que ocupan ahora nuestro hueco de gloria. Pero no por mucho tiempo, sólo hasta que ellos también se hagan viejos y desaparezcan de las portadas para reaparecer a lo grande en una necrológica».

La muerte de Carolina Otero, la última cortesana como la llamaron algunos, el postrer testigo de la Belle Époque o la Belle Époque misma como se atrevieron a denominarla otros, ocupó —tal como ella había previsto— un lugar destacado en periódicos del mundo entero, desde Buenos Aires a Nueva York y desde Madrid y París a Londres, Berlín e incluso Roma. En resumidas cuentas, a todas las ciudades en las que ella había triunfado con excepción de San Petersburgo (Leningrado habría que decir) que ya no se interesaba por este tipo de noticias. Para contar con las palabras de la prensa en qué circunstancias se produjo la muerte he seleccionado trozos y titulares de diversas publicaciones; no porque sean más o menos elogiosos con la figura de la Bella sino por la forma de presentar los hechos del modo más conciso y... veraz iba a decir, pero «veraz» no es una palabra que se pueda aplicar fácilmente a lo que concierne a nuestra artista. Como podrán ver, incluso al narrar las circunstancias en las que la sorprendió la muerte hay diversas versiones. Al menos tantas como quisieron relatar a los periodistas la casera madame Depo, su amiga Assunta Giovagnini o el señor Marcel Entressangle, dueño del Tout Est Là, que fue la última persona en verla con vida. Cada uno cuenta los detalles a su manera, pero he aquí para empezar los únicos datos ajustados a la realidad, que son los del parte policial tal como los reproduce el periódico *Dernière Heure* del 11 de abril.

«La Bella Otero, que fue al principio del siglo la "reina de París", murió ayer hacia la una de la tarde víctima de una crisis cardíaca en el triste desorden de una pequeña habitación de hotel *meublé* de Niza cuando procedía a "hacerse la *toilette*". Cerca de ella sobre un infiernillo a gas viejo y desportillado cocía un *civet* de conejo. Tenía cerca de noventa y siete años[1].»

A partir de ahí, tomando detalles de esta y otras publicaciones, así como los recuerdos de los testigos que aún viven, he podido reconstruir en qué circunstancias descubrieron su cadáver.

«Fue la criada del hotel la que dio la voz de alarma hacia las 14.45 h. Se encontraba barriendo la escalera cuando sintió un fuerte olor a quemado que se filtraba por debajo de la puerta de la habitación número once. Se procedió a avisar a los bomberos mientras que madame Depo fue en busca de la dueña de un restaurante próximo, la señora As-

1. La razón de que en algunas necrológicas figure su edad como noventa y siete años y en otras como noventa y seis se debe al hecho de que Carolina murió en abril y su cumpleaños era en noviembre. Quien hiciera el cálculo según la fecha de su nacimiento, 1868-1965, calculó noventa y siete.

sunta Giovagnini, única persona que, según se sabía en el barrio, tenía llaves de la habitación. Sin embargo le resultó imposible abrir. De los cuatro cerrojos que guardaban la última morada de la Bella Otero, uno tenía la llave por dentro por lo que hubo que esperar la llegada de los bomberos que procedieron a derribar la puerta. Entonces, los que entraron en ese santuario vedado durante tiempo a los periodistas e incluso amigos, pudieron descubrir el triste escenario en el que había vivido la más grande cortesana en sus últimos años. Encontraron, junto a objetos cotidianos humildes, una colección de fotos amarillentas pinchadas en la pared mostrando todas *(sic)* a la bella cortesana en lo más alto de su gloria y un verso del poeta italiano D'Annunzio en el que podía leerse una encendida dedicatoria. Sobre la chimenea había además un portafolio de cuero y una inscripción en letras doradas: "A la señora Otero en recuerdo de su viaje a la República Argentina. Agosto-octubre de 1906." Al cónsul de España, el señor de Mendiguren, que fue llamado para la ocasión, se le hicieron entrega de dos objetos que podrían ser de interés. Por un lado una llave que parece pertenecer a un cofre y por otra una carta. En cuanto a esta nota manuscrita encontrada entre los vestigios de su pasado en un cajón en el que conservaba como reliquias sus corsés de 1900, se trata, según el señor de Mendiguren, de la copia de una carta enviada el 11 de diciembre de 1958 *(sic)* al alcalde de Valga en la que expresa su deseo de dejar toda su fortuna a los pobres de este pueblo.»

«El sábado por la mañana, Carolina Otero hizo su última salida para acercarse al establecimiento de su tendero, situado a cien metros de su casa, donde tenía costumbre de comprar todos los días *(sic)* desde hace ocho años un plato preparado. Llegó sobre las once y media, nos dijo el comerciante, y compró dos porciones de *civet* explicando que hoy tenía un invitado a comer.»

Los testimonios de sus vecinos. ¿Quién miente?

Varios periódicos recogen comentarios de Assunta Giovagnini, quien se definió como la mejor amiga de la anciana Otero y su «confidente»; éstas son sus palabras:

«Todos los días yo subía hacia las 17 horas a hacerle la cama y poner un poco de orden en su habitación. Ella me contaba su vida pero yo no la escuchaba; siempre era lo mismo, las fiestas, los príncipes, el champagne... No quería recibir a nadie porque en nadie confiaba. Yo la ayudaba de buen grado porque era una anciana, pero no me interesaba en absoluto en su pasado.»

Otra vecina «de mediana edad», que el periódico no identifica, contó una historia muy extraña que a mí me suena bastante inverosímil en una persona de cerca de cien años, incluso en una tan fuerte como Carolina Otero. Tal vez la fantasía provenga de unas declaraciones hechas por la Bella muchos años antes en las que decía «haberse gastado el producto de su último collar de perlas en socorrer a los pobres de Niza, a los que visitaba con frecuencia». Tal vez por eso, y por tener una historia que contar, la vecina de «mediana edad» (¿sería madame Pitou, sería madame Pernod?) contó a los periodistas: «Desde hace dos años se había tornado hacia el misticismo. Salía a pasear de noche y se dice por ahí que atravesaba a pie toda la ciudad para ir a servir la sopa a los pobres en una casa de beneficencia de la parte vieja de Niza.»

Madame Depo, su casera, tenía otra imagen muy distinta de la Otero; para ella no tenía ningún rasgo místico, sino un carácter insufrible. Un día en que la señora Depo fue a anunciarle su intención de subirle el alquiler, Carolina le tiró una botella de champagne vacía a la cabeza después de dedicarle una larga lista de improperios. «Durante años», añadió la casera, «se negó a pagarme por la habitación. Sin embargo, desde hace algún tiempo, comenzó a darme 200 francos por mes».

Según la señora Ivaldi, dueña del edificio en el que se encuentra el hotel Novelty, la verdad era muy otra. Se trataba de una mujer sumamente afable y cariñosa aunque desconfiada. Hasta tal punto que no salía jamás a la calle. Desde hace años se hacía subir la comida por su hijo George, un muchacho de unos dieciséis o diecisiete años. En algunos periódicos se aventura que este muchacho era un empleado del señor Entressangle y se ocupaba de colocar los alimentos en un cesto atado a una cuerda que la anciana misma izaba desde el balcón de su casa.

George Ivaldi, que es hoy un caballero de cerca de cincuenta años residente en Mónaco y al que visité para documentarme, niega rotundamente que le hiciera llegar la comida por tan aéreo método. Según él, gozaba de la total confianza de la Bella y todos los días le subía personalmente la comida y el periódico. Era su *único* amigo y dice conocer multitud de secretos de la Bella que, a pesar de mis ruegos, no quiso confiarme. Según me explicó, Carolina Otero era una mujer excepcional y él quiere llevarse a la tumba todas las confidencias que ella le hizo, como homenaje a su persona.

La mayoría de los vecinos y conocidos de la anciana la tenían por una grandísima mentirosa. No sólo no se creían que recibiera visitas en sus últimos años de vida, sino que consideraban una pura fantasía la idea de que mantenía una fortuna escondida. Aun así, Marcel Entressangle, el tendero, al ser entrevistado tras la muerte de la Bella, contó lo siguiente:

«Llevaba mucho dinero encima. Una vez nos enseñó varios millones en billetes que guardaba dentro del bolso. Yo le dije que no era prudente pasearse con tales sumas, pero ella sólo se encogió de hombros. También le decía a mi nieta Sylvie Guigo, que tiene tres años, que quería hacerla su heredera. Y luego añadió: "Sí, sí... van a tener ustedes una sorpresa"[1].»

1. En mis pesquisas nicenses tuve la oportunidad de conocer a la hija de monsieur Entressangle, la señora Guigo, madre de Sylvie. También ella recibió un día un regalo de Carolina Otero. Se trata de un collar de perlas de tres vueltas que resultó ser falso. La señora Guigo, sin embargo, ha conservado una de las tres hileras en recuerdo de la señorita. «Le teníamos mucho afecto», dice, «a pesar de todas sus extravagancias».

El cementerio del Este

Precisamente la familia Entressangle al completo, Assunta Giovagnini y el abogado señor Caruchet fueron de los pocos que acompañaron los restos de Carolina Otero hasta el cementerio. Ni sacerdote ni familiares, sólo fotógrafos, curiosos y algunos oportunistas, como una dama de setenta años a quien nadie conocía pero que confesó entre lágrimas haber sido presentada a Carolina por Sarah Bernhardt y que aún mantenía amistad con la señorita desde hacía años. Nadie la había visto nunca.

Tampoco el entierro de la Bella se libra de sus correspondientes leyendas. El artículo publicado por el *Nice Matin* el día 16 de abril asegura que sólo tres ofrendas florales acompañaban el cortejo. Una era obsequio de los vecinos; la segunda, enviada por una institución de caridad que se ocupaba de los artistas de *music hall* caídos en desgracia (o, según otros, por el casino de Montecarlo), llevaba la inscripción «La rueda gira»; y sobre una tercera corona, la más misteriosa, podía leerse sólo una palabra: «Recuerdos.»

Los testigos que aún viven y con los que he podido hablar, es decir, la hija del señor Entressangle, su marido y el maestro Caruchet, están de acuerdo en que no había más flores que las que ellos llevaron. También niegan otra historia romántica que sale reproducida en casi todas las biografías de Carolina Otero que he consultado, incluida la de

Arthur Lewis y que habla de un anciano caballero y un Rolls-Royce. «Le aseguro que allí no había ningún Rolls-Royce que siguiera al cortejo», me explicó la hija de Entressangle. «Para mí es pura leyenda eso que se cuenta de que una vez acabada la ceremonia bajó de su automóvil un anciano caballero que, mientras los obreros comenzaban a echar paletadas de tierra sobre el féretro, se quitó del pecho una condecoración y la arrojó a la fosa con un beso. Como falso es también que sobre la puerta del viejo e inexistente Rolls hubiera pintada una corona real. Lo único que acompañó a la señorita hasta su último reposo fueron unas briznas de mimosa que algunos de nosotros tiramos sobre su sarcófago, que era muy hermoso, por cierto. También lo era el coche mortuorio, la sepultura y su ubicación en un lugar soleado con vistas al valle. Dicen que quince años antes de su muerte, madame lo tenía ya todo previsto, pagó 250.000 francos por su última puesta en escena. Siempre tuvo muy buen gusto.»

Quien se acerque hasta el cementerio del Este de Niza podrá comprobar que todo esto es cierto. La tumba de Carolina Otero es de muy hermosa talla, esculpida en una piedra entre rosa y ocre y está adornada (¿otro contrasentido de la Bella o pequeño fallo de cálculo?) por una gran cruz cristiana del mismo material al que una mano nostálgica y sin duda reciente ha añadido pequeños ramos de flores de porcelana. Carolina Otero descansa entre dos sepulturas muy dispares. La de la izquierda, que no existía cuando murió Carolina, corresponde a un caballero de nombre italiano cuya foto puede verse. La de la derecha alberga a cuatro amigas que compraron la tumba juntas y figuran con sus nombres y las fechas de sus muertes: 1871, 1889, 1892 y 1905... Sobre la tumba de la Bella, en cambio, no hay foto, ni hay fechas, ni palabras de recuerdo, sólo un nombre: «C. Otero.»

Mirando ese escenario me pareció que resultaba extraño que una mujer que había previsto hasta los mínimos detalles de su muerte, como maquillarse para sus enterradores, elegir su lápida con quince años de antelación, buscar la mejor vista sobre el valle y pagarse un entierro de primera... no hubiese pensado en un epitafio, uno de esos guiños irónicos a los que era tan aficionada y que pudieran haber servido de resumen de lo que fue su vida. ¿Cuál de tantas frases suyas podría haber escogido? «¿Sólo tuve dos pasiones en mi vida: una fue ganar, la otra perder?» Ésta es la primera que me vino a la cabeza pero en seguida la descarté por obvia. Carolina Otero hubiera recurrido a cualquier cosa menos a la obviedad a la hora de escribir su epitafio. ¿Y qué tal esta otra?: «La fortuna llega durmiendo... pero no sola.» La descarté con igual rapidez. Realmente hubiera sido muy poco afortunada sobre una losa que oculta los restos de una mujer que, si bien compartió cama con decenas de amantes, pasó más de media vida tan sola como ahora en esta sepultura. «Fui esclava de mis pasiones pero nunca de un hombre...» «Me lo jugué todo y todo lo perdí...» «Conocí la riqueza y la pobreza y lo haría todo otra vez, incluso para acabar como he acabado...»

Es posible que la última fuera el mejor epígrafe a la vida de una mujer a la que no le importó «quedarse a espadas». Pero existe otra frase que atañe a esa deliciosa condición de la Otero tan relacionada con el juego: me refiero a la mentira como método de supervivencia. Por eso aquella tarde, antes de abandonar el cementerio del Este se me ocurrió dejarle en una hoja del cuaderno cuadriculado de espiral que he llevado conmigo a todas partes durante estos dos años de investigación, una frase suya a modo de epitafio. Se trata de la que pronunció para justificar por qué los mitos adornan su vida con tantas mentiras.

«No hay sueño que resista la descarnada luz del día ni el frío estilete de la Realidad», escribí con grueso trazo y luego, tras arrancar la página, la oculté detrás de una de las rosas de porcelana que guardan el sueño de Carolina Otero.

Supongo que el viento de la Costa Azul hace meses que se ha ocupado de llevársela a otra parte.

NOTA DE LA AUTORA

Excepto las comadres de la Rue d'Angleterre madame Gautier, Pernod, Dubois, etcétera, que son personajes literarios que sirven para crear una situación determinada, todas las personas que aparecen en este libro están tomadas de las distintas obras consultadas, y por tanto son reales.

Agradecimientos

Agradezco muy especialmente a Paul Franck, Louise de Mendiguren, George Ivaldi y al señor Caruchet, testigos directos en Niza, su gran ayuda y apoyo generoso invalorable. También en Niza doy las gracias a Michael Erkelenz, Françoise Clement, Raoul Mille, señor y señora Guigo, señor Lionel, señora Chomiki, señora Arlette, Kim May y Michael, Louis y Susanne Nucera, y Philip Brugnon. A Annie Morvan, gracias por el apoyo logístico. A Javier Barreiros, por ser el primer padre de esta criatura. A Luis Alegre y Fernando Trueba, gracias por los libros, gracias por la amistad. A Javier Aguado, por tu paciencia e incalculable ayuda con las fotos que tanto mejoran esta biografía. A Ramón Buenaventura, Ramón Fusté, Clara Obligado, Marisa del Real y Pilar Rodríguez, amigos para todo. A Mon Santiso, por tu ayuda espontánea. A Gervasio de Posadas, por ser mi hermano y rastreador en París. A Alberto Oliveras, Antonio D. Olano, Montero Alonso, Borobó, Juan Gustavo Cobo y Luis Ricardo Alonso, por tantísima información invalorable. A Ludmila e Inocencio Arias por la hospitalidad. A Carlos Logendio por las pistas. A Rafael Linage de León por la hospitalidad, las pistas y tantas cosas más.

A Visitación Ortega y Andrea Tapia por ser mis manos, mis ojos, mis oídos... A Tomás Val por estar siempre ahí. A Pedro Ortiz, otro padre precoz del proyecto. A María Eugenia Yagüe, Tomás Cuesta y Jorge de la Hidalga, siempre generosos y positivos. A Carlos García Calvo: ¿qué sería de mí sin tu sabiduría cosmopolita? A Sophie Curgeon por su grandísima paciencia. A Brigida Jenner y Gerardo por su confianza. A Gabriel Tortella por solucionarme una «misión imposible». A Ana Bravo de Schwartz porque siempre te hago caso en todo: no en vano tienes razón. A Concepción Escudero: la grafología es arte. A Pedro Alejo Gómez por la cita de Victor Hugo que me regalaste. A Alicia Caicoya por ayudarme tanto en Valga. También en Valga, gracias a José Ramón Rial Becerra, María del Carmen, del Ayuntamiento de Valga, María José, de la Asociación Adeval, Rosalía Santiago, María Victoria Soneira, Elena Otero Bodaño, Juan Manuel Otero Bodaño, Manolo Carvia, José Barreiro Luañes, Milagros, de Requián, Piñeiro Ares, Manuel de la Fuente, Gregorio de *El Faro de Vigo*, Pablo Lago, Elena Calderón, Marisa y Ceferino de *El Faro de Vigo*. A Jacqueline Retes, y a la firma Cartier, por su amabilidad al cederme las fotos del collar de la Bella Otero. A Johanna Pistorius por una ayuda «culinaria» fundamental. A Francisco Serrano, por tu paciencia al conducirme por los vericuetos de la Universidad de Columbia. A don Nemesio Fernández Cuesta, que, al saber por su periódico que iba a escribir sobre la Bella Otero, me ofreció un tesoro: el archivo gráfico del *ABC* y del *Blanco y Negro*. También a Manuel Peñuelas, al que le he dado la lata diariamente con encomiendas difíciles y ahora sabe de la Bella más que yo. A Mercedes Casanovas, siempre. Y, por fin, a Mariángeles Fernández, mi ángel (mi arcángel debería decir) corrector.

ANEXO DOCUMENTAL

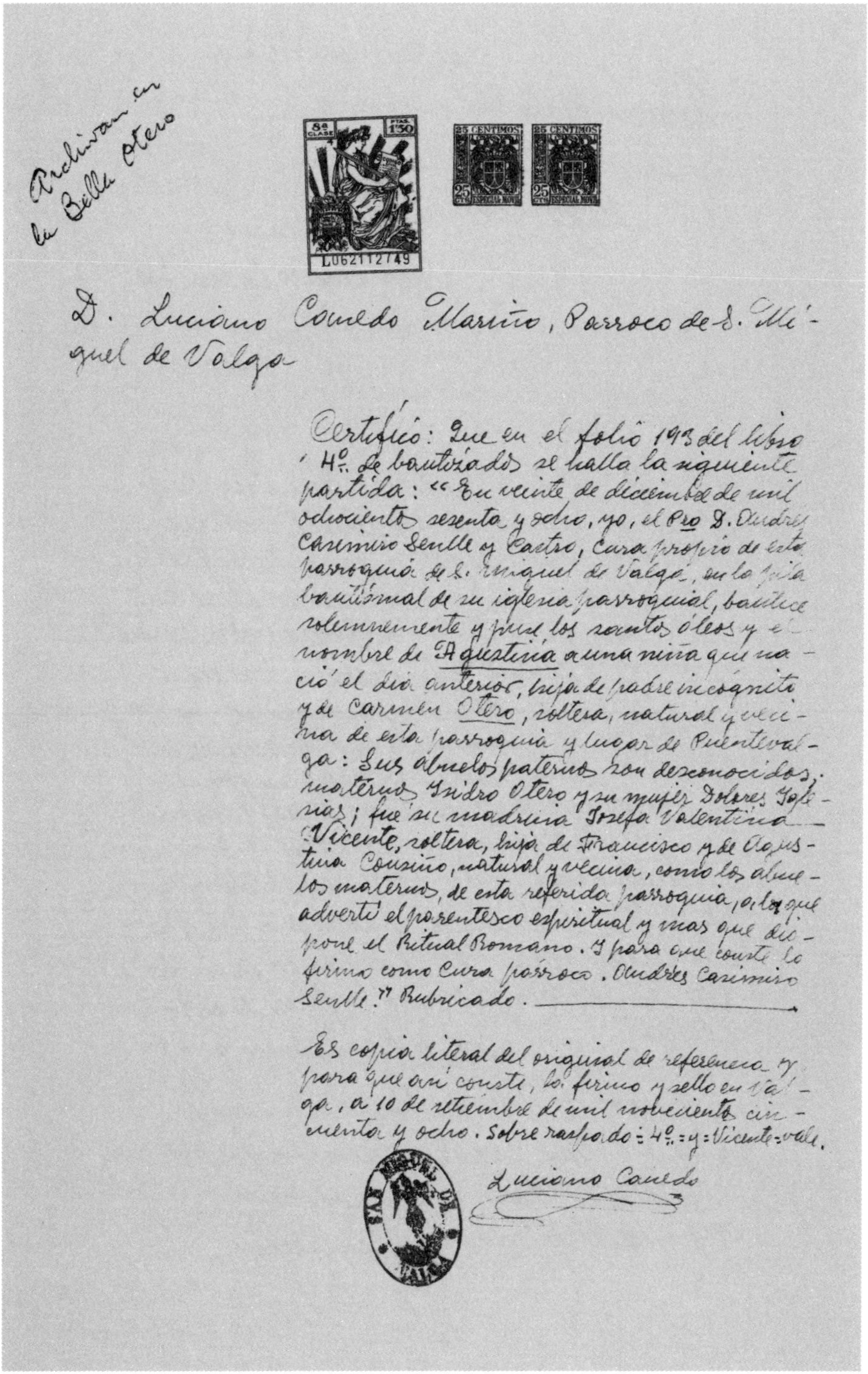

Archivar en la Bella Otero

8ª CLASE PTAS. 1'50

L06211274 9

25 CENTIMOS ESPECIAL MOVIL

25 CENTIMOS ESPECIAL MOVIL

D. Luciano Canedo Mariño, Párroco de S. Miguel de Valga

Certifico: Que en el folio 193 del libro 4º de bautizados se halla la siguiente partida: "En veinte de diciembre de mil ochocientos sesenta y ocho, yo, el Pro D. Andrés Casimiro Senlle y Castro, cura propio de esta parroquia de S. Miguel de Valga, en la pila bautismal de su iglesia parroquial, bauticé solemnemente y puse los santos óleos y el nombre de Agustina a una niña que nació el día anterior, hija de padre incógnito y de Carmen Otero, soltera, natural y vecina de esta parroquia y lugar de Puentevalga: Sus abuelos paternos son desconocidos, maternos Isidro Otero y su mujer Dolores Iglesias; fue su madrina Josefa Valentina Vicente, soltera, hija de Francisco y de Agustina Cousiño, natural y vecina, como los abuelos maternos, de esta referida parroquia, a la que advertí el parentesco espiritual y mas que dispone el Ritual Romano. Y para que conste lo firmo como Cura párroco. Andrés Casimiro Senlle. Rubricado.

Es copia literal del original de referencia y para que así conste, lo firmo y sello en Valga, a 10 de setiembre de mil novecientos cincuenta y ocho. Sobre raspado: 4º = y: Vicente: vale.

Luciano Canedo

SAN MIGUEL DE VALGA

La partida de bautismo nos confirma que la Bella Otero era hija de madre soltera, que su verdadero nombre era Agustina (no Carolina) y que nació en Galicia y no en Cádiz.

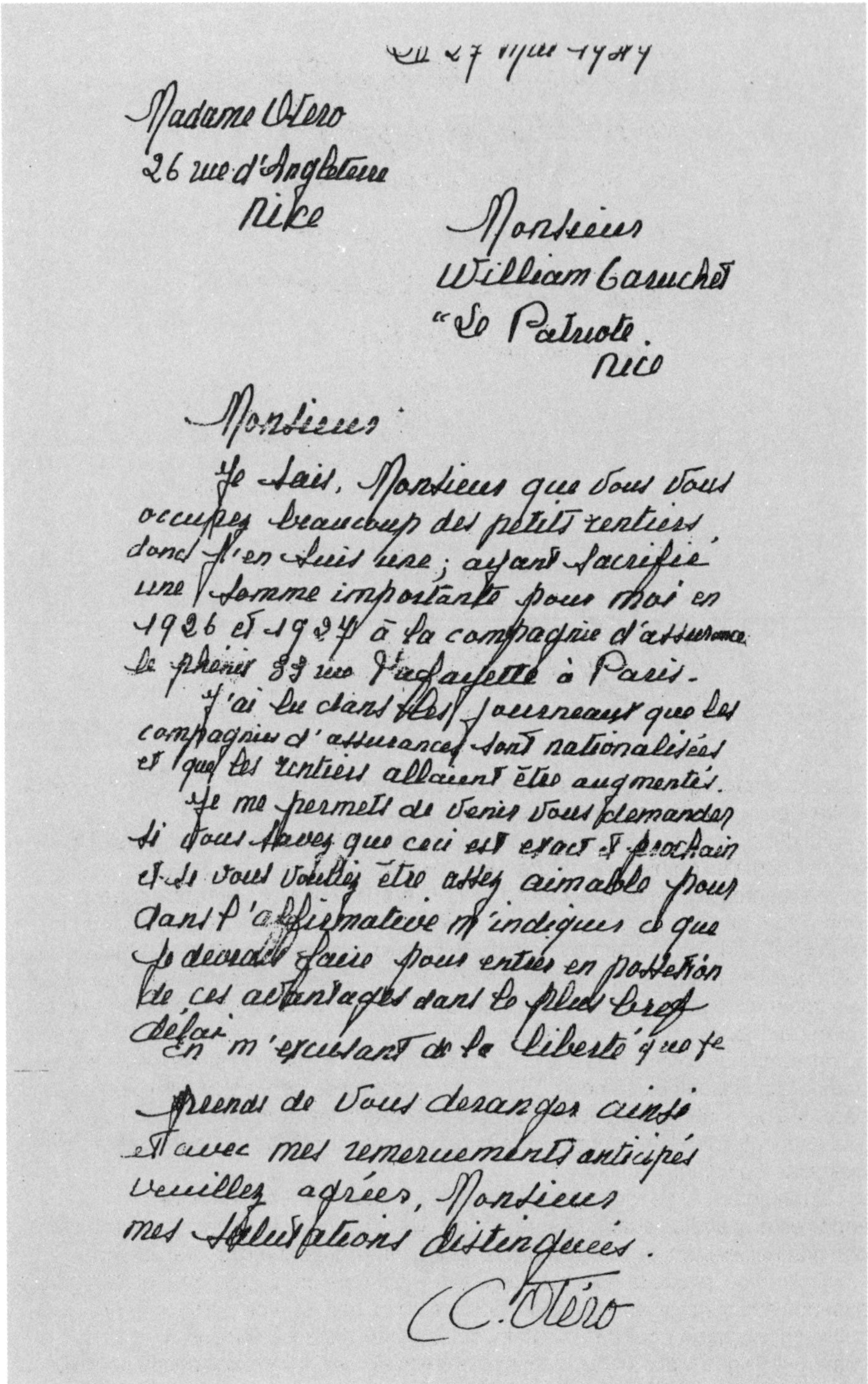

Le 27 Mai 1947

Madame Otero
26 rue d'Angleterre
Nice

Monsieur
William Garuchet
"Le Patriote".
Nice

Monsieur

Je sais, Monsieur que vous vous occupez beaucoup des petits rentiers, dont j'en suis une; ayant sacrifiée une somme importante pour moi en 1926 et 1927 à la compagnie d'assurance le Phénix 33 rue Lafayette à Paris.

J'ai lu dans les journaux que les compagnies d'assurances sont nationalisées et que les rentiers allaient être augmentés.

Je me permets de venir vous demander si vous savez que ceci est exact & prochain et si vous voulez être assez aimable pour dans l'affirmative m'indiquer ce que je devrais faire pour entrer en possession de ces avantages dans le plus bref délai.

En m'excusant de la liberté que je prends de vous déranger ainsi et avec mes remerciements anticipés veuillez agréer, Monsieur mes salutations distinguées.

C. Otero

Distintas muestras de la escritura de Carolina Otero.

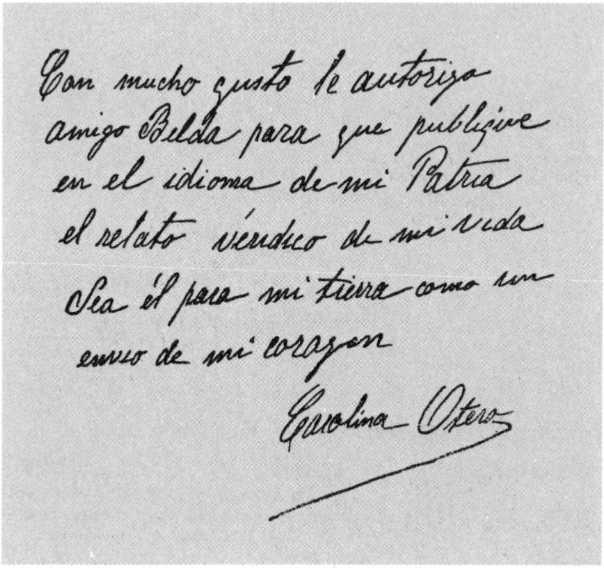
Con mucho gusto le autorizo
amigo Belda para que publique
en el idioma de mi Patria
el relato verídico de mi vida
Sea él para mi tierra como un
envío de mi corazon
Carolina Otero

Estudio grafológico sobre varios escritos y varias firmas de Carolina Otero, la Bella Otero, realizado por Concepción Escudero

Se observa en las postales de color unas firmas similares entre sí y distintas de las dos postales en blanco y negro. No sabemos las fechas en que las firmó; posiblemente las postales en blanco y negro son de su época primera, cuando empezaba, pues se ve en ellas, sobre todo por el arpón de la «t», un tesón, una tenacidad y una constancia que puede llegar a la obstinación, hasta alcanzar una meta que se ha propuesto. Posiblemente años después, al alcanzar su objetivo y sentirse reconocida, dejó de hacer el arpón, como se ve en las postales de colores.

Aunque por la mayúscula de la letra «O» parece que podía ser persona muy abierta y comunicativa, sólo lo era de cara a la galería, para presentarse en sociedad, pues ella ocultaba celosamente su forma de sentir y de pensar. Tenía diplomacia y habilidad para intrigar, capacidad para hacer creer a los demás lo que a ella le interesaba, haciéndoles concebir ideas que no responden a la verdad. Sabía disimular muy bien.

También era firme, de rápidas decisiones, audaz, autoritaria, curiosa e impaciente, y podía llegar a la agresividad. Muy sensual y materialista. Narcisista y con grandes deseos de ser siempre el centro y llamar la atención. Vanidosa.

En la fotocopia de la nota manuscrita que aparece en el inicio de sus memorias y pasados sus mejores años, vemos, aunque no es una letra de persona muy cultivada, un cierto equilibrio mental, con bastante claridad de ideas, y sentido común. Con gusto por lo tradicional y las costumbres. De estados de ánimo variable pero resistente al fracaso, podía dar sensación de que se desmoralizaba a las primeras de cambio para poco a poco, sobre la marcha, ir superando las dificultades hasta terminar venciéndolas.

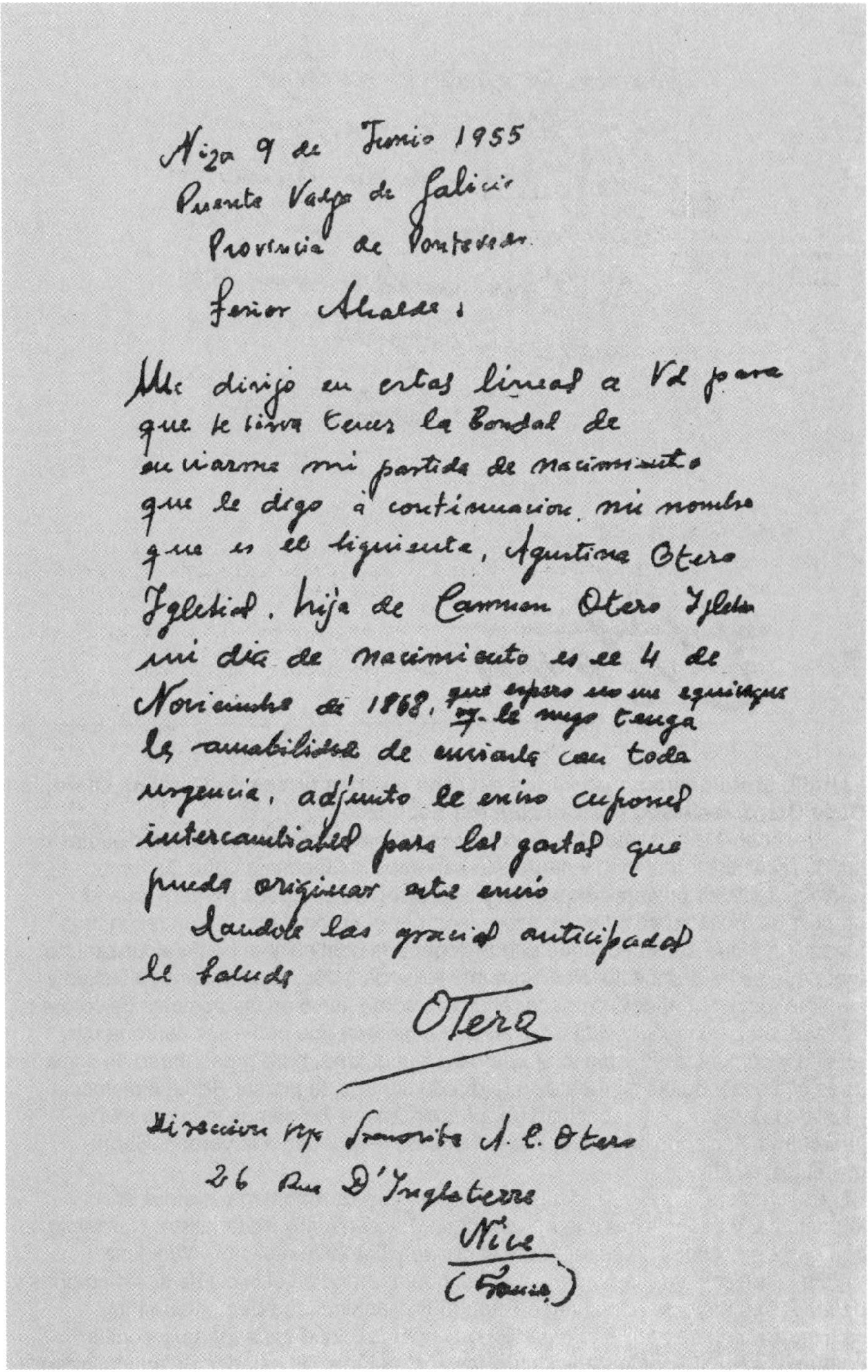

Niza 9 de Junio 1955

Puente Valga de Galicia

Provincia de Pontevedra

Señor Alcalde:

Me dirijo en estas lineas a Vd para que se sirva tener la bondad de enviarme mi partida de nacimiento que le digo à continuacion mi nombre que es el siguiente, Agustina Otero Iglesias. hija de Carmen Otero Iglesias mi dia de nacimiento es el 4 de Noviembre de 1868. que espero no me equivoque y le ruego tenga la amabilidad de enviarla con toda urgencia. adjunto le envio cupones intercambiables para los gastos que pueda originar este envio

dandole las gracias anticipadas le saludo

Otero

Direccion Mlle Señorita A. C. Otero

26 Rue D'Inglaterre

Nice

(Francia)

Diez años antes de su muerte, Carolina Otero pidió al alcalde de Valga su partida de nacimiento para poder solicitar una pensión en Francia.

-Es copia-

NICE, le 11/12/1958

OTERO Augustina Inglesias
dite Carolina
Restante -Recette Principale
Avenue Thiers
<u>N I C E</u>

Son Excellence l'Ambassadeur de la
République Espagnole
<u>P A R I S</u>

Excellence,

J'ai l'honneur de vous informer qu'en raison de mon grand âge, j'ai désigné par testament comme bénéficiaire de ma succession, les habitants les plus pauvres de ma commune natale qui est Puentevalga (De Galicia) Province de Pontevedra (Espagne) et j'ai informé le Maire de ladite Commune de prendre toutes ses dispositions, le cas échéant, pour respecter mes dernières volontés.

Je vous demande, Excellence, de bien vouloir vous mettre en rapport avec Monsieur le Maire de Puentevalga pour lui faire connaître mes instructions.

Vous voudrez bien m'accuser réception de la présente et dans cette attente, veuillez agréer, Excellence, avec mes remerciements anticipés, l'expression de mes sentiments distingués.

C. Otero

Carta de Carolina Otero al embajador de España, a los 90 años, cediendo su herencia inexistente a los pobres de Valga.

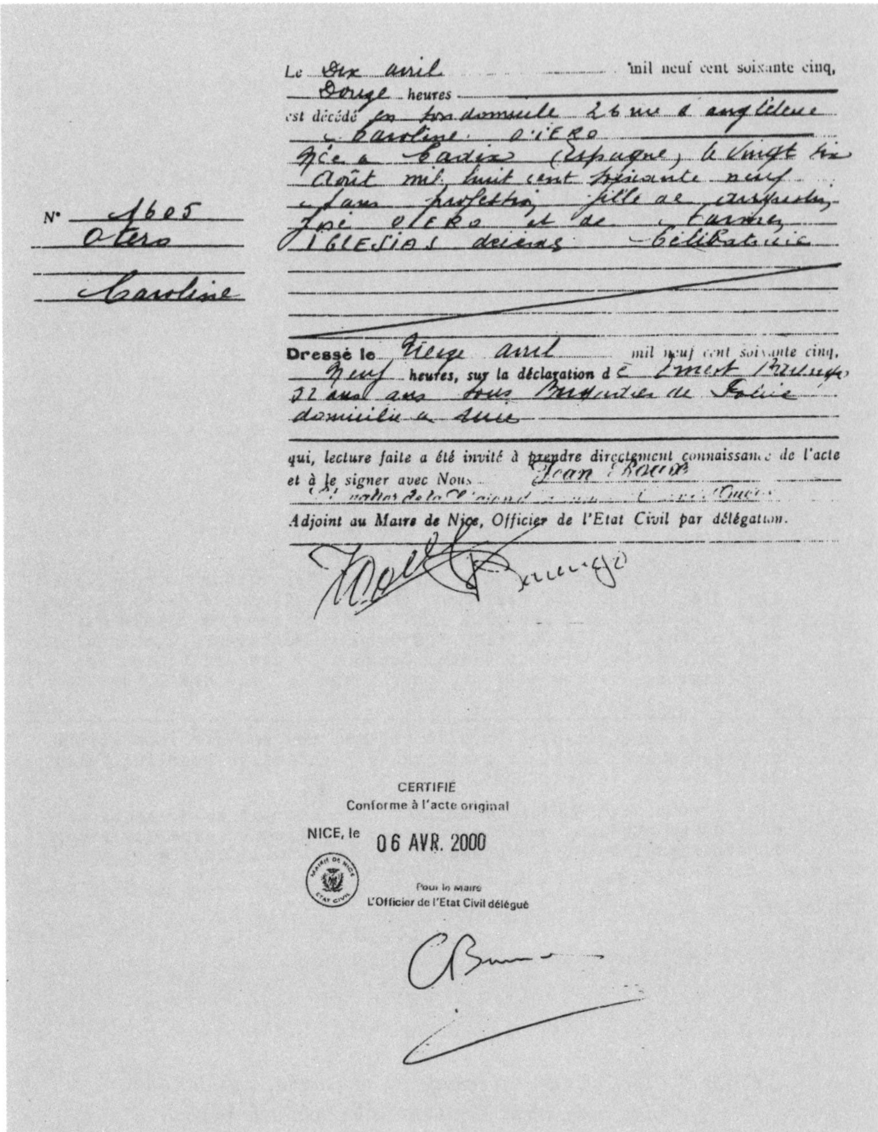

N° 1605 Otero Caroline

Le Dix avril mil neuf cent soixante cinq,
Douze heures
est décédé en son domicile 26 rue d'Angleterre
Caroline OTERO
Née à Cadix (Espagne) le vingt dix Août mil huit cent soixante neuf
sans profession, fille de José OTERO et de Carmen IGLESIAS décédés - Célibataire

Dressé le Treize avril mil neuf cent soixante cinq,
Neuf heures, sur la déclaration de Ernest Brunengo,
52 ans
domicilié à Nice

qui, lecture faite a été invité à prendre directement connaissance de l'acte et à le signer avec Nous Jean
Adjoint au Maire de Nice, Officier de l'Etat Civil par délégation.

CERTIFIÉ
Conforme à l'acte original
NICE, le 06 AVR. 2000
Pour le Maire
L'Officier de l'Etat Civil délégué

En la partida de defunción figuran tres nuevos «errores» o mentiras: la fecha de nacimiento, 20 de agosto de 1869; el lugar, Cádiz (España), e «hija de José Otero y Carmen Iglesias».

Bibliografía

Alfein, Andrew, *Apartamentos y casas de lujo en Manhattan*, Dover Publications, Nueva York, 1992.

Balducci, Richard, *Las princesas de París*, Hors Collection, París, 1994.

Baroja, Pío, *Desde la última vuelta del camino. Memorias de Pío Baroja*, Caro Raggio, Madrid, 1946.

Barreiro, Javier, *Raquel Meller y su tiempo*, Gobierno de Aragón, Zaragoza, 1992.

Barreiro Luaña, Xosé, *Valle-Inclán, lo que no muere*, Ventoprint, A Coruña, 1999.

Beatty, Laura, *Lillie Langtry. Modales, máscaras y modalidad*, Chatto & Windu, Londres, 1999.

Boissel, Pascal, *Café de la Paz*, Hotel Intercontinental, París, 1998.

Bonafoux, Luis, *Bilis*, Sociedad de Ediciones Literarias y Artísticas, París, 1908.

Borobó, *La tremenda niñez de la Bella Otero*, Editorial Compostela, Santiago de Compostela, 1992.

Burrows, Edwin G., Mike Wallace, *Gotham. Historias de la ciudad de Nueva York*, Oxford University Press, Nueva York, 1998.

Byron, Joseph, *Interiores neoyorkinos a principios de siglo*, Dover Publications, Nueva York, 1976.

Byron, Joseph, *La vida de Nueva York en fotos*, Dover Publications, Nueva York, 1985.

Castle, Charles, *La Bella Otero (La última cortesana)*, M. Joseph, Londres, 1981.
Chalon, Jean, *Querida Natalie Barney*, Flammarion, París, 1976.
Chalon, Jean, *Colette. La eterna aprendiza*, Flammarion, París, 1998.
Chalon, Jean, *Liane de Pougy, cortesana, princesa y santa*, Flammarion, París, 1980.
Colette, *Mis aprendizajes*, Secker & Warbug, Londres, 1936.
Conte, Arthur, *El 1º de enero de 1900*, Plon, París, 1975.
Costa Clavell, Javier, *La Bella Otero*, Ediciones Rodegar, Barcelona, 1967.
De Fouquiers, André, *50 años de brillantez*, Pierre Horay, París, 1948.
De la Fuente, M., *La Bella Otero*, Ediciones G. P., Barcelona, 1959.
De Mérode, Cléo, *El Ballet de mi vida*, Pierre Horay, París, 1995.
De Pougy, Liane, *Mis cuadernos azules. Memorias L. De Pougy*, Plon, París, 1997.
Fescholte, Jacques, *Historia del Music Hall*, Prensa Universitaria, Mallorca, 1965.
Gheusi, P. B., *50 años de París. Memorias de un testigo*, Plon, París, 1943.
González Ruano, César, *Mi medio siglo se confiesa a medias*, Ediciones Giner, Madrid, 1979.
Grillardi, Massimo, *La Bella Otero*, Ruscolli, Milán, 1978.
Guilleminault, Gilbert, *La Belle Époque. La novela de la III República*, Denöel, París, 1957.
Landín, Prudencio, *Mi viejo carnet*, edición propia, Pontevedra, 1949.
Lewis, Arthur H., *La Bella Otero*, Trident Press, Nueva York, 1967.

Lucie-Smith, Eduardo, *Historia del mueble*, Thames & Hudson, Londres, 1979.
Lleras Restrepo, Carlos, *De ciertas damas*, El Áncora Editor, Bogotá, 1998.
Marcel/Mathis, *Historia del principado de Mónaco*, Escudo de Oro, Barcelona, 1998.
Marx, Hermanos, *Obras selectas de los hermanos Marx*, Carroggio Ediciones, Barcelona, 1981.
Mille, Raoul, *La Bella Otero (novela)*, Albin Michel, París, 1987.
Mistinguett, *Mistinguett (Memorias)*, A.H.R. Barca, Barcelona, 1956.
Paz-Andrade, Valentín, *La anunciación de Valle-Inclán*, Akal Editor, Madrid, 1981.
Pessis, Jacques, y Crepineau, Jacques, *Les Folies Bergère*, Fixot, París, 1989.
Pessis, Jacques, y Crepineau, Jacques, *Le Moulin Rouge*, Herme, París, 1990.
Piñeiro Ares, José, *Los placeres de la Bella Otero*, Diputación Provincial de Pontevedra, Pontevedra, 1994.
Potron, Jean Paul, *Cien años de Niza*, Guilleta, Niza, 1997.
Rearick, Charles, *Los placeres de la Belle Époque*, Yale University Press, Londres, 1985.
Sampelayo, Juan H., *Carolina Otero*, Mediterráneo, Madrid, 1987.
Soriano, Elena, *El donjuanismo femenino*, Península, Madrid, 2000.
Thurman, Judith, *Una vida de Colette (Secretos de la carne)*, Alfred A. Knopf, Nueva York, 1999.
Troyat, Henri, *Nicolás II*, Flammarion, París, 1991.
Tudela, Mariano, *La Bella Otero, la mujer que asombró al mundo*, R. Barca, Barcelona, 1957.
Valmont, Claude; Trad. Joaquín Belda, *Memorias de la Bella Otero*, Atlántida, Madrid, 1926.

VV. AA. bajo la dirección de Philippe Ariès y Georges Duby, *Historia de la vida privada*, Seuil, París, 1989.
VV. AA., *Mujeres de la escena* (1900-1940), SGAE, Madrid, 1996.
Waleffe, Maurice, *Cuando París era un paraíso (1900-1939)*, Denöel, París, 1948.
Wright, Laurence, *Pulcro y decente*, Noguer, Barcelona, 1962.

Índice onomástico

Índice

Diseño: Winfried Báhrle
Producción: Ismael Rodríguez
Ilustración: © Germán Gallego/Digital Press
Foto de solapa: Contifoto

Círculo de Lectores, S. A. (Sociedad Unipersonal)
Travessera de Gràcia, 47-49, 08021 Barcelona
www.circulo.es
1 3 5 7 9 1 0 0 6 8 6 4 2

Licencia editorial para Círculo de Lectores
por cortesía de Editorial Planeta, S. A.
Está prohibida la venta de este libro a personas que no
pertenezcan a Círculo de Lectores.

© Carmen Posadas, 2001
© Editorial Planeta, S. A., 2001

Depósito legal: B. 16564-2001
Impresión y encuadernación: Printer industria gráfica, s. a.
N. II, Cuatro caminos s/n, 08620 Sant Vicenç dels Horts
Barcelona, 2001. Impreso en España
ISBN 84-226-8757-7
N.º 32243